全国跨境电商教育发展联盟规划教材

全国高校跨境电商专业方向指导用书

中国国际贸易学会"十三五"人才培养协同创新计划指导用书

跨境电商（B2C）操作实务

KUAJING DIANSHANG (B2C) CAOZUO SHIWU

主　编：徐锦波

副主编：盛湘君　叶悦青　胡　璇

中国商务出版社

CHINA COMMERCE AND TRADE PRESS

图书在版编目（ＣＩＰ）数据

跨境电商（Ｂ２Ｃ）操作实务 / 徐锦波主编 . -- 北京 : 中国商务出版社 , 2018.8（2021.10 重印）

ISBN 978-7-5103-2579-3

Ⅰ . ①跨… Ⅱ . ①徐… Ⅲ . ①电子商务—商业经营 Ⅳ . ① F713.365.2

中国版本图书馆 CIP 数据核字 (2018) 第 188508 号

跨境电商（B2C）操作实务
KUAJING DIANSHANG (B2C) CAOZUO SHIWU

主　编：徐锦波

副主编：盛湘君　叶悦青　胡　璇

出　　版：中国商务出版社

地　　址：北京市东城区安定门外大街东后巷 28 号　邮编：100710

责任部门：教育培训事业部（010-64243016　gmxhksb@163.com ）

责任编辑：刘姝辰

总 发 行：中国商务出版社发行部 （010-64208388　64515150 ）

网购零售：中国商务出版社考培部 （010-64286917）

网　　址：http://www. cctpress. com

网　　店：https://shop162373850.taobao.com/

邮　　箱：cctp6@cctpress.com

开　　本：890 毫米 ×1240 毫米 1/16

印　　张：15.625　　　　　　　字　数：332 千字

版　　次：2018 年 11 月第 1 版　　　印　次：2021 年 10 月第 2 次印刷

书　　号：ISBN 978-7-5103-2579-3

定　　价：45.00 元

编写说明

2018 年，随着我国跨境电商的快速发展，跨境电商人才紧缺的局面日益凸显。首先，这是在我国传统外贸向跨境电商整体式转型的态势下，跨境电商行业产生了规模巨大的专业人才需求；其次，跨境电商作为一种新型的贸易方式，其所需的知识和技能结构相较于国际贸易、国际商务或应用英语等相关专业发生了根本性的变化；最后，在跨境电商产业链基本形成的情况下，跨境电商的专业技能必然是多元化的。所以，面对以上情况过去的高校培养方案无法培养这样的人才。为此，针对跨境电商行业的人才需求，国内有较多的高职院校或本科院校积极着手于开展跨境电商操作、应用、运营或创业等方面人才的培养。但在传统相关专业的人才培养模式已经成形的情况下，开展全新模式的跨境电商人才培养面临着诸多的困难，其中重要的就是跨境电商专业教学的内容缺少一个体系或标准，以及可用于相关高校教学的跨境电商系列教材。

为此，中国国际贸易学会联合义乌工商职业技术学院开始了跨境电商专业人才培养标准的研究，并于 2016 年底初步形成了"普适性"的跨境电商人才培养标准，一方面共同发起成立了全国跨境电商教育发展联盟，另一方面基于该标准牵头着手于对跨境电商系列教材的开发。经过充分的前期调研，决定首期开发《跨境电子商务概论》《跨境电商（B2C）操作实务》《跨境电商美工基础》《跨境电商（B2B）操作实务》《跨境电商运营与推广》及《跨境电商英语实训教程》6 部教材。这 6 部教材以跨境电商典型岗位为线条，结合跨境电商人才所应具备的知识和技能结构，突出跨境电商实践技能培养，同时兼顾在学生系统性掌握跨境相关专业知识的基础上，具备较高的跨境电商运营能力。

《跨境电子商务概论》包括跨境电商行业及其发展相关的基础性知识，帮助学生了解跨境电商行业的概况、发展前景等；《跨境电商（B2C）操作实务》包括当前主流B2C跨境电商平台的操作要点，掌握该课程的内容，可使学生具备在跨境电商行业从事的基本技能；《跨境电商美工基础》则专门根据跨境电商美工岗位，介绍产品图片的拍摄及后期处理技术等；基于跨境电商 B2B 和 B2C 业务的明显差异，《跨境电商（B2B）操作实务》单独成书，讲解跨境电商 B2B 的核心知识和技能；在学生初步具备跨境电商知识和技能的前提下，《跨境电商运营与推广》结合网络营销相关的知识，讲解跨境电商运营与推广的理念和方法；《跨境电商英语实训教程》则根据跨境电商业务沟通的需求，结合产品编辑、价格洽谈、物流及售后服务等具体跨境电商岗位和应用场景，培养英语沟通的技能等。我们认为这是一个比较完善的教材体系，其被列入三个系列教材中，本身就是一个证明。

在上述系列教材的开发过程中，义乌工商职业技术学院及中国国际贸易学会多次组织行业专家对本系列教材的书目及篇章结构进行讨论。在本系列教材的撰写过程中，吸纳了很多国内相关兄弟院校专业人士的宝贵意见和建议，几易其稿，力争在2018年底前由中国商务出版社出版发行。

本系列教材希望对有志于从事跨境电商或正在学习与从事跨境电商的学生和工作人员有较大的帮助。本系列教材主要面对的读者有高职、高专或本科跨境电商及相关专业在校学生，有志于在跨境电商从业的社会人员，跨境电商产品编辑、运营及美工等岗位的在职人员和跨境电商企业负责人等。

跨境电商行业发展非常迅速，与之相关的新技术、新理念及新模式等层出不穷，跨境电商知识和技能具有很强的实践性，必然随时代的继续发展产生新的变化和更新。本系列教材编写人员努力的方向是：希望读者能用尽量少的时间和精力，从本系列教材中获取必要并相对充分的有关跨境电商的应用知识。尽管编写人员做出了最大的努力，但囿于当前的视野及水平，对于可能存在的疏漏和不足，望读者体谅或提出宝贵意见。

全国跨境电商系列教材项目开发组
于义乌工商职业技术学院 2018 年 5 月

前　言

在"一带一路"及自贸试验区等国家战略背景下，跨境电商已成为外贸产业中的一匹"黑马"，成为推动我国外贸增长的重要力量。根据艾瑞网数据显示，2017年跨境电商交易额（含零售及B2B）达8.20万亿元人民币，增速可观。2018年跨境电商交易规模有望增至9.0万亿元。艾媒咨询分析师认为，在"新消费"观念和消费升级潮流的冲击下，商品质量更有保障的跨境电商市场交易规模保持快速增长，随着平台物流水平和供应链打造逐渐完善，未来跨境电子商务市场有望得到进一步扩大。尽管跨境电商带来了巨大的发展机遇，但是与此同时，跨境电商从业者也遇到了前所未有的挑战，跨境电商是一个综合性、交叉性很强的学科，要求从业者既要掌握一定的国际贸易基础知识，又要掌握电子商务的操作技能，同时还要具备一定的外语沟通能力，这使很多有志于跨境电商的学生望而却步。同时全国各高校为顺应跨境电商的发展潮流，也都在积极学习跨境电商相关的知识，加快跨境电商人才的培养，本书正是在这种背景下编写出版的。

本书是在对相关跨境电商企业进行大量调研的基础上，组织具有跨境电商实操和实战技能，又由有课堂教学经验的一线教师一起编写。本书以阿里巴巴速卖通平台为主线，注重跨境电商B2C模式的实践技能操作，介绍了相当多的实务操作技能，具有很强的可操作性。面对的读者主要是外贸和跨境电商的从业者，国际贸易或者国际商务专业的在校学生，内容涉及了跨境电商出口的基本流程，全书内容以跨境电商典型平台速卖通平台的实操为基线，结合跨境电商企业典型工作任务，将基础知识和实操技能，按流程进行序化，归纳总结出六个模块的知识，形成本书的基本框架。本书总共分七章，大致结构可以概括如下：

第一章跨境电子商务概论：介绍了跨境电子商务的基本概念与特征，我国电子商务的现状与发展趋势，介绍了全球主要的跨境电商市场，以及跨境电子商务主要的运营模式。

第二章跨境电商平台介绍及基础操作：介绍了目前主流的跨境电商平台及基本特点，包括各跨境电商平台的注册流程。

第三章跨境物流的选择和物流费用的计算：介绍了跨境物流的概念和主要方式，阐述了跨境物流运费的计算和物流模板的设置，以及海外仓等最新跨境物流模式。

第四章跨境电商选品与产品开发：描述了跨境电商产品的基本特征和选品原则，介绍了跨境电商平台的选品禁忌及处罚方式，分析了电商选品的基本方法。

第五章产品的上传与店铺优化：阐述了跨境电商产品上传的业务流程和详细步骤，包括关键词的设置、标题的撰写等，介绍了产品定价的因素和产品定价的方法。

第六章跨境电商的营销与推广：介绍了速卖通平台店铺自主营销的方式及具体操作的基本流程和方法，分析了直通车的概念和规则，阐述了直通车推广计划创建的基本流程。

第七章订单处理与交易评价管理：剖析了跨境电商中订单处理的重要性，介绍了订单处理和发货的基本流程；阐述了各种不同类型的纠纷及避免纠纷的方法，介绍了纠纷处理的基本流程和技巧及交易评价管理的具体操作方法。

为了使学习者便于学习，本书在每一个章节都提出了明确的学习目标、知识要点和核心概念，用"情境导入"的方式进行内容提要的描述，同时通过情境的发展还可以串联起各个章节的内容，然后用"导引案例"来引起学习者的思考和学习兴趣。每个章节中还配有"技能提示"和"即问即答"，帮助学习者更好地理解教学内容；章节内容后配有"自我测试"，帮助学习者检测学习效果。为了加强实践操作的教学，本书在每个章节的测试题后增加了"实训参考方案"，包括实训目标、实训方式、实训步骤和实训评价，供使用者在教学过程中参考。

本书第二章由胡璇编写，第三章由叶悦青编写，第四章由盛湘君编写，第一、五、六、七章由徐锦波编写。全书最后由徐锦波完成统稿工作。非常感谢各位作者在百忙之中抽出时间写作，付出的艰辛。在本书的撰写过程中，大家都认真对待，经过无数次的开会总结，反复修改形成教材初稿。同时还要感谢义乌市伍邦电子商务有限公司，为我们教材的编写提供账号和素材。

另外，也要感谢中国国际贸易学会的鼓励和指导，以及中国商务出版社的协助，再次深表感谢！

最后，如果本书能使跨境电商的教学或是外贸从业人员有些许收获，这将是本书作者最大的期待。当然由于跨境电商平台界面、规则变化非常迅速，以及作者能力所限，本书必然存在不足与疏忽，恳请各位读者批评指正。

徐锦波

2018 年 9 月于义乌工商职业技术学院

| 目 录 |
CONTENTS

第一章

跨境电子商务概论

【知识要点】

1. 了解跨境电商的基本概念和特征;
2. 熟悉跨境电商的发展状况和趋势;
3. 理解跨境电商的模式，掌握主流跨境电商平台。

【核心概念】

跨境电商概念及特征　发展现状　发展趋势

跨境电商模式　跨境电商平台

【情境导入】

小明是电子商务专业的大一新生，在学习电子商务的过程中，对跨境电子商务产生了浓厚的兴趣。小明发现学校许多师兄师姐都在跨境电商行业创业，并取得了不错的成绩，于是他打算向同专业的师兄取经，讨教怎样才能在跨境电商行业做出一番成绩来。师兄告诉小明，要想创业成功，首先得认识跨境电商，从熟悉跨境电商的基本知识开始，找到适合自己的跨境电商平台，慢慢去实践。于是，小明开始了学习跨境电商之路。

【引导案例】

全球跨境电子商务大会郑州共识

2017 年 7 月 28 日，国家有关部委和单位相关负责人，全国跨境电商综合试验区代表，有关国家贸易监管部门代表及国内外知名跨境电商平台、供应链、物流、金融服务、外贸综合服务等企业高管和代表，共聚郑州，共话未来，隆重举办首届全球跨境电子商务大会，围绕跨境电商发展的机遇挑战、制度创新、交流合作展开讨论，形成了一系列共识。

一、积极引领制定跨境电商规则体系。必须充分发挥我国在跨境电商发展中市场先机和先发优势，引导建立 EWTO 的贸易制度和规则，占领新的国际贸易规则体系制高点和话语权，加快世界贸易格局和经济发展方式转变，推动国际经济秩序和全球经济治理变革。

二、积极推动跨境电商联动发展。在全球化的时代背景下，跨境电商作为新生力量，呈现出合作发展、融合发展的必然趋势。此前，各跨境电商综合试验区、部分政府监管部门、研究机构、跨境电商平台、国际贸易企业已经建立了跨境电商服务和标准创新联盟。要致力于搭建政府与企业之间的桥梁；致力于搭建企业合作交流平台，推动跨境电商企业与制造业、传统外贸企业等联动发展，重构生产链、供应链、贸易链、价值链，带动经济转型提质增效；致力于构建跨境电商完整的产业链和生态链，推动跨境电商与快递物流、电子支付、电子认证、信息服务等现代服务业联动发展，培育发展新动能。

三、积极推动跨境电商创新发展。推动和引领全球跨境电商发展，必须深刻把握新型商业模式的新特征新趋势，着力在加强顶层设计、培育完整生态链、创新治理体系、开展规则研究等方面闯出一条新路子。要持续创新跨境电商发展管理模式、跨境电商商业模式、跨境电商交易、监管、服务模式等。

四、积极搭建跨境电商交流合作平台。近年来，按照国家有关部委的要求，郑州跨境电商发展在政务服务、业务流程、监管模式、平台建设、电商集聚等方面改革创新、先行先试，为内陆地区实现外贸转型升级作出了有效探索。

资料来源：大河网

请思考：

（1）我国跨境电子商务发展存在哪些机遇和挑战？

（2）为什么强调跨境电商需要联动发展？

（3）跨境电商的创新发展体现在哪些方面？

第一节　跨境电子商务概念与特征

一、跨境电子商务的概念

跨境电子商务（Cross-border E-commerce），简称跨境电商，最早开始于 2005 年，最初的模式为以个人为主的买家借助互联网平台从境外购买自己所需的产品，通过第三方支付手段完成付款，卖家以快递的方式将产品送到客户手中。跨境电子商务正是在这种"小额贸易"模式的基础上发展而来，直到今天，其含义也越来越丰富，可以从狭义、广义层面上进行解释。

从狭义层面来看，跨境电子商务等同于跨境网络零售（Cross-border Online Retailing），是指分属不同关境的交易主体，通过电子商务平台达成交易、进行支付结算，并通过跨境物流（主要是快件、小包等行邮的方式）将商品送达消费者手中。根据海关的统计口径，狭义上的跨境电子商务就是在网上进行小包的买卖，主要的客户群基本上是个人客户，或者说是终端消费者（即通常我们所指的 B2C 或是 C2C 模式）。随着跨境电子商务的快速发展，一部分碎片化、小额批发买卖的小 B 类商家也逐渐成为消费群体，模式表现为 B2 小 B，但在实际操作中，很难将这类客户与 C 类个人客户进行严格的区分和界定，因此狭义层面的跨境电子商务也将其纳入其中，本教材所讨论的跨境电子商务实务指的就是狭义层面的跨境电子商务，即跨境电子商务零售。

从广义层面来看，跨境电子商务是电子商务在对外贸易中的应用，是指分属不同关境的交易主体，通过电子商务手段从事各种国际商业活动的行为。在该层面上，跨境电子商务基本等同于外贸电商。广义的跨境电商，不仅包含狭义层面的跨境网络零售，还包含跨境电子商务的 B2B 部分，该部分的内容本教材的同系列其他教材会做专门的阐述，在此不做过多涉及。

二、跨境电子商务的特征

跨境电子商务是基于网络发展起来的，是网络技术应用的全新发展方向，同时也是国际贸易和电子商务的融合，具有更大的复杂性。互联网所具有的全球性、无形性、匿名性、及时性等特点，也成为跨境电子商务的内在特征，不仅改变了企业的生产经营活动，也影响了整个社会的经济运行机构。因而，跨境电子商务表现出以下几方面的特点：

（一）全球性

网络是一个没有边界的媒介体，具有全球性和非中心化的特征。依附于网络发生的跨境电子商务也因此具有了全球性和非中心化的特性。电子商务与传统的交易方式相比，其一个重要特点在于电子商务是一种无边界交易，丧失了传统交易所具有的地理因素。互联网用户不需要考虑跨越国界就可以把产品尤其是高附加值产品和服务提交到市场。网络的全球性特征带来的积极影响是信息的最大限度的共享，消极影响是用户必须面临因文化、政治和法律的不同而产生的风险。任何人只要具备了一定的技术手段，在任何时候、任何地方都可以让信息进入网络，相互联系进行交易。美国财政部在其财政报告中指出，对基于全球化的网络建立起来的电子商务活动进行课税是困难重重的，因为电子商务是基于虚拟的电脑空间展开的，丧失了传统交易方式下的地理因素；电子商务中的制造商容易隐匿其住所而消费者对制造商的住所是漠不关心的。比如，一家很小的爱尔兰在线公司，通过一个可供世界各地的消费者点击观看的网页，就可以通过互联网销售其产品和服务，只要消费者接入了互联网。很难界定这一交易究竟是在哪个国家内发生的。

（二）虚拟性

跨境电子商务将传统的商务流程进行了电子化和数字化，一方面以流量代替了实物流，减少了人力、物力的使用，从而降低了成本；另一方面则是突破了时间和空间的限制，使跨境交易在任何时间、任何地点都能进行，大大提高了交易的效率。互联网的出现，革新了传统的空间概念，随之产生了虚拟空间。目前，处于全球任何一个地方的个人或是公司，都可以通过互联网进行联系，通过建立虚拟社区、虚拟公司、虚拟商场等，达到信息共享、资源共享、智力共享等。

不管是企业还是个人，在进行跨境电子商务的各项活动时，都不同于传统的交易活动，他们不需要有实体店，只需要在网络市场上进行即可。例如在亚马逊或是速卖通上的卖家，他们中的很大一部分都没有实体店或是零售网点，但通过平台，商品仍然可以销往世界各地。

（三）零库存定制

各跨境电子商务企业在网络市场中并不需要将商品一一陈列出来，只需要借助互联网，展现给客户商品（服务）的图片、相关数据或是文字说明即可，给客户留下很大的选择空间。企业甚至可以在接到客户的订单后，再根据订单组织生产和配送等服务。在这种模式下，跨境电子商务企业就可以减轻库存压力，加速资金的周转。另外，还可以最大限度地满足客户的个性化需求。

（四）运营成本低

跨境电子商务能够使企业以较低的成本进入全球电子化市场，使得中小企业也有可能拥有和大企业一样的信息资源，从而提高了中小企业的竞争力。和传统的贸易方式相比，跨境电子商务大大减少了中间环节，如表1-1所示。这使得生产者和客户的直接交易成为可能。具体而言，跨境电子商务运营成本低主要体现在以下几点：

表 1-1 传统贸易方式与跨境电商贸易方式流程比较

步骤	传统贸易方式	跨境电商贸易方式
1	买方准备一份请购单	卖方自建销售站点或注册成为跨境平台卖家
2	卖方收到请购单并回复	卖方上架产品详情
3	获得批准或授权	买方注册成为跨境站点或平台用户
4	输入请购单数据	买方浏览产品详情下单
5	打印采购单	NA
6	邮寄采购单给买方	NA
7	卖方接受采购订单	NA
8	买方确认所采购货物清单	NA
9	卖方确认订单	NA
10	进行订货记录	NA
11	打印装箱单或订单	NA
12	货物装运给买方	货物装运给买方
13	报关及报验	报关及报验
14	缮制发票记应收账	NA
15	将发票寄给买方	NA
16	买方收到货物	买方收到货物
17	收到发票	NA
18	登记所收货物存货科目	登记所收货物存货科目
19	将发票输入应付款系统	NA
20	缮制发票	NA
21	将支票寄给卖方	NA
22	卖方收到支票	卖方收到货款
23	登记应收款账户冲账	NA

1. 降低销售成本

一般而言，传统企业在经营过程中的费用包括店面租金、装潢费用、水电费、营业税以及人事管理费用等项目，跨境电子商务在网络市场的销售成本则主要包括 Web 站点建设成本、硬件和软件费用、网络使用费和维持费用等。将两者进行比较，可以发现网络销售方式的成本要比实体企业低得多。

2. 全天候经营

在跨境电子商务交易中，企业或是个人可以通过互联网实现 7*24 的经营模式，并且不需要增加额外的经营成本。原因在于客户可以进行自主咨询、下单和采购，人工干预较少，一般只需要数量不多的客服人员，借助计算机自动完成即可。

3. 无空间限制

互联网的发展使得地球村越来越小，跨境电子商务消除了与不同国家、地区客户进行交易的时间与地域限制，吸引越来越多的企业和个人参与到跨境电子商务交易中。另外，跨境电子商务又提供了丰富的信息资源，为交易提供更多的可能性。

4. 扁平化渠道

在跨境电子商务交易中，中间商的作用被大大削弱，取而代之的是网络直销。因此，网络市场的渠道逐渐缩短，趋于扁平化。跨境电子商务企业或是个人可以借助第三方平台或是自己建立的网站，直接向海外客户销售。通过这种方式，卖家可以获取并掌握客户的第一手资料，经过分析挖掘，可以及时了解客户的需求，并据此有针对性地提供相应的产品和服务，以满足不同国家、不同客户的需求。

（五）销售机会增加

互联网的全球性给跨境电子商务带来更多的机遇。借助第三方平台或是自己的网站，可以接触到不同国家、不同地区的客户，而不仅仅只是局限在国内。当潜在客户的数量大量增加后，将其变为客户的可能性也将大大提高，从而使得销售机会也将增加。

同时，互联网也具有互动性。通过互联网，卖方和买方可以直接进行交流、谈判，在这一过程中，就可以快速与客户建立关系，收集相关的资料，形成客户数据库，进而就可以进行有针对性的销售，激发客户潜在的购买欲望。此外，客户也可以直接将自己的意见或建议反馈到相应的网站上，而商家则可以根据客户的反馈情况进行处理改进，形成良好的互动，为后续的销售打好基础。

（六）跨境电子商务平台成为卖家网络贸易的主要场所

跨境电子商务平台在商家的运营和发展过程中起着非常重要的作用，是其开展跨境交易、客户管理的窗口，如目前国内比较热的几大平台包括速卖通、亚马逊、eBay、Wish等。除了自己建立跨境电子商务网站，现在大多数商家都选择在第三方平台上开展交易。平台围绕客户需求这一中心，充分考虑客户在网上交易时遇到的各种困难以及需要的帮助和技术支持，开展网上自助服务。同时，平台也可以为客户定制在线购物经验，定制广告、促销活动等。

【技能提示】

互联网环境下，国际贸易正发生着深刻的变革，跨境电子商务呈现出传统国际贸易所不具备的5大新特征：多边化、小批量、高频度、直接化、数字化。

"多边化"是指跨境电商贸易过程相关的信息流、商流、物流、资金流已由传统的双边逐步向多边的方向演进，呈网状结构。跨境电商可以通过A国的交易平台、B国的支付结算平台、C国的物流平台，实现与其他国家间的直接贸易。

"小批量"是指跨境电商相对于传统贸易而言，单笔订单大多是小批量，甚至是单件。柴

跃廷指出，这是由于跨境电商实现了单个企业之间或单个企业与单个消费者之间的交易。

"高频度"是指跨境电商实现了单个企业或消费者能够即时按需采购、销售或消费，因此相对于传统贸易而言，交易双方的交易频率大幅提高。

"直接化"是指跨境电商可以通过电子商务交易与服务平台，实现多国企业之间、企业与最终消费者之间的直接交易。与传统国际贸易相比，进出口环节少、时间短、成本低、效率高。

"数字化"是指随着信息网络技术的深化应用，数字化产品（软件、影视作用、游戏等）的品类和贸易量快速增长，且通过跨境电商进行销售或消费的趋势更加明显。与之相比，传统的国际贸易主要存在于实物产品或服务中间。

资料来源：EC麦田 . http://news.ecmaitian.com/zhuanjiafangtan/2013/11330.html

概括而言，跨境电子商务平台的出现，不管是对商家还是对客户而言，都是极其有利的。一方面，可以提供庞大的信息，双方可以在海量的信息中搜寻自己的目标对象；另一方面，对交易双方来说提高了沟通的效率，进而也提高了客户的接受度。

第二节　跨境电子商务的现状与发展趋势

一、我国跨境电商发展历程

跨境电子商务行业作为互联网的新兴行业，同其他行业一样，也经历了从无到有、从小到大的过程。以时间截点为划分依据，我国的跨境电子商务行业主要经历了三个阶段。如图1-1所示。

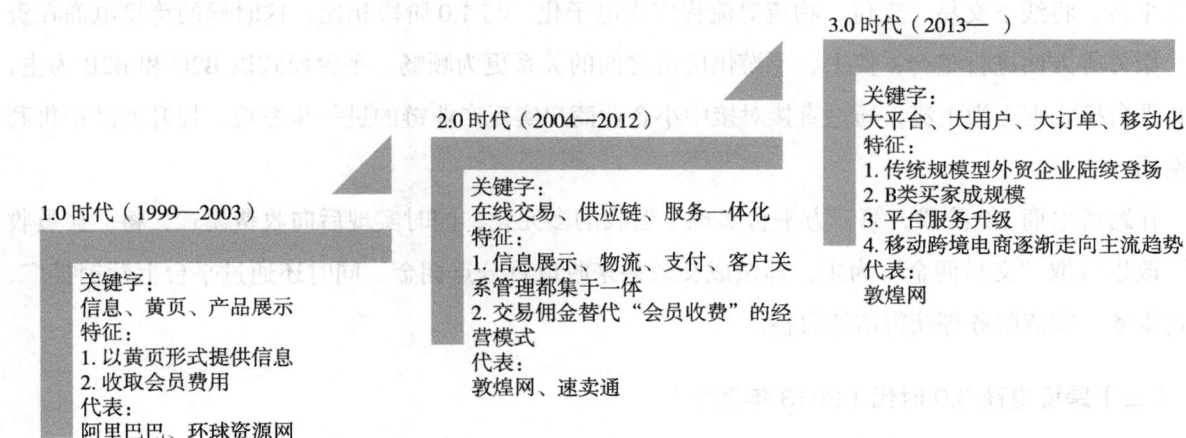

3.0时代（2013— ）
关键字：
大平台、大用户、大订单、移动化
特征：
1. 传统规模型外贸企业陆续登场
2. B类买家成规模
3. 平台服务升级
4. 移动跨境电商逐渐走向主流趋势
代表：
敦煌网

2.0时代（2004—2012）
关键字：
在线交易、供应链、服务一体化
特征：
1. 信息展示、物流、支付、客户关系管理都集于一体
2. 交易佣金替代"会员收费"的经营模式
代表：
敦煌网、速卖通

1.0时代（1999—2003）
关键字：
信息、黄页、产品展示
特征：
1. 以黄页形式提供信息
2. 收取会员费用
代表：
阿里巴巴、环球资源网

图1-1　跨境电子商务行业三大阶段

（一）跨境电商1.0时代（1999—2003年）

1999年阿里巴巴集团在杭州成立，拉开了中国跨境电子商务发展的序幕。最初，阿里巴巴中国供应商只是在互联网的黄页上向全球各地区的客户展示中国的产品，定位于B2B大宗交易。双方通

过线上了解，再通过线下洽谈，最后达成交易。

2000 年前后，国内出现了一些尝试在 eBay 和 Amazon 等国外平台上做电商销售的人群，但由于人数较少，并未形成规模。

因此，跨境电商 1.0 阶段的主要商业模式表现为线上展示、线下交易。在该阶段，第三方平台发挥的作用仅仅是给企业或个人提供商品展示的渠道，这一过程并不涉及任何交易。此时第三方平台的盈利点在于向在上面展示产品或是信息的企业收取会员费（如年服务费）。在该阶段的发展历程中，逐渐也出现了竞价推广、咨询服务等针对供应商的衍生服务。

（二）跨境电商 2.0 时代（2004—2012 年）

2004 年，敦煌网（DHgate.com）在北京成立，表明跨境电商 2.0 阶段来临。与 1999 年成立的阿里巴巴中国供应商网上黄页定位不同，敦煌网的侧重点在于提供给买卖双方一个更为方便的场所，使买卖双方能够及时完成在线交易，因此在该平台上完成的基本上是以 B2B 小额贸易为主。

2007 年，兰亭集势（Lightinthebox）成立。作为一家整合了供应链服务的在线 B2C（内部叫作 L2C, LightInTheBox 2 Customer），该公司拥有一系列的供应商，并拥有自己的数据仓库和长期的物流合作伙伴，截止到 2010 年兰亭集势已成为中国跨境电子商务平台的领头羊。

2009 年，阿里巴巴速卖通（AliExpress）成立，2010 年 3 月开放免费注册，2010 年 4 月正式上线。速卖通以 B2C 和 C2C 为主要的跨境电商模式，是阿里巴巴旗下唯一面向全球市场打造的在线交易平台，曾被广大卖家称为"国际版淘宝"。经过几年的发展，速卖通已迅速赶超其他平台，成为国内卖家最集中的跨境电商平台。

在跨境电商 2.0 阶段，跨境电商平台发生了质的变化，由原来单纯的信息展示平台变成了在线交易平台，将线下交易、支付、物流等流程实现电子化。与 1.0 阶段相比，这时候的跨境电商在资源、服务等方面进行整合，使上、下游供应链之间的关系更为顺畅。平台模式以 B2C 和 B2B 为主，B2B 平台模式则更为主流，通过直接对接中小企业商户实现产业链的进一步缩短，提升商品销售利润空间。

在跨境电商 2.0 阶段，第三方平台实现了营收的多元化，同时实现后向收费模式，将"会员收费"改以收取"交易佣金"为主，即按成交效果来收取百分点佣金。同时还通过平台上营销推广、支付服务、物流服务等获得增值收益。

（三）跨境电商 3.0 时代（2013 年至今）

2013 年成为跨境电商重要转型年，跨境电商全产业链都出现了商业模式的变化。随着跨境电商的转型，跨境电商 3.0"大时代"随之到来。

首先，跨境电商 3.0 具有大型工厂上线、B 类买家成规模、中大额订单比例提升、大型服务商加入和移动用户量爆发五个方面特征。与此同时，跨境电商 3.0 服务全面升级，平台承载能力更强，全产业链服务在线化也是 3.0 时代的重要特征。

在跨境电商 3.0 阶段，用户群体由草根创业向工厂、外贸公司转变，且具有极强的生产设计管理能力。平台销售产品由网商、二手货源向一手货源好产品转变。

对于 3.0 阶段的主要卖家群体正处于从传统外贸业务向跨境电商业务艰难转型期，生产模式由大生产线向柔性制造转变，对代运营和产业链配套服务需求较高。另外，3.0 阶段的主要平台模式也由 C2C、B2C 向 B2B、M2B 模式转变，批发商买家的中大额交易成为平台主要订单。①

随着跨境电子商务的快速发展，整个行业开始呈现出新的特征，具体表现为：

1. 参与主体由单一向多元化发展

2012 年以前，跨境电商的参与者主要以小微企业、个体工商户或是个人网商为主，而随着外贸形势的进一步严峻，传统贸易的主体也开始加入跨境电商，如外贸企业、品牌商家和工厂等。对这些主体而言，跨境电商是传统贸易以外又一个新的增长点，在很大程度上补充了传统贸易。参与者的多元化给跨境电商带来了新的发展，同时也产生了一系列的挑战。

2. 运营方式由低端向品牌化发展

早期跨境电商的迅猛发展得益于中国制造的巨大优势，销售的产品价格多为低廉，很少考虑品牌。而随着竞争的日益激烈，中国制造的物美价廉的产品优势慢慢减少，许多卖家开始考虑走品牌化运营道路，尤其以企业为主。一些实力比较雄厚的企业已经开始自建品牌和平台，将目光着眼于品牌效应，希望通过品牌来提升自己在跨境电商中的价值和竞争力。

3. 产业链由松散向一体化发展

在跨境电商中，营销、通关、商检、物流、支付等是必不可少的环节。在早期的跨境电商中，这些环节之间联系并不十分密切，因此出现的问题较多。针对这些环节出现的问题，跨境电商企业，包括服务企业，除了对这些环节进行多方面的延伸外，还开始整合产业链，并提供一体化的服务，使得整个产业链和服务链越来越完善和方便。

【即问即答】

如何解读跨境电商的三个发展阶段？你认为第三个阶段还会持续进行下去吗？

二、我国跨境电商发展现状

目前我国跨境电商行业的发展现状呈现出四个特征：

（一）跨境电商交易规模持续扩大，实现逆势增长

当前世界贸易增速趋于收敛，为开拓市场、提高效益，越来越多的商家开始着力于减少流通环节、降低流通成本、拉近与国外消费者的距离，而跨境电子商务正为此提供了有利的渠道。尽管全球贸易增速放缓，中国跨境电商增速有所下降，但是跨境电商增速仍大幅高于货物贸易进出口增

---

① http://www.siilu.com/20150930/150845.shtml

速，中国进出口贸易中的电商渗透率持续提高。如图 1-2 所示：2016 年中国跨境电商交易规模 6.7 万亿元，同比增长 24%，占整个外贸规模的 19%，年均增速近 30%。预计到 2020 年，跨境电商市场交易规模将达 12 万亿元，在 2015—2020 年区间，复合年均增长率（CAGR）为 20.1%，并将占中国进出口总额的 37.6%。

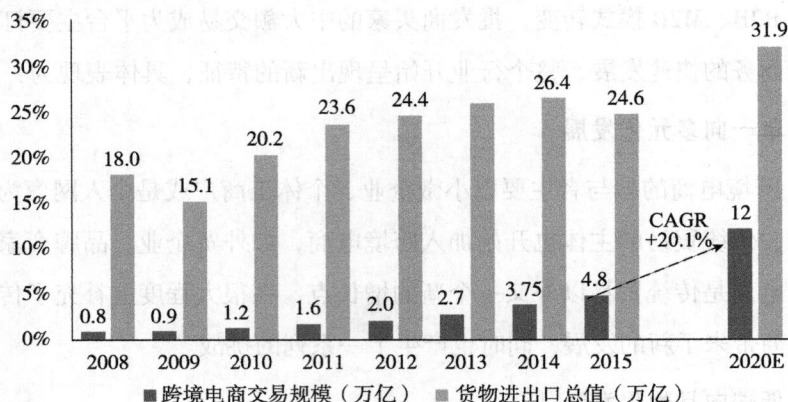

图 1-2　2008—2020 年中国跨境电商交易额、进出口总额变化情况

（二）在进出口比例上，跨境电商出口额远超进口

中国跨境电商以出口为主，根据中国电子商务研究中心的监测数据显示，2015 年中国跨境电商中出口交易规模达到 4.49 万亿元，占跨境电商交易总额的 83.1%，进口占比 16.8%，出口远超进口。造成该现象的原因主要有两个方面，一方面由于中国跨境电商进口处于起步阶段，远不如出口成熟；另一方面大量的海外代购由于海关监管的缺失使得统计数据不完整。短期内，这种格局将持续。

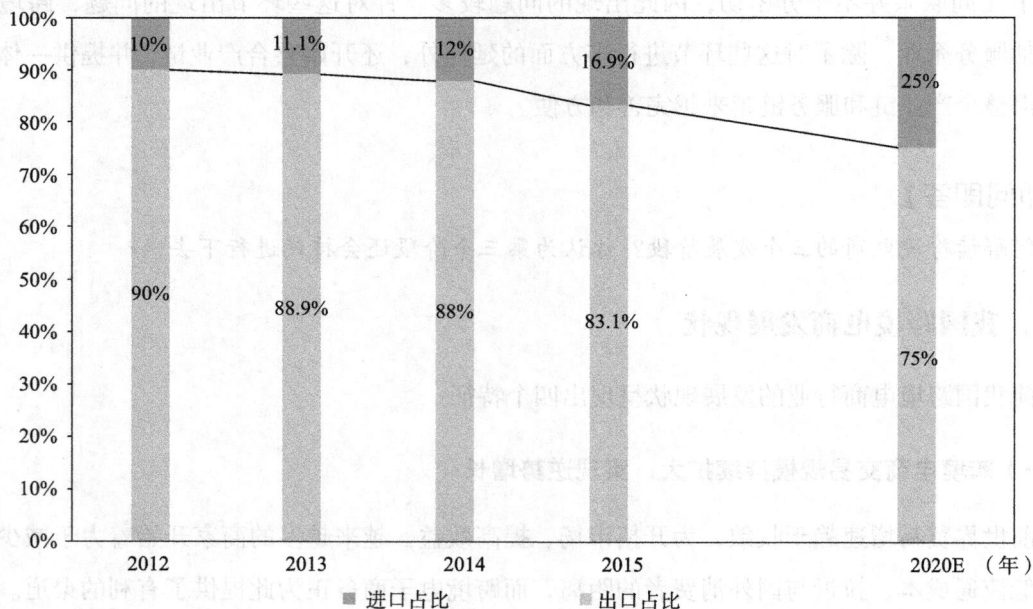

图 1-3　2012—2020 年中国跨境电商出口及进口交易额占比

资料来源：商务部、海关总署、艾瑞、易观、阿里研究院

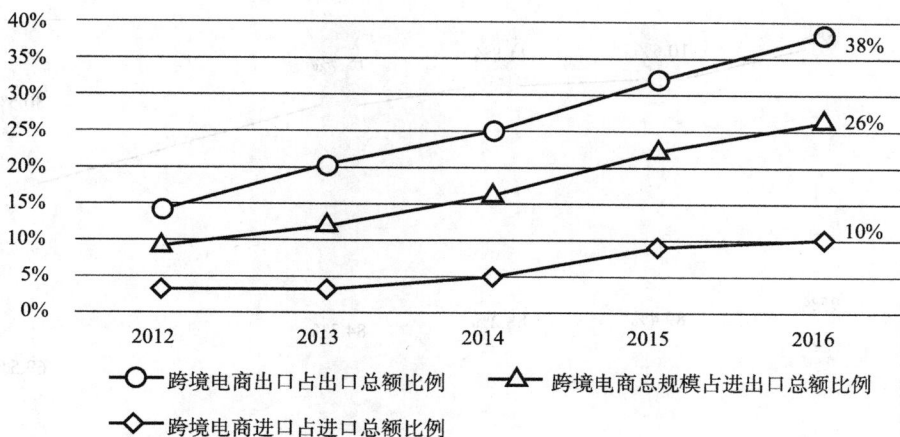

图 1-4 跨境电商贸易占进出口比重

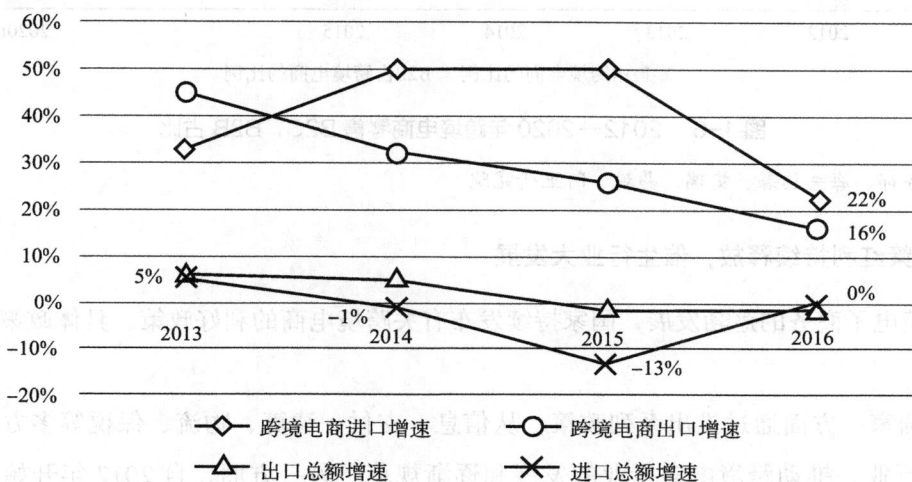

图 1-5 跨境电商进出口增速与进出口总额增速对比

【即问即答】

为什么在我国的跨境电商交易中，出口数额远大于进口数额？

（三）从业务模式来看，跨境电商以 B2B 业务为主，B2C 跨境模式逐渐兴起

按业务模式分，中国跨境电商目前以 B2B 为主。据中国电子商务研究中心监测数据（100EC. CN）显示，2015 年 B2B 占跨境电商总额的 84.3%，B2C 仅占 15.7%。到 2016 年，这一比例继续提高，跨境电商 B2B 交易占比达 88.7%，占据绝对优势，跨境电商 B2C 交易占比 11.3%，但 B2C 交易增长强劲。预计到 2020 年，跨境电商 B2C 交易将超过 30%。

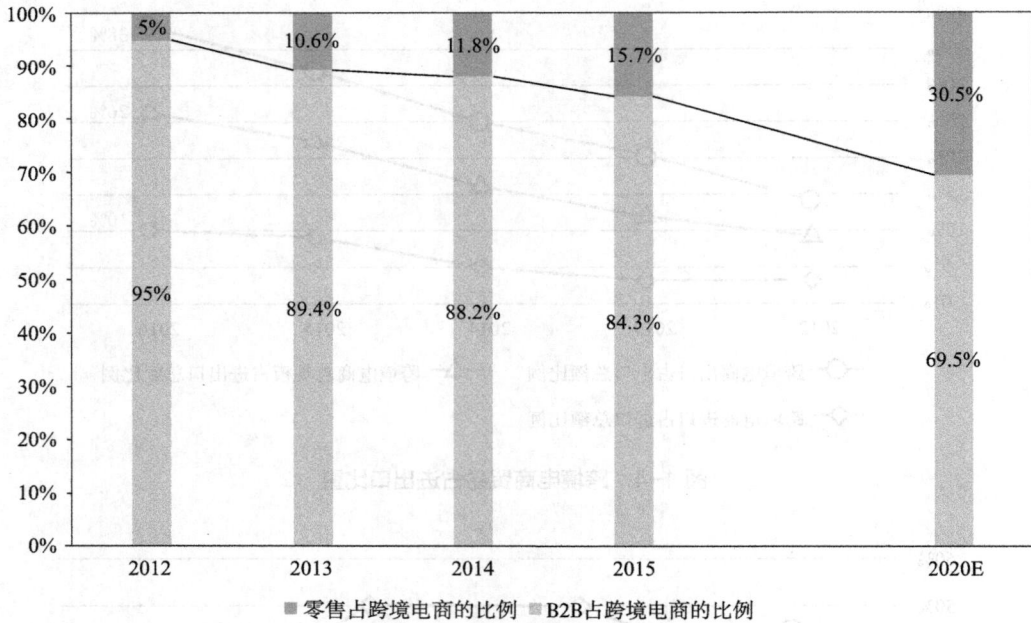

图 1-6　2012—2020 年跨境电商零售 B2C，B2B 占比

资料来源：商务部、海关总署、艾瑞、易观、阿里研究院

（四）政策红利持续释放，催生行业大发展

随着跨境电子商务的蓬勃发展，国家持续发布有关跨境电商的利好政策。具体政策内容梳理如表 1-2 所示。

目前，国家一方面通过推出系列政策，从信息、支付、清算、物流、保税等多方面支持、监督跨境电商行业，推动跨境电商行业的发展和逐渐规范。另一方面，自 2012 年开始，通过"综试区＋试点城市"两种模式，政策红利继续带动行业踏上新征程。我国跨境电商采用两种试点模式：跨境电商综合试验区（国务院牵头）＋跨境电商试点城市（海关总署牵头）跨境电商试点城市（海关总署牵头）。这两种试点模式均处于探索期，政策多由试点的当地政府自下而上探索，核心目的在于规范行业和提高行政效率。综试区是试点城市的升级版，地位高于试点城市。总理李克强亲自敲定了首个杭州综试区——中国（杭州）跨境电子商务综合试验区。如图 1-7 所示。

表 1-2　中国跨境电商相关政策梳理

政　　策	发布时间	发布单位	主要内容
《电子签名法》	2004.8.28	国务院办公厅	针对经营者使用可靠的电子签名与提供电子认证服务颁布
《关于加快电子商务发展的若干意见》	2005.1.8	国务院办公厅	我国第一个专门指导电子商务发展的政策性文件，包括 8 部分、25 条，是继《电子签名法》出台后，我国在构建电子商务政策法律环境方面的又一重大政策

政　策	发布时间	发布单位	主要内容
《商务部关于促进电子商务规范发展的意见》	2007.12.13	商务部	推动网上交易健康发展，逐步规范网上交易行为，帮助和鼓励网上交易各参与方开展网上交易，警惕和防范交易风险
《跨境贸易人民币结算试点管理办法》	2009.7.1	中国人民银行	对跨境贸易人民币结算试点的业务范围、运作方式，试点企业的选择、清算渠道的选择等问题作了具体规定
《商务部关于加快流通领域电子商务发展的意见》	2009.11.30	商务部	扶持传统流通企业应用电子商务开拓网上市场，培育一批管理运营规范、市场前景广阔的专业网络购物企业和网上批发交易企业
《网络商品交易及有关服务行为管理暂行办法》	2010.5.31	国家工商行政管理总局	针对网络商品经营者和网络服务经营者在中华人民共和国境内从事网络商品交易及有关服务行为颁布
《非金融机构支付服务管理办法》	2010.6.14	中国人民银行	针对从事支付业务的非金融机构，促进支付服务市场健康发展，规范非金融机构支付服务行为，防范支付风险，保护当事人的合法权益
《跨境贸易人民币结算试点管理办法实施细则》	2010.9.15	中国人民银行	为推动跨境贸易电子商务发展，海关总署启动郑州、上海、重庆、杭州、宁波5个跨境贸易电子商务服务试点城市部署会
《网络商品交易及服务监管条例》	2012.6.1	国家工商行政管理总局	以《网络商品交易及有关服务行为管理暂行办法》为基础，涵盖了电子商务市场诸多细分领域，涉及交易监管层、广大网络消费者、网络经营者、服务提供者、交易平台等市场主体
《国家发展改革委办公厅关于开展国家电子商务试点工作的通知》	2012.8.11	国家发改委	批准同意郑州、上海、重庆、杭州、宁波5个城市作为国内首批开展跨境贸易电子商务的城市
《支付机构跨境电子商务外汇支付业务试点指导意见》	2013.2.1	国家外汇管理局	支持跨境电子商务发展，规范支付机构跨境互联网支付业务，防范互联网渠道外汇支付风险
《关于促进进出口稳增长、调结构的若干意见》	2013.7.26	国务院办公厅	将发展跨境电子商务作为当前外贸稳增长、调结构的重要手段之一，要求"积极研究以跨境电子商务方式出口货物（B2C、B2B等方式）"所遇到的海关监管、退税、检验、外汇收支、统计等问题，完善相关政策
《关于实施支持跨境电子商务零售出口有关政策的意见》	2013.8.29	商务部、国家发改委等9部委	专门就在跨境电商的快速发展中，因现行管理体制、政策、法规等原因造成企业在海关、检验、收付汇、税收等方面遇到的问题，提出6项措施
《关于跨境电子商务零售出口税收政策的通知》	2014.1.1	财政部、国家税务总局	对跨境电子商务零售出口有关税收优惠政策予以明确
海关总署公告2014年第12号（关于增列海关监管方式代码的公告）	2014.2.7	海关总署	增列海关监管方式代码"9610"，采用"清单核放、汇总申报"模式办理通关手续的电子商务零售进出口商品

政　策	发布时间	发布单位	主要内容
《关于大力发展电子商务加快培育经济新动力的意见》	2015.5.4	国务院	加强电子商务国际合作。提升跨境电子商务通关效率。推动电子商务走出去
《关于加快培养外贸竞争新优势的若干意见》	2015.5.12	国务院	大力推动跨境电子商务发展，积极开展跨境电子商务综合改革试点工作，抓紧研究制定促进跨境电子商务发展的指导意见
《关于进一步发挥检验检疫职能作用促进跨境电子商务发展的意见》	2015.5.14	质检总局	构建符合跨境电子商务发展的检验检疫工作体制机制，建立跨境电子商务清单管理制度，实施跨境电子商务备案管理
《海关总署关于调整跨境贸易电子商务监管海关作业时间和通关时限要求有关事宜的通知》	2015.5.15	海关总署	海关对跨境电子商务监管实行"全年（365天）无休日、货到海关监管场所24小时内办结海关手续"的作业时间和通关时限要求
《"互联网＋流通"行动计划》	2015.5.15	商务部	协同推进跨境电子商务"单一窗口"综合服务体系建设。加强知识产权和消费者权益保护。加快电子商务海外营销渠道建设。参与和主导电子商务国际规则制定
关于同意在天津等12个城市设立跨境电子商务综合试验区的批复	2016.1.12	国务院	同意在天津市、重庆市、合肥市、郑州市、广州市、成都市、大连市、宁波市、青岛市、深圳市、苏州市、上海市12个城市设立跨境电子商务综合试验区
《关于跨境电子商务零售进口税收政策的通知》	2016.3.24	财政部、海关总署、国家税务总局	关税暂设为0%；进口环节增值税、消费税取消免征税额，暂按70%征收；个人单次交易限值为2000元，年度交易限值为20000元
《关于执行跨境电子商务零售进口新的监管要求有关事宜的通知》	2016.5.24	海关总署	明确了过渡期内跨境电子商务零售进口商品的监管要求，过渡期为1年，截止日期为2017年5月11日（含11日）

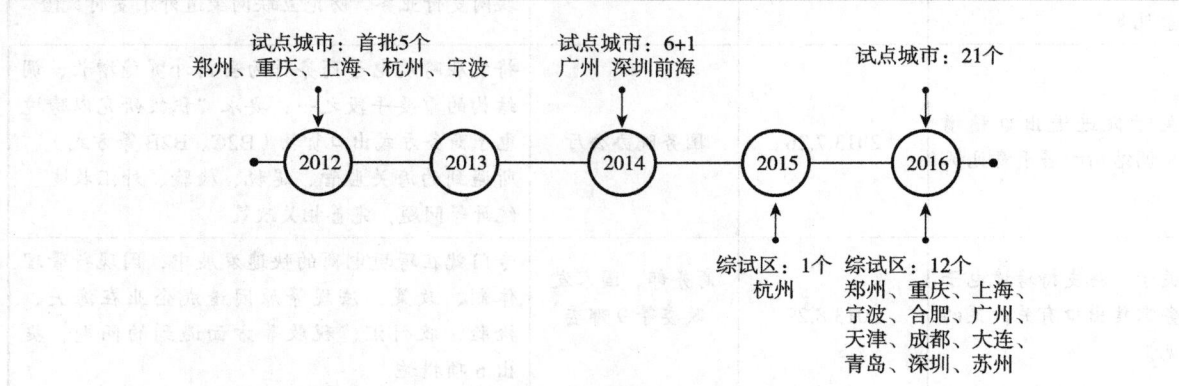

图 1-7　跨境电商试点城市一览

三、我国跨境电商发展趋势

对于我国跨境电商未来的发展趋势，分别从出口和进口两方面来进行阐述。

出口跨境电商未来发展的趋势表现为以下四个方面：

（一）商品品类和销售市场呈现多元化趋势，新兴市场崛起

在跨境电商交易过程中，商品品类经历了由少到多，由简单到复杂的过程，从最初非常单一的产品，到服装服饰、计算机及配件、珠宝、化妆品和消费类电子产品等便捷运输产品，再到家居、汽车等对物流要求较高的产品。随着多样化跨境物流解决方案的不断出现，商品品类将得以不断拓展，两者相互促进，相互推动。

另外，销售市场的多元化增长将成为未来跨境电商的主要增长点。从存量来看，欧美主流市场依旧是行业的主力；但从增量来看，新兴市场发展速度远远高于欧美。在保证欧美等成熟销售市场持续增长的情况下，新兴的市场将成为跨境电商新的方向和目标。诸如巴西、东南亚地区的市场，由于自身产业结构不合理，尤其是消费品行业的欠发达积累了大量的消费需求，而线下销售渠道不够成熟，本土市场规模较小而难以满足消费者日益增长的消费需要。同时，这些地区互联网基础好，人口众多，且华人所占比例较高，优势非常明显。而跨境电商交易便利化程度的进一步提高，这些市场的跨境消费将一触即发，迅速崛起。对中国的跨境电商产业而言，可以说是一次巨大的机会。同时，其他一些新兴市场的表现及趋势如下：印度市场比较封闭，但十几亿的人口，未来市场容量非常大；俄罗斯市场布局比较成熟，速卖通布局较早，牢牢抓住了老大地位；非洲和南美，因为基础设施的原因，发展相对慢些。而随着"一带一路"战略的持续推进，沿线国家诸如巴基斯坦、土耳其等国家也逐渐凸显出来了。

图 1-8 出口跨境电商新兴市场

（二）卖家两级分化

目前中国跨境电商行业呈现两级分化的马太效应，强者越强，弱者越弱，该现象在未来一段时间将持续下去。据海贸会调查，各大电商依然获得了高速增长。有不少跨境电商获得超过 300% 以

上增长，年销售额高达 20 亿元。这在很多人看来是不可思议的。但是，中小卖家却不尽如人意。无论是销售额和利润，都远远不及往年。

近年来速卖通的快速扩张以及转型，对跨境电商行业影响很大，对中小卖家的影响更大。大卖家对跨境电商有更加深刻的理解，在人员规模、产品类目、资金等方面都具有优势，能够有效地利用各种电商营销工具，采用多种电商营销方案，在供应链和团队管理上能够更加精细和高效，因而高歌猛进，充分享受跨境电商发展所带来的红利。而小卖家由于人数少，管理无法精细；产品少，难以批量采购；资金少，抗风险能力差等原因，生存比较困难，在竞争中处于劣势。

（三）品牌争夺战激烈，中国品牌发力

2015 年是中国跨境电商品牌元年，不仅各大电商平台开始盯上有限的品牌资源，中小电商也在激烈的价格战中意识到品牌的重要性。各大跨境电商平台纷纷将目光锁定品牌商，先前敦煌网提倡OBM，寻找全球梦想合伙人，目的就在于鼓励跨境卖家创牌，而现如今速卖通平台出台的新规更是体现了这一点。

整个跨境电商行业都意识到了品牌的重要性，未来各项资源在品牌上的倾斜力度将更大，竞争的焦点也将逐渐集中在品牌争夺上。而随着这一趋势的发展，要想保持在这个行业有所作为，中国品牌将发力，提升自主品牌和设计的能力，由"中国制造"向"中国创造"转型。

（四）出口跨境电商的产业链将更加完善

中国出口跨境电商从传统的链状模式向基于平台的生态系统模式发展，围绕着跨境交易上方，跨境金融、跨境物流、外贸综合服务、衍生服务（代运营、搜索关键词优化、人员培训咨询等）、大数据和云计算等一环扣一环，一圈围绕一圈的生态系统将衍生开来，在系统内的各方均受益于整个生态圈，并为之服务。如图 1-9 所示。

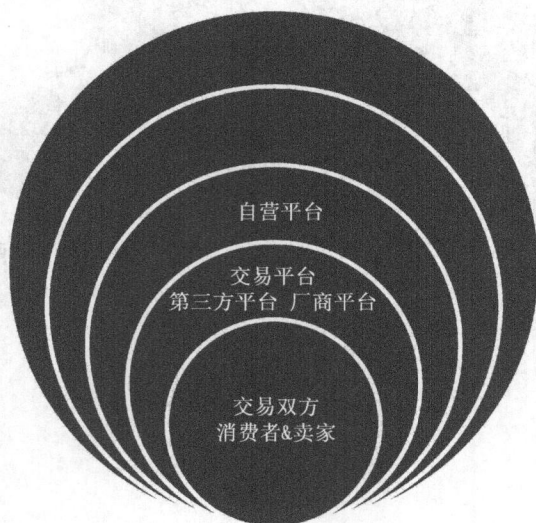

图 1-9　跨境电商生态系统

四、全球主要跨境电商市场介绍

（一）北美市场——最受欢迎

北美（Northern America）通常指的是美国、加拿大和格陵兰岛等地区，是世界上经济最发达的大洲，其人均GDP超越了欧洲，也是世界15个大区之一。根据雨果网2015年的统计报告显示，北美作为一个最受欢迎的跨境电子商务市场，集中了全球约37%的跨境在线卖家。2014年北美在线销售总额达到3286亿美元，预计到2017年该数值将达到3700亿美元。

图1-10 跨境电商北美市场地图一览

北美市场是中国跨境电商出口的主要市场，其中美国是世界上最大的电子商务市场之一，在线买家数量众多，在线消费能力极强，市场容量非常大。美国人不但极少储蓄，而且很多人都会办理几张信用卡进行超前消费，因此也使得美国成为全球最大的消费品市场。因为历史的原因，美国存在着大量的移民，他们来自不同的国家和地区，拥有不同的文化习俗，所以他们对市场上的商品拥有很强的接受度，非常愿意尝试和购买新产品，只要产品的质量和品质不错，就会培养出忠诚度，产生重复购买行为。美国跨境电商的最大节日都集中在下半年，比如圣诞节、网购星期一、黑色星期五等，这些节日是美国跨境电商平台的销售旺季，加在一起能够占到全年销售额的三分之一以上。

《2020全球跨境电商趋势报告》对北美市场做了如下预测：到2020年，北美仍是全球第三大跨境B2C电商市场，届时，美国不仅是消费者跨境购物的第一产品来源国，也是跨境购物的重要产品目的国。总之，未来几年，北美市场是跨境电商出口的必争之地。

（二）欧洲——最为资深

欧洲电商市场在全球电子商务市场中占据着举足轻重的作用。根据欧洲电商协会的统计数据（图1-12）显示：2015年，欧洲电子商务市场规模实现了4550亿欧元，比2014年的营收额增长了13%。欧洲电商市场一直保持客观增长，2011—2015年期间，欧洲B2C电商营收年复合增长率为17%，电商销售额增长超过了2000亿欧元。

图1-11 跨境电商欧洲市场地图一览

欧洲市场之所以有这样的表现，一方面在于欧洲拥有成熟的北部市场、增长迅速的南部市场和新兴的东部市场，增长空间巨大。另一方面，早在2012年，欧洲的8.2亿居民中就有5.3亿互联网用户，2.59亿在线购物用户，电子商务为欧洲贡献了大约5%的GDP。随着时间的推移，这个数值在不断攀升。在欧洲，不论是在成熟的还是新兴的欧洲市场里，移动设备渗透率均超过了100%。平均来说，5.5%的电子商务交易都是通过移动设备进行的，这一数字在将来还会大幅度提高。纵观欧洲电商，英国电商渗透率最高。数据显示，81%的消费者更习惯选择线上购物，丹麦、德国、

18

法国的在线购买率也排在前列。而在南欧地区，希腊、葡萄牙、意大利等国，仅有 1/3 的消费者会选择线上购物。

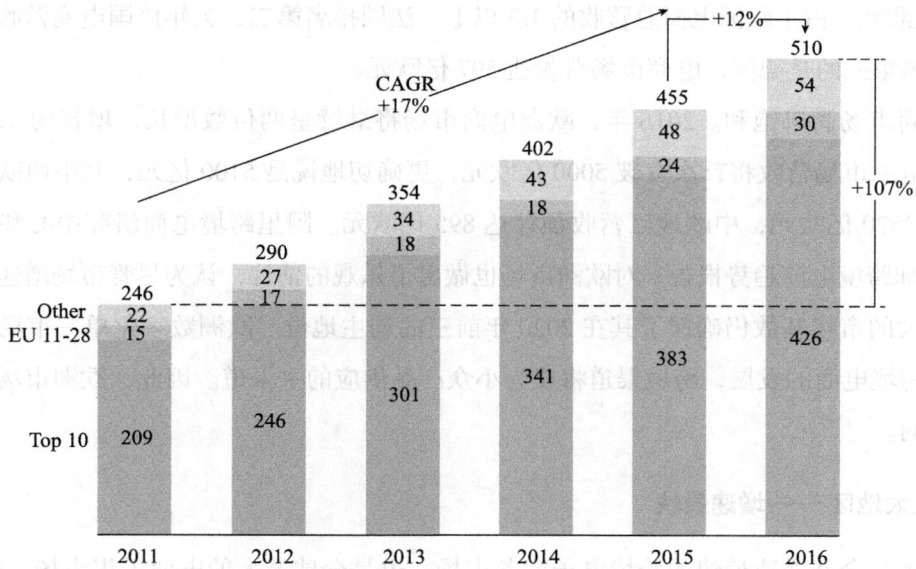

图 1-12　欧洲电商协会的统计数据

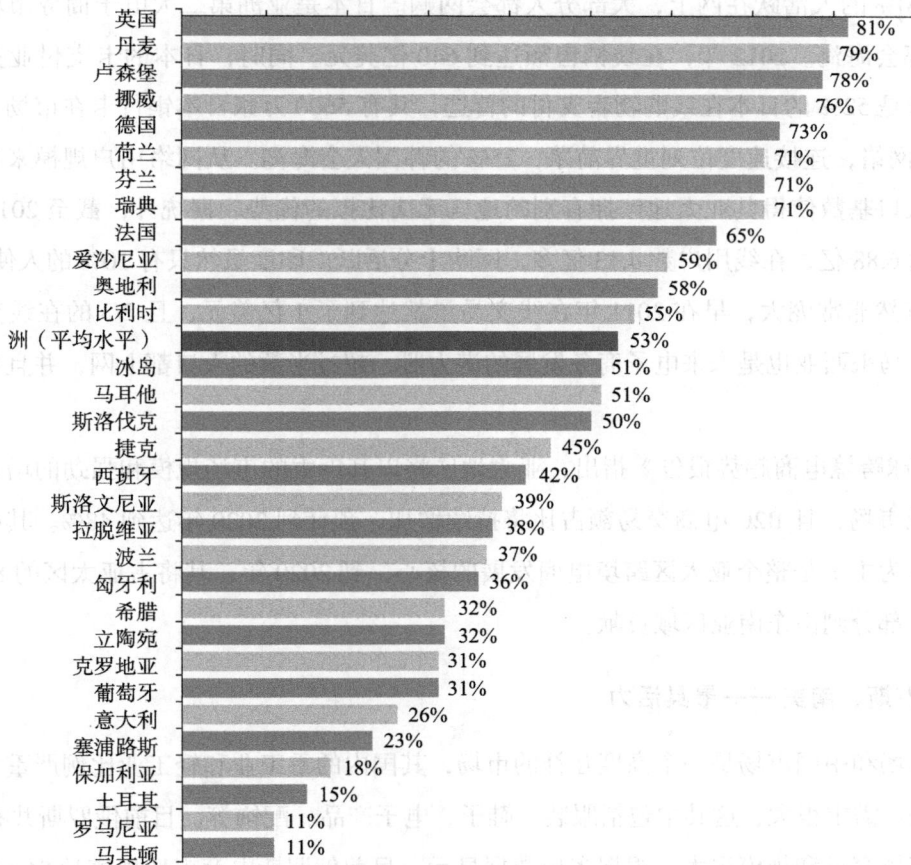

图 1-13　欧洲各国电商渗透率

欧洲电商协会的数据表明，2015 年欧洲前十大电商市场分别为英国、法国、德国、俄罗斯、西班牙、意大利、荷兰、丹麦、瑞典和瑞士，其中英国遥遥领先于其他市场，2015 年英国电商市场营收达 1571 亿欧元，占了欧洲电商总营收的 1/3 以上。法国排名第二，去年该国电商营收达 649 亿欧元，之后排名第三的是德国，电商市场营收达 597 亿欧元。

欧洲电商市场尚未饱和。2016 年，欧洲电商市场将继续呈两位数增长，增幅为 12%。这就意味着，欧洲电商市场营收将首次突破 5000 亿欧元，更确切地说是 5100 亿元，其中西欧地区贡献最大，营收达 2520 亿欧元，中欧地区营收预计达 895 亿欧元。阿里跨境电商研究中心和埃森哲发布的《2020 全球跨境电商趋势报告》对欧洲市场也做出了乐观的估计，认为尽管市场增速会放缓，但欧洲市场庞大的市场基数仍确保了其在 2020 年前三的霸主地位。欧洲数字化单一市场战略将大大推进区域内跨境电商的发展，跨境渠道将成为小众产品供应的主渠道。因此，欧洲市场无论何时都是值得重视的。

（三）亚太地区——增速最快

亚太地区是全球增速最快的跨境电子商务市场，也是全球最大的电商零售市场。EMarketer 报告预测到 2020 年，亚太地区的电商零售额将达到 2.725 万亿美元。综合来看，日本和韩国电商成熟度较高，有 80% 的人活跃在网上，大部分人都会网购。日本是亚洲第二大电子商务市场，18% 的日本网购者都会海淘。2012 年，在线销售额达到 640 亿美元。同时，日本的卡支付业务普及率非常高，信用卡是 52% 的日本在线购物者支付的首选，共有 5600 万张日本银行卡在市场上流通。而韩国拥有 4G 网络，连接速度位列世界前茅，25% 的韩国人会海淘。从网络用户规模来看，中国和印度庞大的人口基数使得其亚太地区拥有别的地区无法比拟的优势。据统计，截至 2015 年底，中国网民数量达 6.88 亿，在线用户数 4.13 亿多，网购十分活跃。印度虽然只有 10% 的人使用互联网，但绝对数量依然非常庞大，早在 2011 年在线交易量就达到了 1 亿美元，且 2/3 的在线交易是通过手机完成的。马来西亚也是未来电子商务发展的潜力股，超过半数的人口都上网，并且银行客户比例很高。

《2020 全球跨境电商趋势报告》指出，亚太地区将以其庞大的市场规模和强劲的增长成为全球最重要的区域市场，且 B2C 电商交易额占比将持续增加，预计到 2020 年达到 48%。其中，东亚地区（以中日韩为主）是整个亚太区跨境电商发展的核心，到 2020 年，其将占亚太区的 86% 和全球的 39%，余下部分则由东南亚区域贡献。

（四）俄罗斯、南美——最具活力

俄罗斯市场和中国市场是一个高度互补的市场，其国内的重工业和轻工业比例严重失衡，对日常消费品的进口需求很大，这其中包括服装、鞋子、电子产品、配饰等。目前俄罗斯共有 1.43 亿左右的人口，市场容量和规模很大。根据多项数据显示，目前俄罗斯电商市场规模为 86 亿—97 亿欧元，并在逐步发展中。2010—2014 年，俄罗斯电商市场平均每年增长 40.2%，2014 年的跨境电子商务零售额达到了 3000 亿卢布,其中中国占据了超过一半的市场。即使 2015 年俄罗斯面临经济危机,电商市场仍有 7% 的增长率。

俄罗斯跨境电商的快速发展得益于互联网的普及以及使用。从 2010 年开始俄罗斯开始投入大量基础设施建设普及互联网,俄罗斯的互联网普及率从 2010 年的 37.1% 发展到 2015 年的 70.4%,五年时间增长了一倍。如图 1-14 所示。手机、平板电脑成了俄罗斯 30 岁以下人群最喜爱的上网工具,有超过 97% 的俄罗斯年青一代正利用互联网进行各类型的活动,约 28% 的 55 岁以上俄罗斯人能够使用到互联网。智能手机用户高达 3900 万,全球排名第五,社交媒体非常发达,SNS 普及率高达 42%,其本土的 VK,Odnoklassniki.ru 的市场占有率均在 Facebook 之前。网购规模达 203 亿美元,13% 的俄罗斯人会网购,且喜欢货到付款。

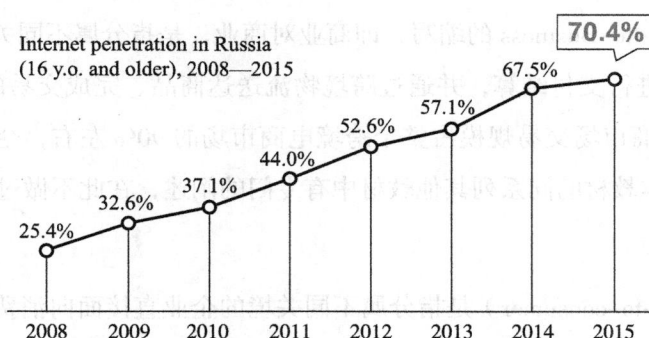

图 1-14 俄罗斯的互联网普及率

南美地区作为电子商务的新兴市场,保持在三位数以上的增速,这使得该地区与俄罗斯一样受到广泛重视。从网购市场规模来说,南美人均国内生产总值比中国高约 1.8 倍,消费者大多很年轻,他们的消费能力不比中国人差,对"质优价廉"的中国制造产品需求巨大。根据欧睿信息咨询公司的一份研究显示,近 5 年来,拉美地区线上销售额以年均两位数的速度增长,2015 年达 590 亿美元。以第一大经济体巴西为例,在过去五年中,巴西网购规模一直以每年超过 20% 的速度稳步增长。预计到 2024 年,南美年轻人口和中产阶级比例将进一步增加。

此外,南美人并不热衷于储蓄保值,更热衷于消费分期购。随着互联网普及度日益提高,社交媒体的广泛使用,南美人口红利带来的潜在消费群体在不断增长,比如巴西的移动设备普及率高达 136%,其中 26.8% 是智能手机,这个比例还有相当大的上升空间。[①]

除了上述几大跨境电商市场外,中东市场和非洲市场的表现也比较出色,引起普遍关注。

中东的人口基数庞大,市场广阔,消费者的平均年龄很小,同时由于互联网的高普及率,跨境网购行为较为频繁,尤其是当地的产油国,物资缺乏但很富裕,也造成了他们对网购的热情。例如以色列和沙特阿拉伯两个国家在中国的兰亭集势、敦煌网和速卖通上都有较好的流量表现。

非洲人口众多,其中南非和尼日利亚的网络零售的发展速度居于非洲的领先位置,它们都被视为非洲重要的新兴市场,当地越来越多的居民都已经参与到了跨境购物的群体当中,未来值得期待。

----

① 数据来源:中国电子商务研究中心

第三节 跨境电子商务模式介绍

跨境电商可以根据不同的分类维度，划分为不同的类别。以下我们主要讨论商品流向是从国内到国外的，也就是跨境出口范畴，即国内电子商务企业通过电子商务平台达成出口交易、进行支付结算，并通过跨境物流送达商品，完成交易的一种国际商业活动。

一、根据商业活动对象的划分

B2B（business-to-business）、B2C（business-to-consumer）和C2C（consumer-to-consumer）。

1. 跨境B2B

B2B是英文Business-to-Business的缩写，即商业对商业，是指分属不同关境的企业对企业，通过电商平台达成交易、进行支付结算，并通过跨境物流送达商品、完成交易的一种国际商业活动。目前，中国B2B跨境电商市场交易规模占整个跨境电商市场的90%左右，企业级市场始终占据主导地位。这部分内容在本教材的同系列其他教材中有专门的阐述，在此不做过多涉及。

2. 跨境B2C

跨境B2C（business-to-consumer）是指分属不同关境的企业直接面向消费个人开展在线销售产品和服务，通过电商平台达成交易、进行支付结算，并通过跨境物流送达商品、完成交易的一种国际商业活动。跨境B2C所面对的客户是个人消费者，以网上零售的方式为主，销售商品一般以个人消费品居多。B2C平台的典型代表有阿里全球速卖通、亚马逊、Wish、兰亭集势等，本教材所涉及的具体实务内容大部分在此范畴之内。

3. 跨境C2C

C2C即Customer（Consumer）to Customer（Consumer）。主要通过第三方交易平台实现个人对个人的电子交易活动。具体而言，跨境C2C是指分属不同关境的个人卖方对个人买方开展在线销售产品和服务，由个人卖家通过第三方电商平台发布产品和服务售卖产品信息、价格等内容，个人买方进行筛选，最终通过电商平台达成交易、进行支付结算，并通过跨境物流送达商品、完成交易的一种国际商业活动。在这种模式中，买方和卖方都为个人。本教材中提到的eBay平台多是此种模式，Wish平台中部分业务也是C2C模式。

【技能提示】

跨境电商中的B、C、M、A、G、O……分别代表什么？

这些是指交易对象的类型，B是企业（Business），C是消费者（Consumer）或者客户（Customer），作为最传统的交易对象，组合成了B2B企业对企业，B2C企业对消费者、C2C消费者对消费者三种模式。

M在有的情况下指经理人（Manager），但是在跨境电商领域一般指生产商或工厂

（Manufacturer），C2M 模式即顾客对工厂模式。

　　A 是指代理人（Agent），ABC 模式是指代理人、企业、消费者共同搭建的生产、经营、消费于一体的电子商务模式。

　　G 是指政府（Government），B2G 模式即企业与政府管理部门的电子商务，在跨境电商中包括政府采购、海关保税平台等。

　　O 是指线上（Online）和线下（Offline），目前跨境电商应用的主要是线下到线上（Offline to Online）模式，如在商场体验实物产品后，在线上下单，从保税区发单。

二、根据服务类型的划分

　　在线交易平台不仅提供企业、产品、服务等多方面信息展示，并且可以通过平台线上完成搜索、咨询、对比、下单、支付、物流、评价等全购物链环节。在线交易平台模式正在逐渐成为跨境电商中的主流模式。

　　信息服务平台主要是为境内外会员商户提供网络营销平台，传递供应商或采购商等商家的商品或服务信息，促成双方完成交易。

三、根据销售经营模式的划分

　　纯平台企业仅提供平台，不涉及采购和配送等；自营 + 平台企业一方面自营部分产品赚取差价，另一方面作为平台提供者收取佣金；自营平台则是自营型电商通过在线上搭建平台，平台方整合供应商资源通过较低的进价采购商品，然后以较高的价格出售，盈利模式主要是赚取商品差价。

本章小结

　　本章介绍了跨境电子商务的基本概念与特征，我国电子商务的现状与发展趋势，介绍了全球主要的跨境电商市场，以及跨境电子商务主要的运营模式。

自我测试：

简答题

1. 跨境电商的基本特征有哪些？

2. 我国跨境电商的发展经历了哪几个阶段？

3. 跨境电商模式有哪些分类方式，具体如何分类？

思考题

结合你对跨境电商的理解，谈一谈我国跨境电商的发展现状与趋势。

【实训参考方案】

跨境电商现状知多少？

· 实训目标

在了解跨境电商的基本概念、特征以及发展状况和趋势的基础上，理解当前跨境电商的发展现状，熟悉我国跨境电子商务所处的发展阶段，理解不同的跨境电商模式。

· 实训方式

熟悉我国跨境电商的发展历程、发展现状、发展趋势；熟悉全球主要跨境电商市场；理解跨境电子商务不同的经营模式。

· 实训步骤

查找商务部、海关总署、阿里研究院等统计及研究机构的公开报告，了解我国跨境电商发展的现状，了解现阶段跨境电商的特征、国家或行业出台的相关政策；根据本章内容中提到的跨境电商不同的分类模式，寻找每种模式下对应的代表性跨境电商企业。

· 实训评价

主要从以下几个方面评价学习者的实训成果：

1. 对跨境电商的发展现状和发展趋势的熟悉程度，尤其是针对 B2C 模式；

2. 对不同跨境电商企业归属于哪个跨境电商模式的理解能力。

第二章

跨境电商平台介绍及基础操作

【学习目标】

　　本章旨在让学生了解和熟悉目前主流的跨境电商平台；熟悉当前跨境电商平台的主要运营方式和商业模式，理解各跨境电商平台运营的基本特点，掌握各跨境电商平台的注册流程，能够顺利地根据卖家特点选择合适的平台开店，完成注册，并掌握平台认证的基本要求。最后学生还应了解跨境电商平台最新发展情况。

【知识要点】

　　1. 熟悉主流跨境电商平台；

　　2. 理解各跨境电商平台运营的基本特点；

　　3. 掌握各跨境电商平台的注册流程。

【核心概念】

　　1. 跨境电商平台

　　2. 平台注册流程

　　3. 平台认证流程

【情境导入】

小皮是电子商务专业的大一新生，在学习电子商务的过程中，对跨境电子商务产生了浓厚的兴趣。小皮大学暑假期间被一家电子商务公司作为实习生录用。浙江乐米电子商务有限公司成立于2012年，是一家面向全球零售流行饰品为主的电商企业，致力于为全球消费者供应中国生产的流行饰品。为了扩大经营销售，浙江乐米电子商务有限公司需要在现有的主流跨境电商平台上选择适合公司的平台，注册并开通店铺，向全球消费者销售自己的流行饰品。小皮被安排在了跨境电商操作员岗位。小金是该公司跨境电商部门经理，小皮进公司以后小金交给他一些有关跨境电商基本操作的资料，包括现在主流的各大跨境电商平台的简介和开通注册流程。除了学习资料内容，小金还要求小皮自己收集资料，去了解我国跨境电商的发展脉络和相关政策。最后，小金特意叮嘱小皮，要在平常好好提高下自己 Office 软件的应用能力和处理图片的能力；提高跨境电商需要的外语听说读写基本能力；培养自身的互联网思维。

【引导案例】

速卖通从 C2C 转型 B2C 模式

近年来，跨境电商以开放、多维、立体的多边经贸合作模式拓宽了企业进入国际市场的路径，跨境电商有效降低了产品价格，使消费者拥有更大的选择自由，不再受地域限制。此外，与之相关联的物流配送、电子支付、电子认证、IT 服务、网络营销等都属于现代服务业内容，这些得天独厚的优势，都大大促进了跨境电商的高速发展。一些跨境电商平台展现出了自己的特色和特点，在跨境电商的洪流中脱颖而出。

2017 年 4 月 10 日，阿里巴巴全球速卖通宣布截至当日凌晨 4 点 56 分，速卖通买家已超过 1 亿。此外，速卖通还表示，目前速卖通已覆盖全球 220 个国家，涵盖 18 种语言，无线端销售占比高达 59.3%。根据 2016 年 6 月速卖通公布的数据显示，在 2015 年，速卖通的海外独立买家已超过 3400 万，当时则预计 2016 年独立买家数会达到 1 亿。2016 年"双 11"，速卖通订单量就接近 3600 万，覆盖了 230 个国家和地区，销量超过 10000 单的店铺共计 366 个。而在用户量不断增长的情况下，速卖通也开始积极进行"天猫化"的转型。据悉，从几年前开始，速卖通就已经开展从 C2C 转型 B2C 模式的布局，并从去年渐加快步伐。不到一年时间，速卖通就从对外宣布进行平台全产品商标化的计划到真正实现"部分类目产品完全商标化"。而在 2017 年 3 月，速卖通还对 3C 及汽摩配行业优先启动在线产品"品牌属性"必须选择商标事项。算上此前被提高产品门槛并明确要求商家需拥有商标资质的假发和移动电源类目，速卖通将在大部分跨境电商热销类目实现"商标化"。

请思考：

1.除了上文所提到的阿里巴巴全球速卖通之外，主流跨境电商平台还有哪些？这些跨境电商平台在经营销售上分别有哪些特点？

2.选择适合该公司的跨境平台后，应该准备哪些资料？

3.应该如何完成注册和开店的工作？

第一节 速卖通平台

一、速卖通平台简介

全球速卖通（英文名：AliExpress）正式上线于2010年4月，是阿里巴巴旗下唯一面向全球市场打造的在线交易平台，被广大卖家称为"国际版淘宝"。全球速卖通面向海外买家，通过支付宝国际账户进行担保交易，并使用国际快递发货。是全球第三大英文在线购物网站。

全球速卖通（AliExpress）是阿里巴巴帮助中小企业接触终端批发零售商，小批量多批次快速销售，拓展利润空间而全力打造的融订单、支付、物流于一体的外贸在线交易平台。

全球速卖通覆盖3C、服装、家居、饰品等共30个一级行业类目；其中优势行业主要有服装服饰、手机通信、鞋包、美容健康、珠宝手表、消费电子、电脑网络、家居、汽车摩托车配件、灯具等。

二、开通商铺

（一）全球速卖通入驻须知

2017年开始，全球速卖通已经启用全新的卖家入驻规则，如图2-1所示。

全球速卖通入驻要求

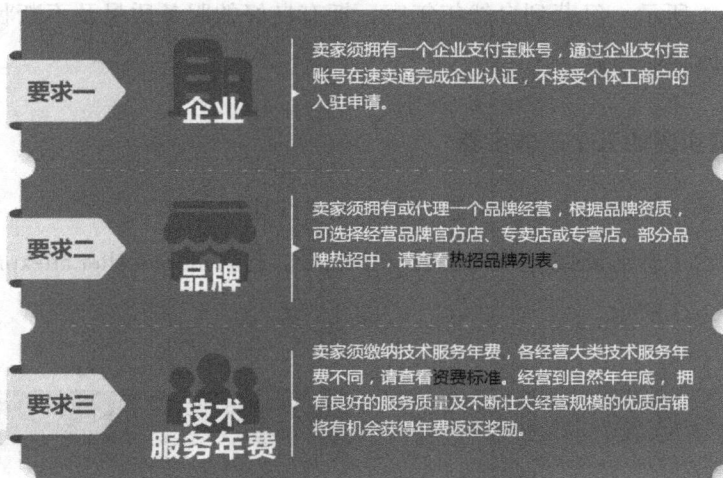

要求一	企业	卖家须拥有一个企业支付宝账号，通过企业支付宝账号在速卖通完成企业认证，不接受个体工商户的入驻申请。
要求二	品牌	卖家须拥有或代理一个品牌经营，根据品牌资质，可选择经营品牌官方店、专卖店或专营店。部分品牌热招中，请查看热招品牌列表。
要求三	技术服务年费	卖家须缴纳技术服务年费，各经营大类技术服务年费不同，请查看资费标准，经营到自然年年底，拥有良好的服务质量及不断壮大经营规模的优质店铺将有机会获得年费返还奖励。

图2-1 全球速卖通入驻要求

要求一：企业，卖家须拥有一个企业支付宝账号，通过企业支付宝账号在速卖通完成企业认证，不接受个体工商户的入驻申请。

要求二：品牌，卖家须拥有或代理一个品牌经营，根据品牌资质，可选择经营品牌官方店、专卖店或专营店。部分品牌热招中，请查看热招品牌列表，如图 2-2 所示（因篇幅限制，仅以女装为例）。速卖通以海外消费者的需求和市场需要的角度出发建立热招品牌池，其目的是寻找有更多的好商品及好品牌的商家，共同为消费者提供优质商品和服务。热招品牌池中的品牌，诚挚邀请您入驻。如您经营的品牌不在速卖通热招品牌池，您也可以自荐优质品牌给速卖通。申请时尽可能地展示以及提交企业和品牌实力的图文说明，速卖通会对您的品牌进行价值评估。

图 2-2　AliExpress 热招品牌池

要求三：技术服务年费，卖家须缴纳技术服务年费，各经营大类技术服务年费不同，请查看资费标准，如附录表 2-1 所示。经营到自然年年底，拥有良好的服务质量及不断壮大经营规模的优质店铺将有机会获得年费返还奖励。

（二）入驻全球速卖通的五个基本步骤：

第一步，开通账号，请使用企业身份进行卖家账号注册。

想要在速卖通平台上开通商铺，首先要有一个账号。打开 http://seller.aliexpress.com 并单击"立即入驻"按钮，如图 2-3 所示。

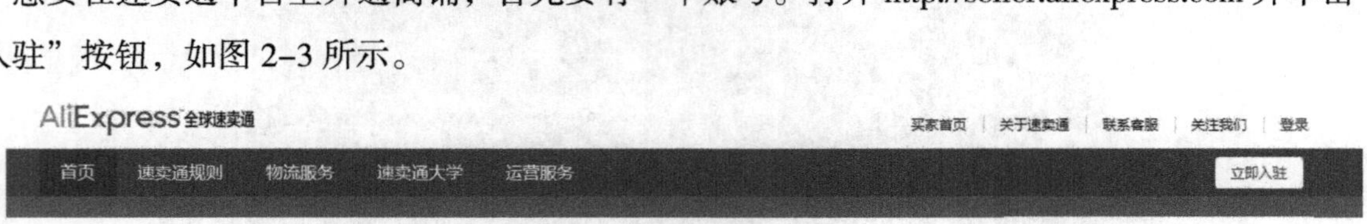

图 2-3　AliExpress 入驻入口

填入注册信息，完成邮箱验证。其中经营模式选定后不可更改，不过其对账户没有任何影响。当所有注册信息都填写准确无误后，单击确认按钮，即可拥有速卖通账号。

第二步，提交入驻资料。这包括：

产品清单，进入速卖通平台的招商准入系统（如图 2-4 所示），点击我要入驻按钮选择需要的经营大类下载产品清单，填写并上传，等待平台审核通过。

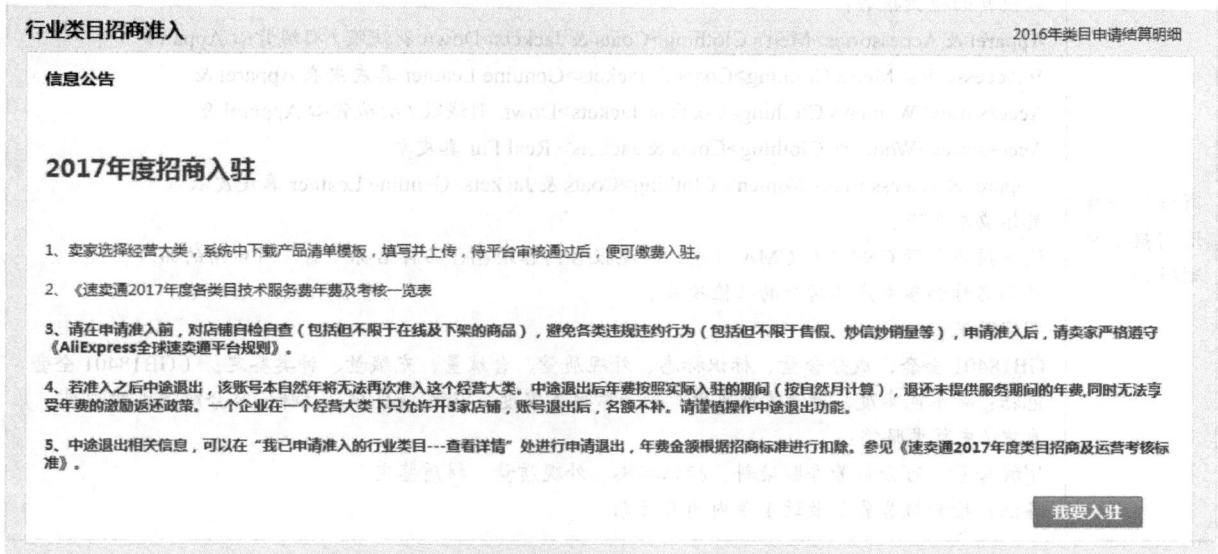

图 2-4　AliExpress2017 年度招商准入系统入口

类目资质，在招商准入系统里继续提交想要经营的类目和店铺类型准备相关的类目材料，等待平台审核通过。各行业的材料都有详细具体的需求，可在速卖通招商平台查询。具体参考表 2-1。

表 2-1　品牌资质列表 & 行业经营资质要求列表

品牌资质列表（申请不同店铺类型，对品牌的资质要求不同。）	详情（复印件请加盖开店公司公章）	
1	单店铺可申请品牌数量	仅 1 个
2	平台允许的店铺数	同一品牌（商标）仅 1 个
3	需提供的材料	1. 商标权人直接开设官方店，需提供国家商标总局颁发的商标注册证（仅 R 标）； 2. 由权利人授权开设官方店，需提供国家商标总局颁发的商标注册证（仅 R 标）与商标权人出具的独占授权书（如果商标权人为境内自然人，则需同时提供其亲笔签名的身份证复印件。如果商标权人为境外自然人，提供其亲笔签名的护照 / 驾驶证复印件也可以）； 3. 经营多个自有牌商品且品牌归属同一个实际控制人，需提供多个品牌国家商标总局颁发的商标注册证（仅 R 标）； 4. 卖场型官方店，需提供国家商标总局颁发的 35 类商标注册证（仅 R 标）与商标权人出具的独占授权书。（仅限速卖通邀请）。

行业经营资质要求列表	详情（复印件请加盖开店公司公章）
商标资质申请需提交检测报告	在服装配饰经营大类下，若需要经营以下类目，需在商标资质申请时，提供品牌下第三方权威机构出具的检测报告： Apparel & Accessories>Men's Clothing>Coats & Jackets>Down 羽绒服 / 羽绒背心 Apparel & Accessories>Men's Clothing>Coats & Jackets>Genuine Leather 真皮皮衣 Apparel & Accessories>Women's Clothing>Coats & Jackets>Down 羽绒服 / 羽绒背心 Apparel & Accessories>Women's Clothing>Coats & Jackets> Real Fur 真皮草 Apparel & Accessories>Women's Clothing>Coats & Jackets>Genuine Leather 真皮皮衣 具体要求如下： 检测报告需带 CNAS 和 CMA 标志；检测报告内容须包含品牌名称（需与所申请的品牌一致）、产品名称和各类产品对应的必检项目； 羽绒服装： GB18401 全套，成分含量、标识标志、外观质量、含绒量、充绒量、种类鉴定；（GB18401 全套包括：耐水色牢度、耐汗渍色牢度、耐干摩擦色牢度、甲醛、pH 值、异味、可分解芳香胺染料；） 真皮 / 皮草类服饰： 甲醛含量、可分解芳香胺染料、标识标志、外观质量、材质鉴定。 备注：检测报告要是最近 1 年内的有效期。

商标资质，在招商准入系统里进行商标资质申请，等待平台审核通过。若商标在商标资质申请页面查询不到，请在系统内进行商标添加。

第三步，缴纳年费，请在招商系统内根据所选的经营类目缴纳对应的年费。资费标准参见下文已列的表 2-2《速卖通 2017 年度各类目技术服务费年费一览表》。

第四步，完善店铺信息，店铺资产管理，设置店铺名称和二级域名，参考《速卖通店铺二级域名申请及使用规范》，若您申请的是官方店，请同步设置品牌官方直达及品牌故事内容。

第五步，开店经营，入驻基本完成，开始发布商品，对店铺进行装修，至此店铺正式开张。

【即问即答】
全球速卖通的入驻要求有哪三个？

第二节　Amazon 平台

亚马逊公司（Amazon，简称亚马逊；NASDAQ：AMZN），是美国最大的一家网络电子商务公司，位于华盛顿州的西雅图。是网络上最早开始经营电子商务的公司之一，亚马逊成立于 1995 年，一开始只经营网络的书籍销售业务，现在则扩及了范围相当广的其他产品，已成为全球商品品种最多的网上零售商和全球第二大互联网企业，在公司名下，也包括了 AlexaInternet、a9、lab126 和互联网电影数据库（Internet Movie Database，IMDB）等子公司。

亚马逊及其他销售商为客户提供数百万种独特的全新、翻新及二手商品，如图书、影视、音乐和游戏、数码下载、电子和电脑、家居园艺用品、玩具、婴幼儿用品、食品、服饰、鞋类和珠宝、健康和个人护理用品、体育及户外用品、玩具、汽车及工业产品等。

2004 年 8 月亚马逊全资收购卓越网，使亚马逊全球领先的网上零售专长与卓越网深厚的中国市场经验相结合，进一步提升客户体验，并促进中国电子商务的成长。2016 年 10 月，亚马逊排 2016 年全球 100 大最有价值品牌第 8 名。2017 年 2 月，Brand Finance 发布 2017 年度全球 500 强品牌榜单，亚马逊排名第三。在 2017 年 6 月 7 日发布的 2017 年《财富》美国 500 强排行榜中，排名第十二。2017 年 6 月，《2017 年 BrandZ 最具价值全球品牌 100 强》公布，亚马逊名列第 4 位。

Amazon 分为北美平台、欧洲平台、亚洲平台。北美平台主要分为：美国 Amazon、加拿大 Amazon；欧洲平台主要分为：英国 Amazon、德国 Amazon、意大利 Amazon、法国 Amazon、西班牙 Amazon；亚洲平台主要是日本 Amazon。建议想尝试 Amazon 跨境电商的卖家根据自己产品的特点和物流配送条件选择合适的平台。

以上是 Amazon 平台的基本情况，本节就 Amazon 的基本运营操作做一些介绍。

一、平台注册

（一）注册方法

打开美国亚马逊的主页，在页面最下方点击"Sell on Amazon"如图 2-5 所示。

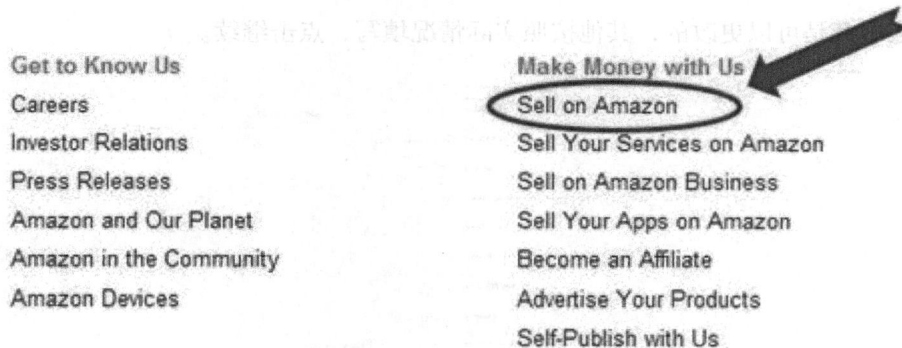

Get to Know Us	Make Money with Us
Careers	Sell on Amazon
Investor Relations	Sell Your Services on Amazon
Press Releases	Sell on Amazon Business
Amazon and Our Planet	Sell Your Apps on Amazon
Amazon in the Community	Become an Affiliate
Amazon Devices	Advertise Your Products
	Self-Publish with Us

图 2-5 Sell on Amazon

点击"Sell as a Professional"如图 2-6 所示，注册专业卖家账号。

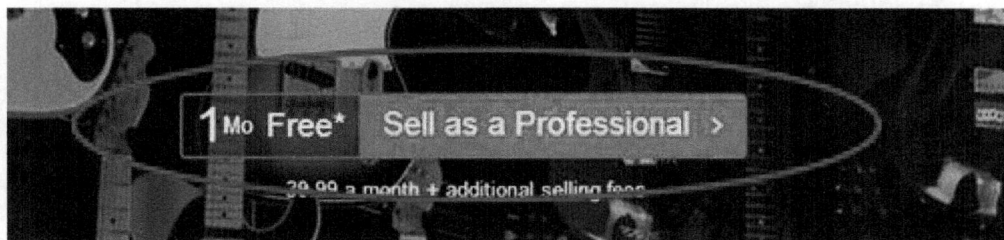

1 Mo Free* Sell as a Professional >

29.99 a month + additional selling fees

图 2-6 Sell as a Professional

注册登录账户信息如图 2-7。

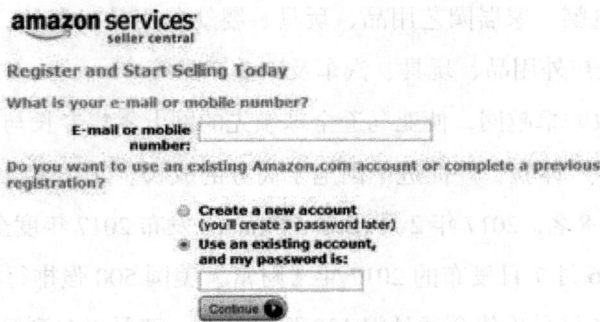

图 2-7 Amazon 注册登录账户信息

如图 2-8 所示，上面圆圈是注册需要的资料，下面圆圈填写企业名（用英文），点击继续。

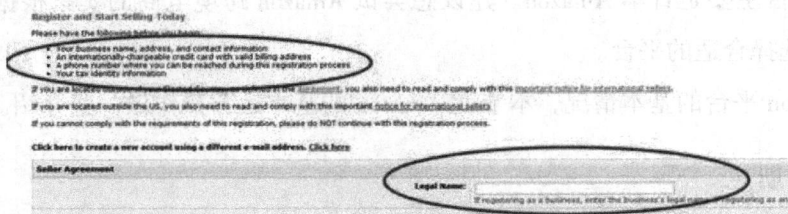

图 2-8 Amazon 注册填写企业信息

如图 2-9 所示页面最下方可以选择中文模式来填写，卖家显示名称可以填写品牌名，没有就先填公司名，之后都是可以更改的，其他按照实际情况填写，点击继续。

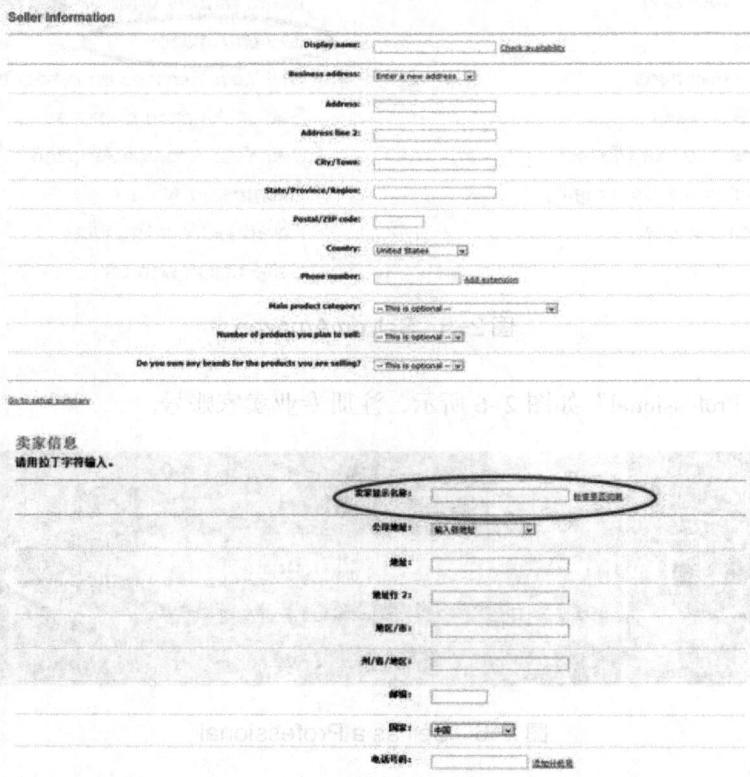

图 2-9 Amazon 注册填写卖家信息

填写信用卡信息如图 2-10 所示，确保信用卡支持美元，填完后点击继续。

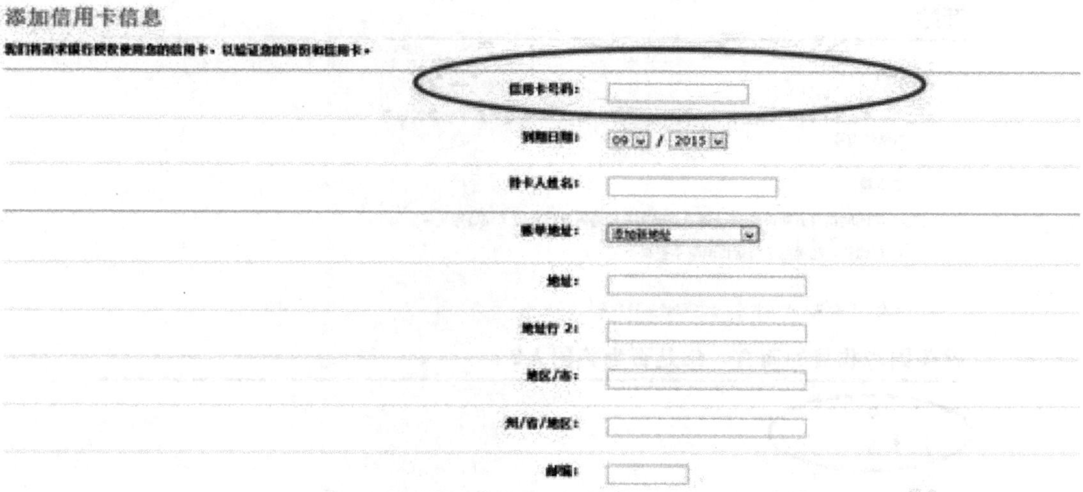

图 2-10 Amazon 注册添加信用卡信息

如图 2-11 所示，这一步是身份验证，点击"立即与我联系"将会收到验证码，填入验证码后点击继续。

图 2-11 "身份验证"界面截图

如图 2-12 所示，税务身份信息登记，中国的卖家验证后营业收入是不需要交美国增值税的，点击"上线审核向导"。

图 2-12 "上线审核向导"截图

点击"否"，保存并继续如图 2-13 所示。

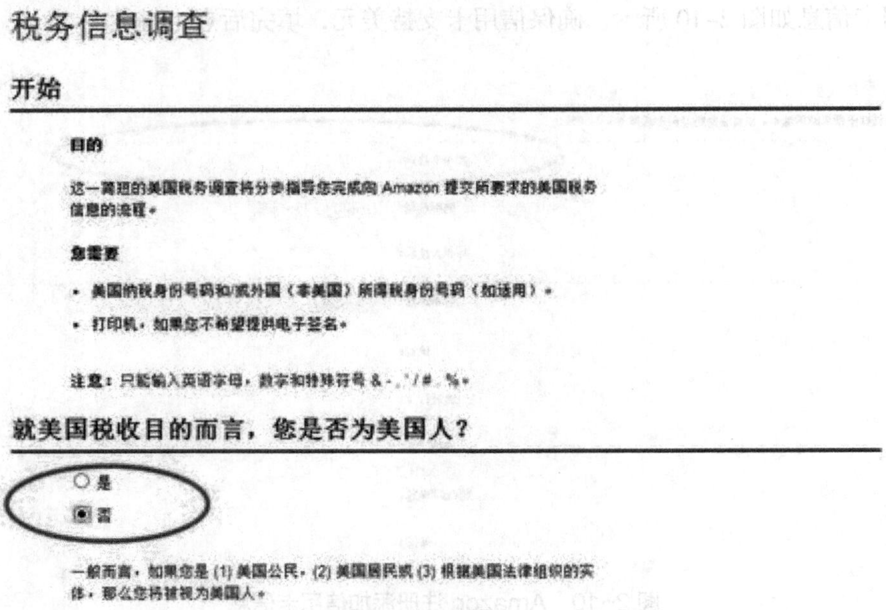

税务信息调查

开始

目的

这一简短的美国税务调查将分步指导您完成向 Amazon 提交所要求的美国税务信息的流程。

您需要

· 美国的税身份号码和/或外国（非美国）所得税身份号码（如适用）。

· 打印机，如果您不希望提供电子签名。

注意：只能输入英语字母、数字和特殊符号 & - . , ' / # . % 。

就美国税收目的而言，您是否为美国人？

○ 是
◉ 否

一般而言，如果您是 (1) 美国公民，(2) 美国居民或 (3) 根据美国法律组织的实体，那么您将被视为美国人。

图 2-13　Amazon 税务信息调查

选择"受益所有人类型"，根据实际情况填写，一般是选择公司，填写完点击继续，如图 2-14 所示。

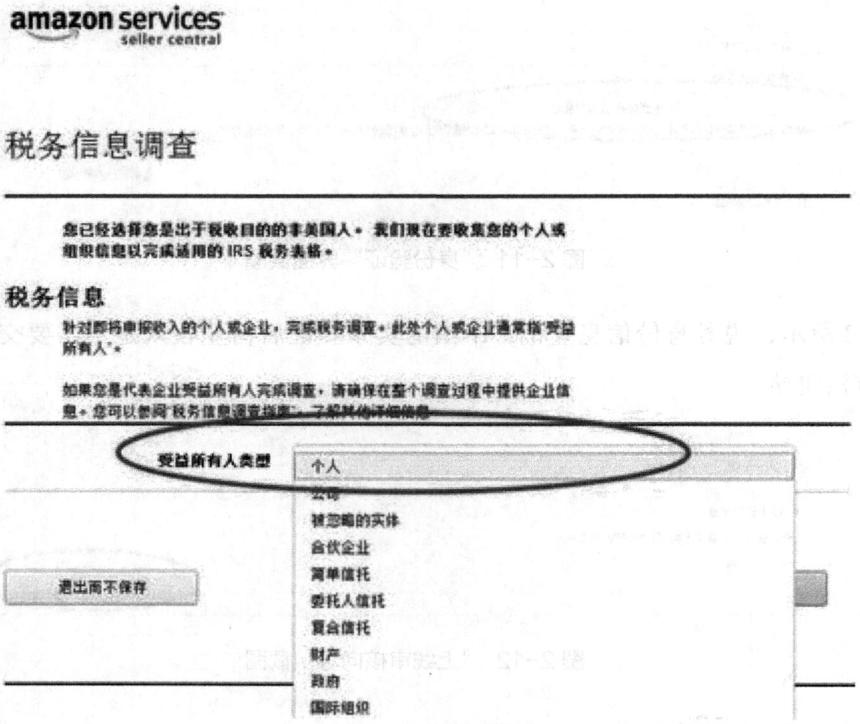

amazon services
seller central

税务信息调查

您已经选择您是出于税收目的的非美国人。我们现在要收集您的个人或组织信息以完成适用的 IRS 税务表格。

税务信息

针对即将申报收入的个人或企业，完成税务调查。此处个人或企业通常指"受益所有人"。

如果您是代表企业受益所有人完成调查，请确保在整个调查过程中提供企业信息。您可以参阅"税务信息调查指南"了解其他详细信息

受益所有人类型　　个人
　　　　　　　　　公司
　　　　　　　　　被忽略的实体
　　　　　　　　　合伙企业
　　　　　　　　　简单信托
　　　　　　　　　委托人信托
　　　　　　　　　复合信托
　　　　　　　　　财产
　　　　　　　　　政府
　　　　　　　　　国际组织

退出而不保存

图 2-14　"受益所有人类型"界面截图

图 2-15 这张表即所谓的 W-8BEN-E 表，仔细检查信息是否与之前填写的一致，若不一致返回更改，若一致则点击如图 2-16 下方的"我同意提供我的电子签名"，填写公司法人姓名，点击继

续，至此注册工作基本完成，店铺直接下来了，走全球开店的请直接联系招商经理。

税务信息调查

检查

检查纳税人身份表格，以确保您此前输入的准确性。如果任何字段有误，
请返回相应屏幕并更新您的信息。

Form **W-8BEN-E**	**Certificate of Status of Beneficial Owner for United States Tax Withholding and Reporting (Entities)**	**SUBSTITUTE**
Do NOT use this form for:		Instead, use Form:
• U.S. entity or U.S. citizen or resident		W-9
• A foreign individual		W-8BEN (Individual)
• A foreign individual or entity claiming that income is effectively connected with the conduct of trade or business within the U.S. (unless claiming treaty benefits)		W-8ECI
• A foreign partnership, a foreign simple trust, or a foreign grantor trust (unless claiming treaty benefits) (see instructions for exceptions)		W-8IMY
• A foreign government, international organization, foreign central bank of issue, foreign tax-exempt organization, foreign private foundation, or government of a U.S. possession claiming that income is effectively connected U.S. income or that is claiming the applicability of section(s) 115(2), 501(c).		W-8ECI or W-8EXP

图 2-15　AmazonW-8BEN-E 表

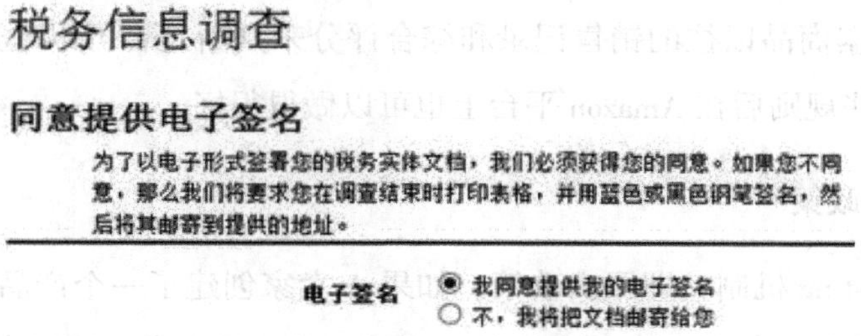

税务信息调查

同意提供电子签名

为了以电子形式签署您的税务实体文档，我们必须获得您的同意。如果您不同意，那么我们将要求您在调查结束时打印表格，并用蓝色或黑色钢笔签名，然后将其邮寄到提供的地址。

电子签名　　◉ 我同意提供我的电子签名
　　　　　　○ 不，我将把文档邮寄给您

图 2-16　"同意提供电子签名"界面截图

（二）注册需要准备的资料

1. 注册亚马逊专业账号（全球开店）所需提交以下资料：

公司名称（中文和英文，如果英文不知道，直接给拼音）；联系人姓名和手机联系方式（中英文）；准备开通市场（是否同时开通英美平台，还是只是美国或只是欧洲）；经营商品类别（请详细描述）；SKU 数目（一件衣服三个颜色五个码算 15 个 SKU，大概数字就好）；其他平台已开通的店铺链接（手表、珠宝和汽车一定要提供，其他品类尽量提供）；营业执照复印件；需要注册的邮箱，美国和英国各一个。

2. 加入亚马逊"全球开店"，需要满足以下要求：

（1）营业执照

必须是大陆或中国香港澳门台湾地区的注册公司，能够提供营业执照复印件。（如果是大陆居民）建议提交大陆公司较为稳妥，因为账号审核时所需提交审核资料较为简单些。

（2）银行账号

一张海外银行借记卡，可以往账户里打钱的那种。同时还需要有美国、英国、德国、奥地利和法国任何一国的当地银行账号，中国香港地区银行账号也接受（借记卡）。个人银行账户和公司银行账户都可以。

同时还需要有一张国内或者国际的 Visa 信用卡，用来收取平台使用费。这个注册时候要有，否则注册不了，而且可以使用其他人的账号。Mastercard 万事达卡也可以。

（3）语言要求

必须用英语上传商品信息。

（4）UPC 码

对于大部分品类的产品，亚马逊都要求提供产品的 UPC/EAN/GTIN 代码。如果没有 UPC 代码并且想购买的话，可以通过亚马逊官方推荐的商品条形码供应商 Barcodestalk 购买正规的商品条形码，它提供的商品条形码全部是来自国际条码组织 GS1，可以提供数字证书。

二、Amazon 平台的运营特点

在 Amazon 平台上的运营和推广策略和国内电商平台大有不同，如果想参加 Amazon 平台组织的促销活动，就要根据商品以往的销售记录和综合评分来判断是否可以入选。Amazon 尤其独特的运营规则，了解了这些规则后在 Amazon 平台上也可以做得很好。

（一）Listing 跟卖政策

Amazon 独有的 listing 机制，即跟卖政策。如果 A 卖家创建了一个产品页，其他同款卖家看见后可以在上面增加一个按钮链接到自己的产品，表示：我这里也卖，可以来我这里买。这对新卖家来说是好机会，可以分享到别人的流量，但容易直接引发价格战。采取跟卖策略的卖家，也要非常小心，不要触犯侵权问题，一旦被投诉侵权就会被平台处罚。如果别人在你的 listing 上跟卖发生了侵权行为，你也可以向平台投诉。

为什么会有"跟卖"？任何卖家在 Amazon 平台上传的 listing 归属权都归于 Amazon，不再属于上传该 listing 的卖家，这和国内大部分电商平台的规则不同。Amazon 平台认为同一款商品，商品的介绍、图片等信息应该是相同的，没有必要出现同一款商品有很多页面的情况，唯一的区别就在于价格，所以 Amazon 允许多个卖家使用同一个 listing。如果有很多卖家销售同一款商品，则 Amazon 会根据提供服务的品质结合卖家的销售价格向消费者推荐更优的卖家。

怎么操作跟卖？找到想跟卖产品的 ASIN，在卖家后台搜索该 ASIN，搜索出要跟卖的产品并且点击页面的"SELL YOURS HEAR"，就可以进行跟卖了。

（二）Buy Box

亚马逊中的 Buy Box 是每一位商家都想要抢占的黄金购物车，那么什么是 Buy Box？它位于单个商品页面的右上方，是买家购物时看到的最方便的购买位置。只要买家点击 Add to Cart，页面就会自动跳转到拥有这个 Buy Box 的卖家店铺。亚马逊在每一个商品刊登中，都会选择一位卖家占据这个 Buy Box 的位置，而这位被选中的卖家宠儿则可以享受源源不断的订单和关注。简单一点，抢 Buy Box 就是抢订单。

在 Amazon 平台的运营策略中，抢占 Buy Box 是一种重要方法，占据 Buy Box 就意味着会有大量的订单。亚马逊很早就放弃把 Buy Box 给予固定优秀卖家的想法，相反，把 Buy Box 给众多优秀卖家之间共享，既能提高卖家店铺整体竞争力，又能改善买家的良好购物体验。

例如，如果有 10 个条件相同的完美卖家竞争同一个产品的 Buy Box，他们可能各占 10% 的机会。这意味着每个在 Buy Box 展示商品的卖家都有可能获得 10 个客户访问商品页面的机会。一般来说，卖家评级较高的卖家有 70% 的机会获得 Buy Box，卖家等级中等的卖家有 25% 的机会，卖家评级较低的卖家只有 5% 的机会。因此，与其说卖家赢取或失去 Buy Box，不如说能获得 Buy Box 的优秀卖家太少。

值得注意的是，Buy Box 的运作并不是时常都有，它们的发生取决于产品的竞争和每天的时间。此外，由于亚马逊使用 cookies 来确保每个客户每个小时只能看到一个获得 Buy Box 的卖家，某些 Buy Box 运作被隐藏了起来。但是，如果获得 Buy Box 的卖家因为某些原因指标发生了变化，如产品价格或库存数量发生了变化，亚马逊会在一个小时周期到来前把 Buy Box 转移到另外一个卖家。

【技能提示】

很多卖家都很困惑，为什么亚马逊的自有卖家经常可以获得 Buy Box？第三方卖家有可能击败亚马逊的自有卖家获得 Buy Box 吗？Buy Box 把亚马逊当作拥有完美客户体验指标的卖家，因此，如果一个卖家拥有接近完美的客户指标或拥有一个极具竞争力的产品价格，那么他们也有获得 Buy Box 的机会。

【即问即答】

什么是 Listing 跟卖政策？

第三节　eBay 平台

一、eBay 平台简介

eBay 公司成立于 1995 年 9 月，是目前全球最大的网络交易平台之一，为个人用户和企业用户提供国际化的网络交易平台。eBay.com 是一个基于互联网的社区，买家和卖家在一起浏览、买卖商品，eBay 交易平台完全自动化，按照类别提供拍卖服务，让卖家罗列出售的东西，买家对感兴趣的东西提出报价。超过九千五百万来自世界各个角落的 eBay 会员，在这里形成了一个多元化的社区，他们买卖上亿种商品，从电器到电脑，再到家居用品，再到各种独一无二的收藏品。eBay 还有定价拍卖模式，买家和卖家按照卖家确立的固定价格进行交易。

eBay 在全球的服务站点包括在美国的主站点和在奥地利、澳大利亚、比利时、巴西、加拿大、中国、法国、德国、中国香港、印度、爱尔兰、意大利、韩国、马来西亚、墨西哥、荷兰、新西兰、菲律宾、波兰、新加坡、西班牙、瑞典、瑞士、中国台湾、英国和阿根廷的 26 个全球站点。eBay 总部设在美国加利福尼亚州，目前拥有 4000 名员工，在英国、德国、韩国、澳大利亚、中国和日本等地都设有分公司。

eBay 创立之初是一个拍卖网站，到今日 eBay 在销售方式上依然延续了拍卖的模式，这是 eBay 区别于其他平台的一大特色。在 eBay 上有两种售卖方式：拍卖和一口价。

（一）拍卖

以"拍卖"方式刊登物品是 eBay 卖家常用的销售方式，卖家通过设定物品的起拍价及在线时间，开始拍卖物品，并以下线时的最高竞拍金额卖出，出价最高的买家即为该物品的中标者。

以低起拍价的方式拍卖物品，仍然是能激起买家兴趣踊跃竞拍的最好途径。而且，在搜索排序中，即将结束的拍卖物品还会在"即将结束 / Ending Soonest"排序结果中获较高排名。

1. 设置以"拍卖方式"刊登物品的步骤：

以 eBay 美国站为例。在进入选择物品刊登方式的页面后，可选择"More listing choices"，让自己有更多刊登选择，也可选择"Keep it simple"快速完成设置刊登。如需要更详尽地设置物品销售方式，可选择"More listing choices"点击"Go"按钮，如图 2-17 所示。

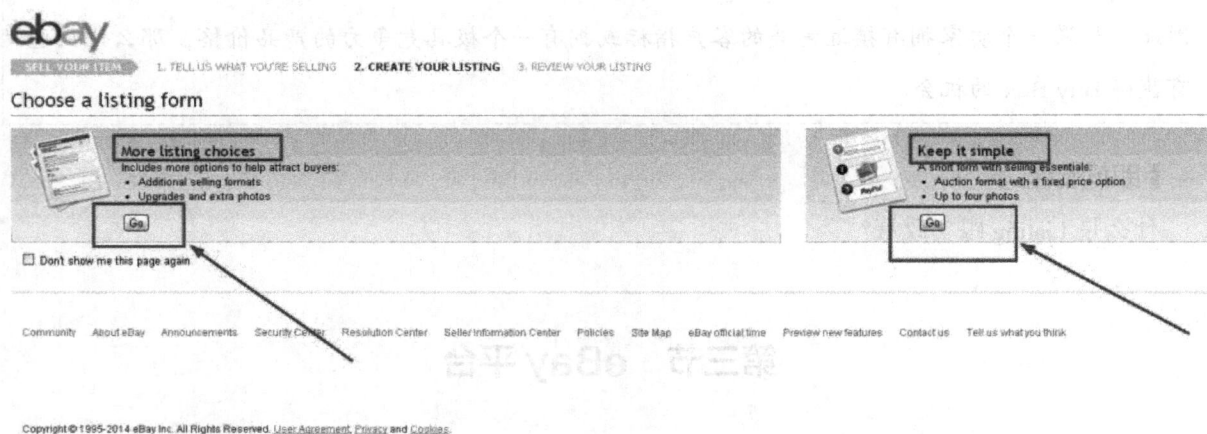

图 2-17 "More listing choices"界面截图

在详细的物品刊登设置页面中会有一个 Choose a format and price 模块，即物品价格设置模块，可点击"Auction"选择以"拍卖方式"销售物品如图 2-18。

Q Preview | Save draft

Choose a format and price   Add or remove options | Get help

| Auction | Fixed price |

ℹ List Auction-style FREE. Plus Buy It Now for FREE. Learn More

★ Starting price (see listing fees) ⓘ   Buy It Now price (see listing fees) ⓘ

$ [   ] $ [   ]

Duration ⓘ
[7 days ▾]

♜ **eBay Giving Works**
Donate 10-100% of your sale to your favorite nonprofit and eBay will give you a credit on basic selling fees for sold items.
◉ I do not wish to donate at this time

○ 🐱 Blind Cat Rescue & Sanctuary, Inc.

○ 🕊 Susan G. Komen - Global Headquarters
Or, select another nonprofit you love

Donation percentage
[Select % ▾]

Select how you'll be paid   Get help

ℹ Business policies let you manage your payment, shipping, and return policies from one place. To help you get started, we've created policies for you based on you we encourage you to manage your business policies and send us Feedback! Learn more

★ **Payment policy** ⓘ
[Varies for items shipped from an international location - default ▾]

Description: Seller ships within 15 days after receiving cleared payment - opens in a new window or tab

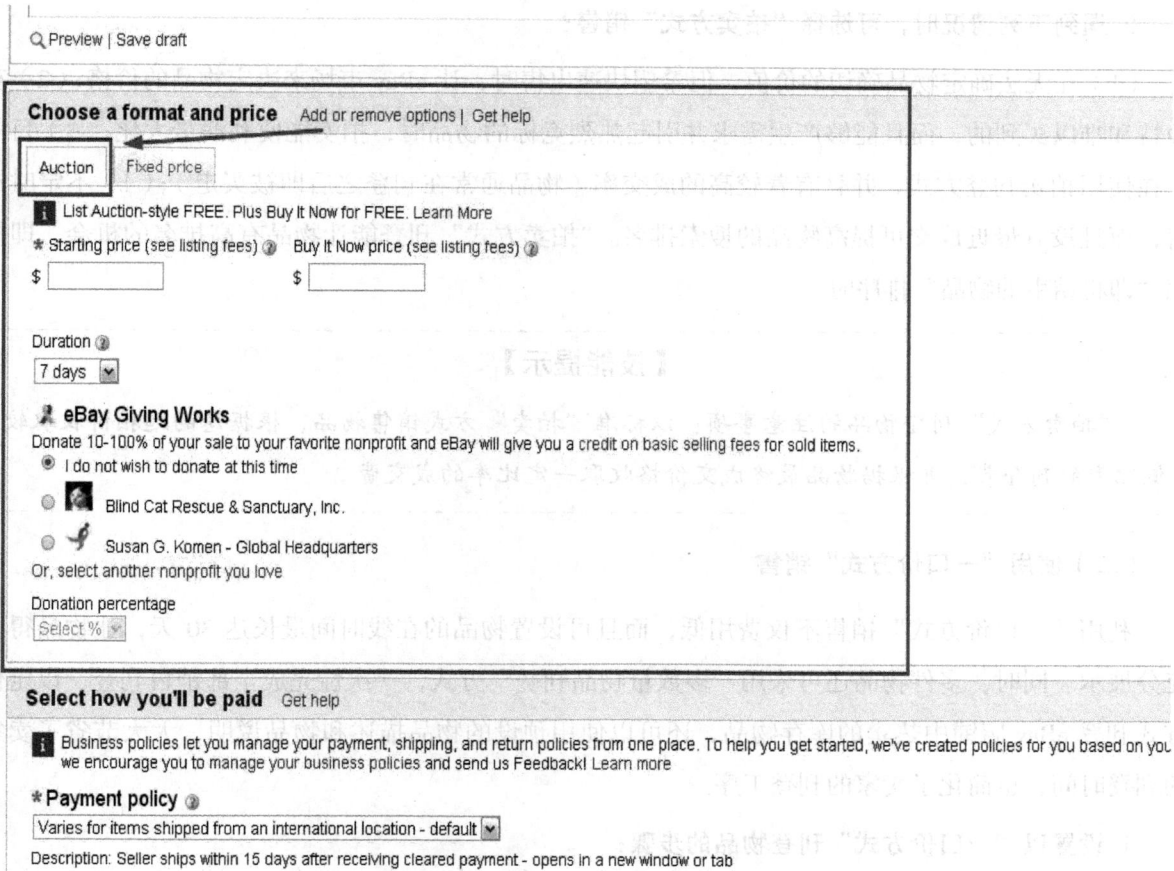

图 2-18 "Auction"界面截图

可以在"Starting price"下方的文本框中输入物品"拍卖"的起拍价如图 2-19。

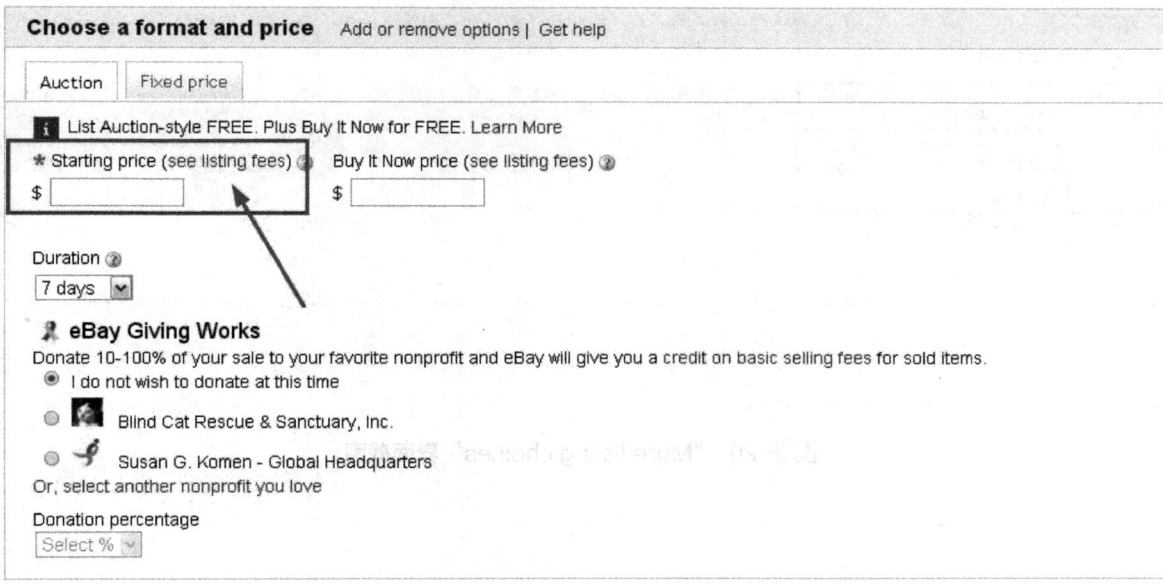

Choose a format and price   Add or remove options | Get help

| Auction | Fixed price |

ℹ List Auction-style FREE. Plus Buy It Now for FREE. Learn More

★ Starting price (see listing fees) ⓘ   Buy It Now price (see listing fees) ⓘ

$ [   ] $ [   ]

Duration ⓘ
[7 days ▾]

♜ **eBay Giving Works**
Donate 10-100% of your sale to your favorite nonprofit and eBay will give you a credit on basic selling fees for sold items.
◉ I do not wish to donate at this time

○ 🐱 Blind Cat Rescue & Sanctuary, Inc.

○ 🕊 Susan G. Komen - Global Headquarters
Or, select another nonprofit you love

Donation percentage
[Select % ▾]

图 2-19 "Starting price"界面截图

2. 遇到下列情况时，可选择"拍卖方式"销售：

（1）在无法确定物品确切的价值，但希望快速出售时，让 eBay 市场来决定物品的价格；（2）有独特和难以买到的，而且能够产生需求并引起热烈竞标的物品时，拍卖能使利润最大化；（3）目前正在使用拍卖刊登方式，并且有着较高的成交率（物品通常在刊登之后即被买走）；（4）不定时销售，而且没有最近成交可提高物品的搜索排名。"拍卖方式"刊登能让物品有高排名的机会，即按照"即将结束的物品"排序时。

【技能提示】

"拍卖方式"刊登物品的注意事项：以标准"拍卖"方式销售物品，根据您的起拍价收取较低比率的刊登费，并根据物品最终成交价格收取一定比率的成交费。

（二）使用"一口价方式"销售

利用"一口价方式"销售不仅费用低，而且可设置物品的在线时间最长达 30 天，让物品得到充分展示。同时，多件物品还可采用"多数量物品刊登"方式，一次性完成全部销售刊登。以定价方式刊登 eBay 店铺中热卖的库存物品，还可以使用预设的物品描述和物品说明，大大节省了卖家的刊登时间，也简化了卖家的刊登工序。

1. 设置以"一口价方式"刊登物品的步骤：

进入选择物品刊登方式的页面，可选择"More listing choices"点击"Go"，进入详细的物品刊登设置页面如图 2-20 所示。

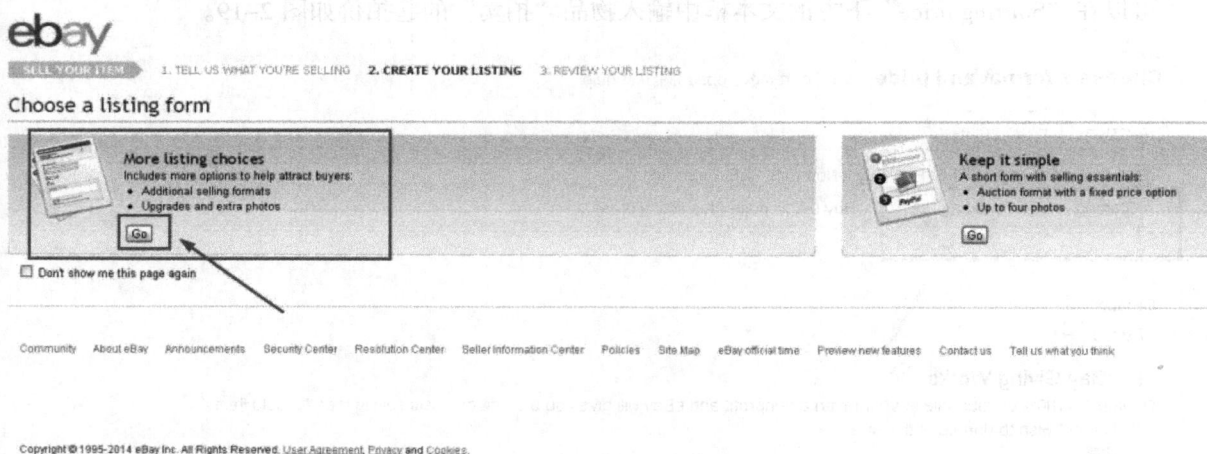

图 2-20 "More listing choices"界面截图

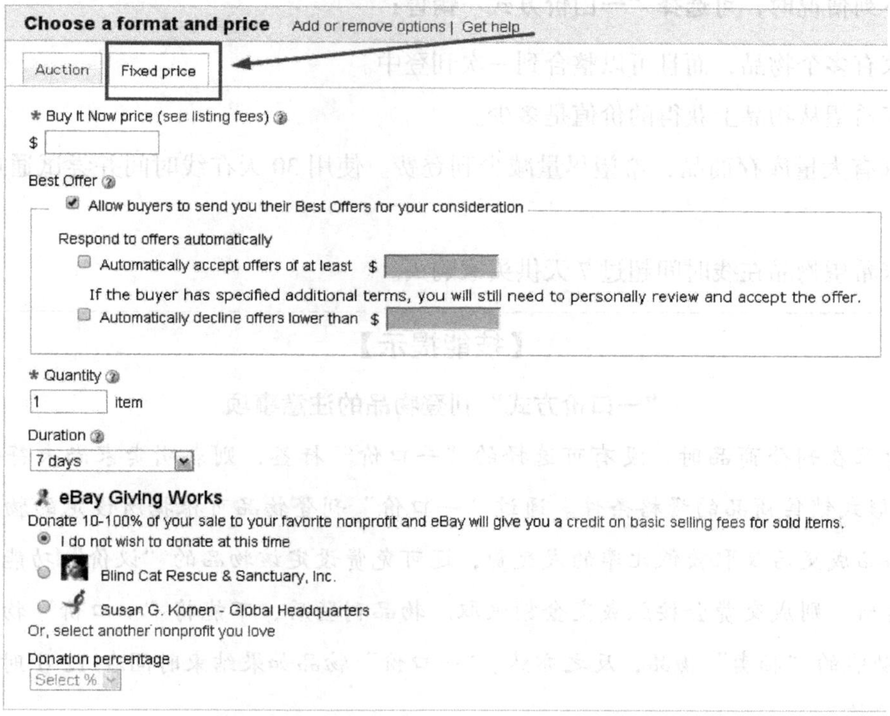

图 2-21 "Choose a format and price"界面截图

可在详细物品刊登设置页面的"Choose a format and price"模块中，点击"Fixed price"选择以"一口价方式"销售物品，如图 2-21 所示，如果您没有可选择的"Fixed price"标签，则表明您尚未符合该站点以"一口价"形式销售商品的资格条件，如图 2-22 所示。

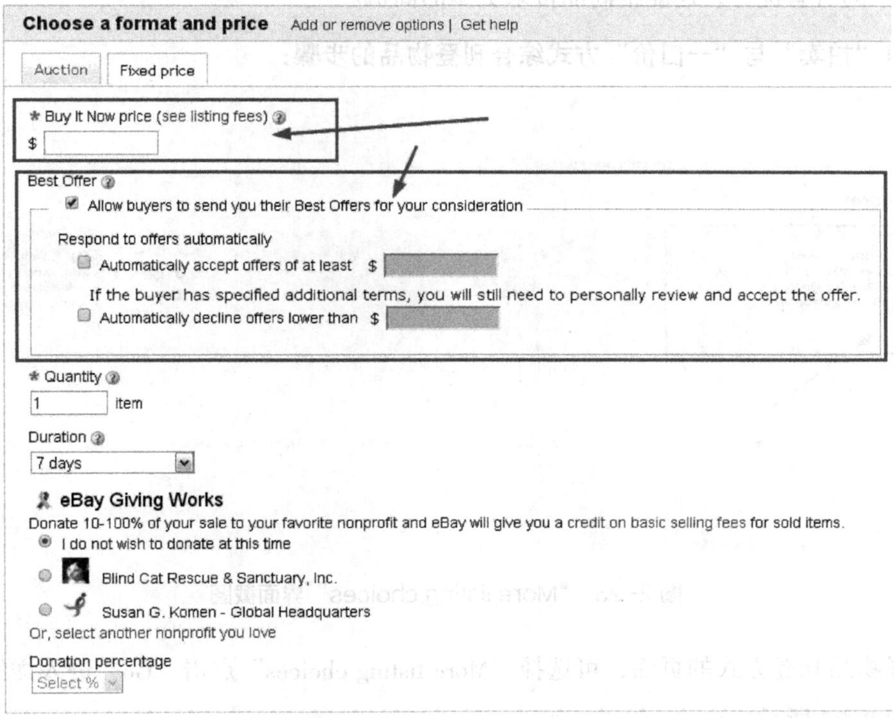

图 2-22 "Choose a format and price"界面截图

2.遇到下列情况时，可选择"一口价方式"销售：

（1）卖家有多个物品，而且可以整合到一次刊登中。

（2）卖家希望从物品上获得的价值是多少。

（3）卖家有大量库存商品，希望尽量减少刊登费。使用30天在线时间并尝试通过自动更新来提高效率。

（4）卖家希望物品在线时间超过7天供买家购买。

【技能提示】

"一口价方式"刊登物品的注意事项

如果卖家在刊登商品时，没有可选择的"一口价"标签，则表明卖家尚未符合该站点以"一口价"形式销售商品的资格条件。通过"一口价"刊登物品可根据所设定的物品价格支付刊登费，物品成交后收取较低比率的成交费；还可免费设定该物品的"议价"功能，当物品以讲价金额卖出，则成交费会按照成交金额收取。物品刊登后，不能将"一口价"物品变更为具"一口价"功能的"拍卖"物品，反之亦然。"一口价"物品如果结束时间在12小时后，可编辑"一口价"价格。

（三）使用"拍卖"与"一口价"方式综合销售

卖家可在选择"拍卖方式"时既设置低起拍价，又设置一个满意的"保底价"，也就是"一口价"，让买家可根据自己的需求灵活选择购买方式，这种贴心的设计不仅综合了"拍卖方式"和"一口价方式"的所有优势，还能给商品带来更多的商机。

1.设置以"拍卖"与"一口价"方式综合刊登物品的步骤：

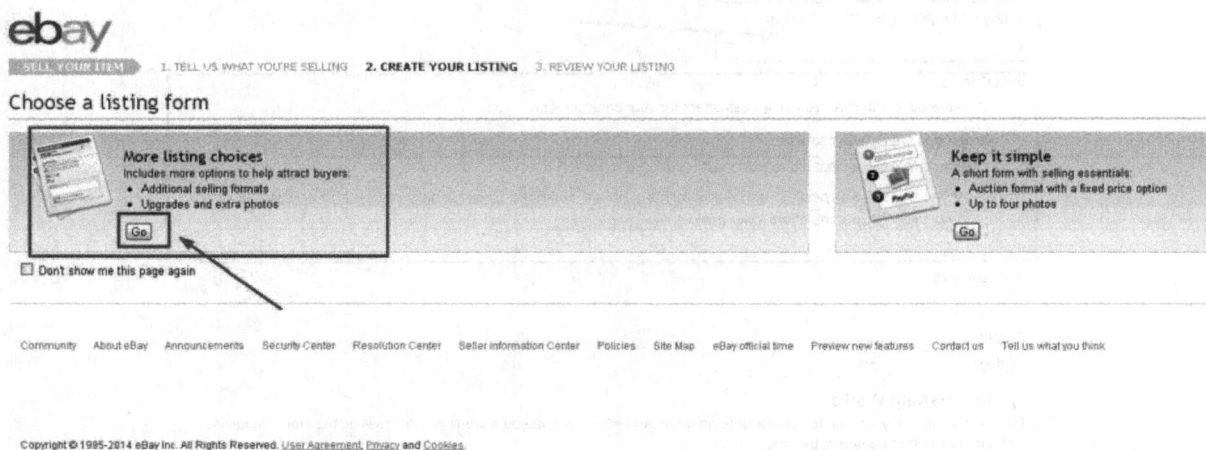

图2-23 "More listing choices"界面截图

进入选择物品刊登方式的页面，可选择"More listing choices"点击"Go"进入详细的物品刊登设置页面如图2-23所示。

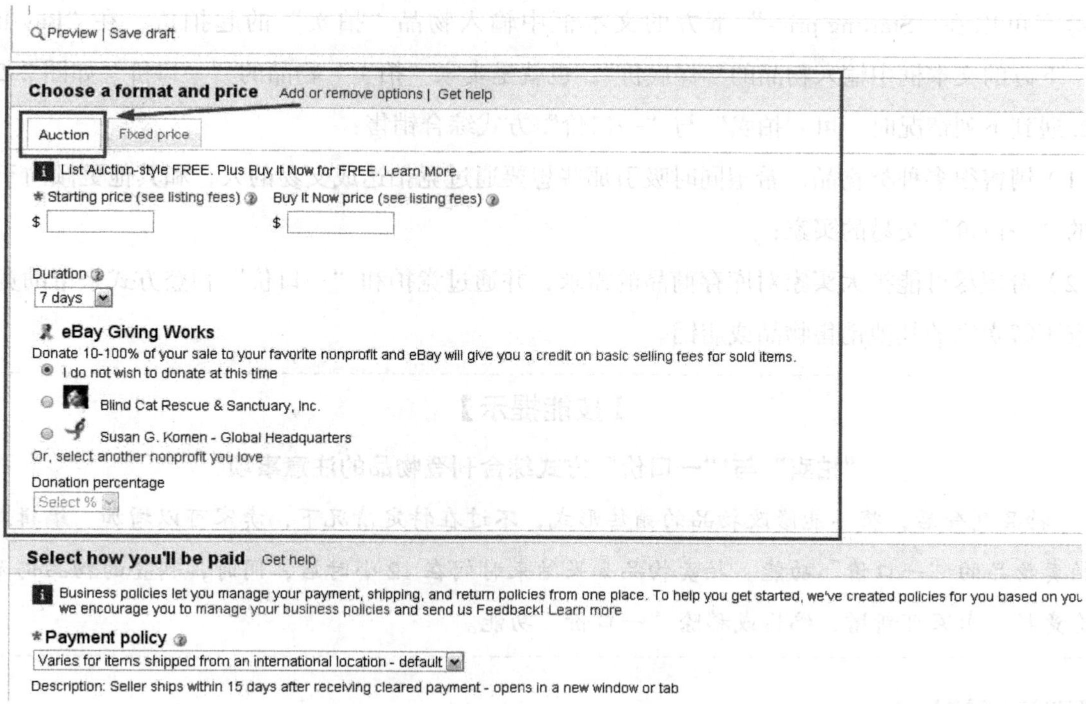

图 2-24　"Auction"界面截图

在详细的物品刊登设置页面中会有一个"Choose a format and price"模块，这就是物品价格设置模块，可点击"Auction"选择以"拍卖方式"销售物品如图 2-25。

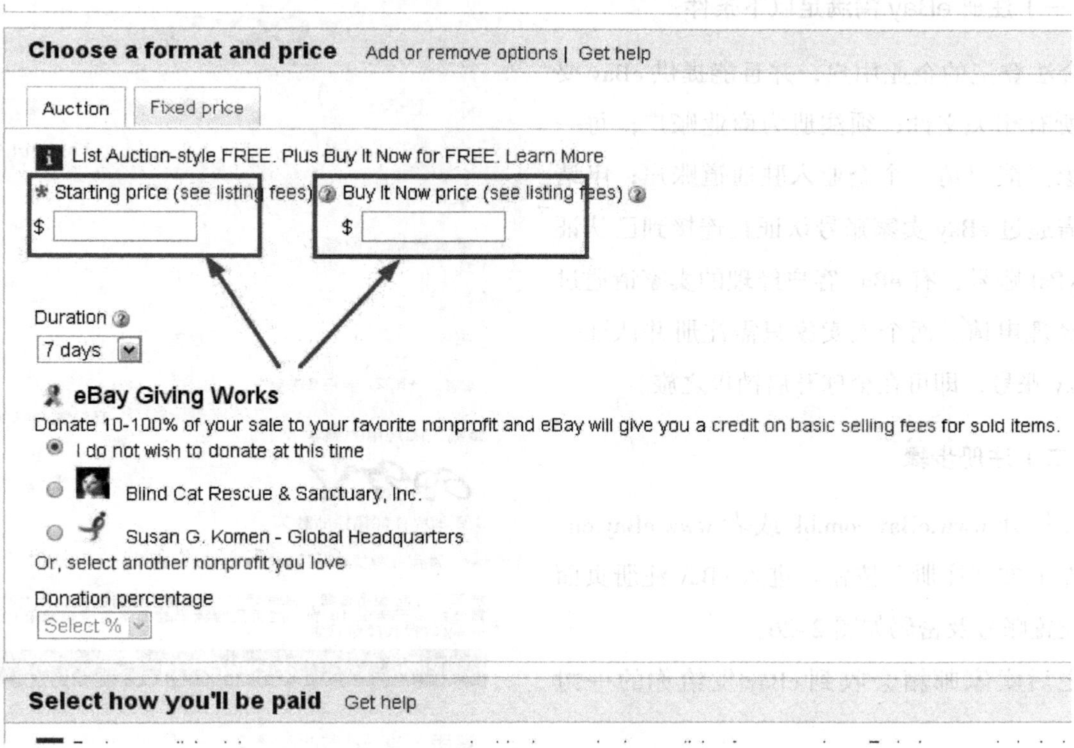

图 2-25　"拍卖"与"一口价"结合设置方法截图

卖家可以在"Starting price"下方的文本框中输入物品"拍卖"的起拍价，在"Buy It Now price"下方的文本框中输入物品的"保底价"，也就是卖家"拍卖"物品的"一口价"如图2-25。

2. 遇到下列情况时，可"拍卖"与"一口价"方式综合销售：

（1）销售很多种类物品，希望同时吸引那些想要通过竞拍达成交易的人，和其他更倾向于选择方便的"一口价"交易的买家；

（2）希望尽可能扩大买家对库存商品的需求，并通过竞拍和"一口价"刊登方式来帮助竞拍者和买家了解卖家的其他销售物品或店铺。

【技能提示】

"拍卖"与"一口价"方式综合刊登物品的注意事项

物品刊登后，将不能修改物品的销售形式，不过在特定情况下，卖家可以增加、编辑或移除拍卖物品的"一口价"功能。拍卖物品如果结束时间在12小时后，同时，刊登的物品仍无人出价竞拍，卖家可新增、编辑或移除"一口价"功能。

【即问即答】

eBay平台有几种售卖产品的方式？

二、eBay注册流程

（一）注册eBay需满足以下条件：

合法登记的企业用户，并且能提供eBay要求的所有相关文件；须注册为商业账户；每一个卖家只能申请一个企业入驻通道账户；申请账号需通过eBay卖家账号认证且连接到已认证的PayPal账号；有eBay客户经理的卖家请通过客户经理申请。而个人卖家只需注册并认证一个eBay账号，即可在全球开启销售之旅。

（二）注册步骤

1. 打开www.eBay.com.hk或者www.eBay.cn，点击左上方"注册"按钮。进入eBay注册页面后，设置账号及密码如图2-26。

之后卖家邮箱会收到eBay发给你的一封邮件。

图2-26　eBay注册会员入口

2.完成验证。点击"以短讯向我提供验证码"，随后输入收到的验证码即可，如图 2-27 和图 2-28。

图 2-27　"以短讯向我提供验证码"界面截图

图 2-28　输入确认码

3.确认条款如图 2-29。

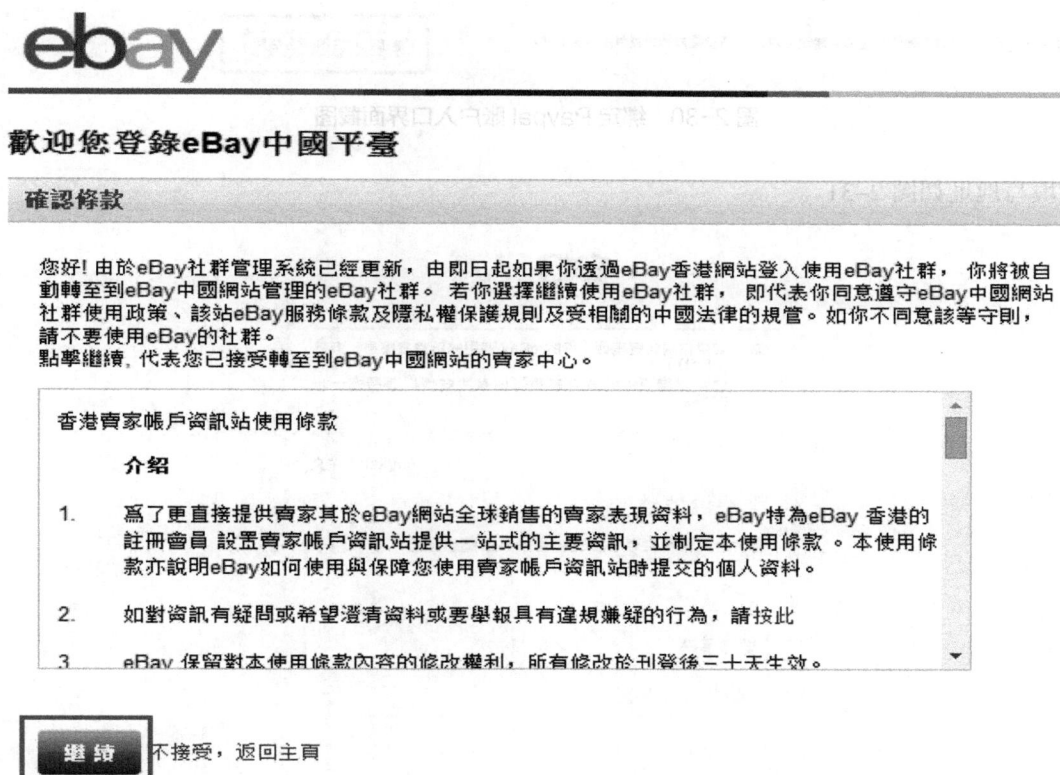

图 2-29　eBay 注册确认条款

完成以上步骤后请注册 paypal 资金账户，绑定卖家的 eBay 账户与 Paypal 账户。登录 eBay 账户，点击右上角"我的 eBay"，点击"账户"—"paypal 账户"—"连接到我的 paypal 账户"如图 2-30。

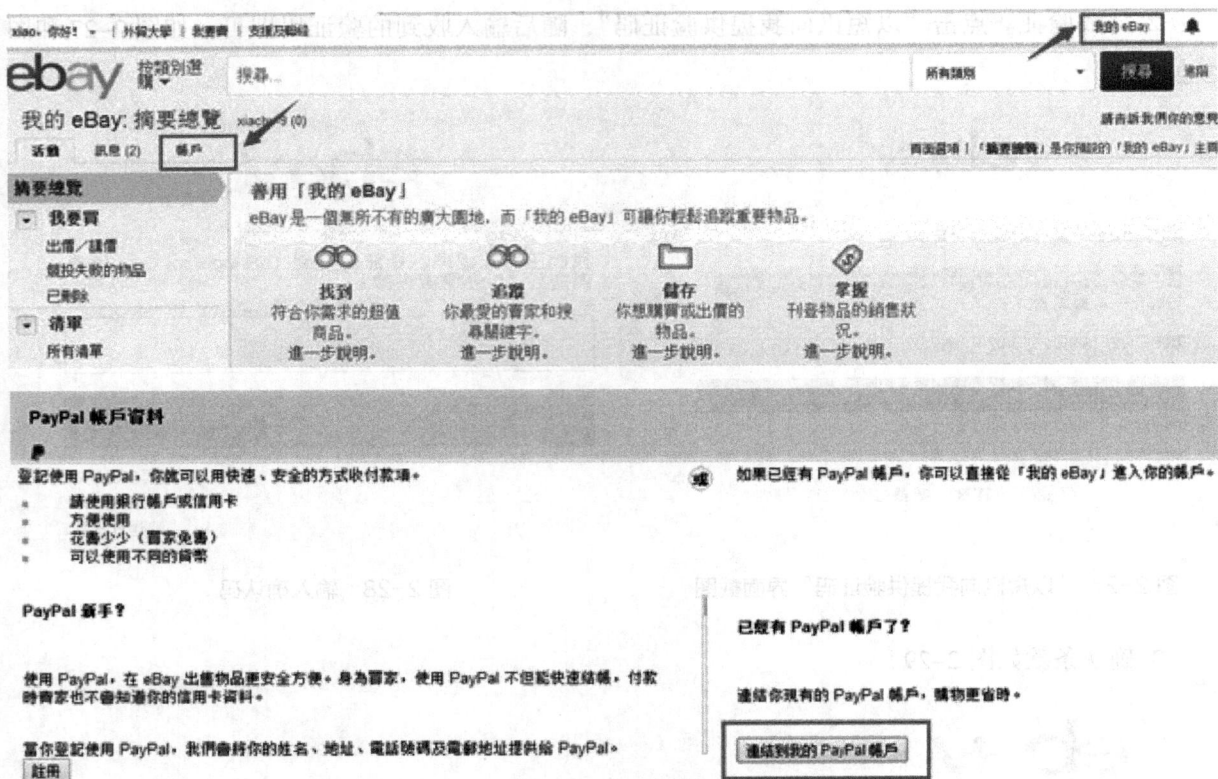

图 2-30　绑定 Paypal 账户入口界面截图

3. 填写地址如图 2-31。

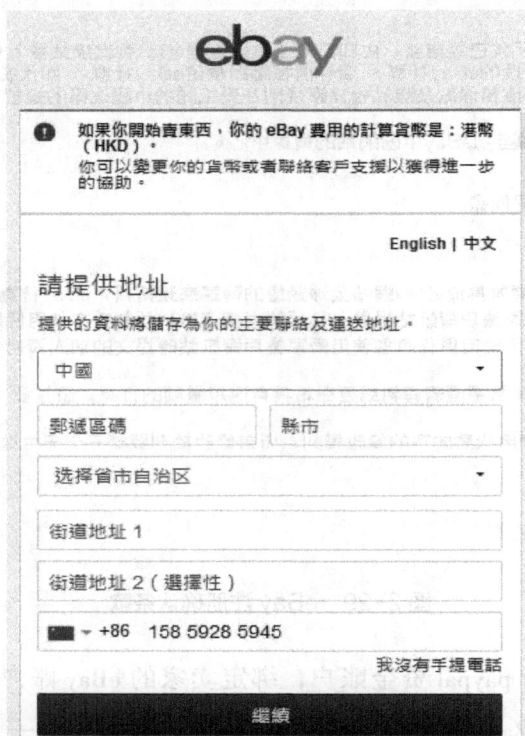

图 2-31　填写地址

4. 输入 paypal 账号和密码如图 2-32。

图 2-32 关联 Paypal 账户

这样便完成了 eBay 账户与 PayPal 账户的关联，eBay 开店注册也就成功了。

第四节　Wish 平台

一、Wish 平台简介

随着智能手机的普及，移动端购物慢慢成了人们的选择。wish 是一款根据用户喜好，通过精确的算法推荐技术，将商品信息推送给感兴趣用户的移动优先购物 App。Wish 开启了手机端购物的新境界，瀑布流推送的特点让 Wish 商户在运营技巧的掌握上需要开辟另一种视野。

（一）Wish 平台的特点

Wish 平台是在移动互联网发展中诞生的，和其他电商平台最大的区别在于 Wish 是基于手机 App 的运用，买家都是通过移动端浏览和购物的，所以在 Wish 平台上运营时要充分考虑如下特点。

1. 要考虑买家的浏览环境：屏幕小，操作困难；

2. 因为是移动端浏览，买家浏览时间是碎片化的，没有明确的购物目的，多以无目的浏览为主，在这种情况下买家做决策的时间也很短，容易造成冲动消费；

3. 有别于传统电商的买家购物模式（通过搜索、浏览想要购买的商品），Wish 买家是根据系统平台推荐的内容浏览自己可能感兴趣的商品，是一种相对被动的浏览。

（二）商品推送原理

根据用户在注册时填写的基本信息，加上后期的浏览、购买行为，系统会为用户打上标签（Tag），并且不断地记录和更新用户标签，根据用户多维度的标签推算买家用户可能感兴趣的商品。这些计算都是由系统完成的，并且有持续修正的过程。

Wish 平台淡化店铺概念，注重商品本身的区别和用户体验的质量。在商品相同的情况下，以往服务记录好的卖家会得到更多的推广机会。

Wish 平台目前没有付费推广，在发展中 Wish 会根据买家的体验来优化计算方法和推送产品。Wish 力求给买家带来便捷的购物体验，利用自己的预算规则将卖家的商品推送到精准客户面前，而不是被动的依赖买家搜索，从某种意义上讲，让产品有了主动积极性，而不是被动的等待。那么推送的依据是什么呢？主要有以下几项：

违规率（是否诚信店铺、仿品率小于 0.5%）；迟发率（履行订单的时效、订单上网时效）；取消率（由于各种原因导致卖家取消交易和买家取消交易，都是有问题的）；有效跟踪率；签收率（能在规定时间内签收是会增加权重的）；订单缺陷率（中评、差评、投诉、纠纷）；退款率；退货率；反馈及时率；推送转化率。

以上就是 Wish 推送产品的依据核心维度，卖家满足以上的依据越多，系统就越会帮你推送，会判断你是一个好的卖家，这就是很多卖家反映某天会看店铺流量激增的原因，但是如果你的产品推送转化率无法达标，那么系统不会在不受欢迎的产品上浪费太多时间，会把推送机会转到下一位符合条件的产品上，所以会出现流量图像坐过山车的景象。出现这种情况时要引起警惕，不要只会抱怨，要重新定位产品策略，调研开发上架受欢迎的产品或优化产品。

【即问即答】

Wish 平台推送的依据主要有哪些核心维度？

（三）Wish 平台的主要销售类目

目前 Wish 平台的主要销售类目是服装服饰，包括女装、男装、美妆、配饰，以后可能会拓展 3C 配件、母婴、家居类。根据 Wish 的买家浏览方式我们可以推测，在 Wish 平台上受欢迎的类目会具有这些特点：产品种类丰富、使用更换频率高、有话题性等，所以不难理解为什么时尚类目是平台的主要类目。

新进入的卖家在选择类目时可以考虑即将被拓展的类目，避免激烈的竞争，为自己赢取更多的机会。在选品时，卖家需要注意，因为 Wish 的技术判断在同一个页面或同一个推送下不出现重复或相似度高的产品，所以在选择商品时需要尽量考虑差异化。这点和其他平台不同，在其他平台上同质化的商品可以通过低价来吸引流量、抢夺市场，但是在 Wish 平台上同质化的商品可能就意味着没有曝光的机会。

（四）Wish 平台运营要点

1. 不要用速卖通的思维来做 Wish

有很多速卖通的卖家开始做 Wish，他们经常 1 美金包邮，沿用的仍然是低价吸引客户的方式，大多数走平邮，选品方面是更是与速卖通无益。大家都知道速卖通平台的市场定位是巴西、印度这类第三世界国家，与 Wish 定位的欧美发达地区不同，消费水平和品味都不在一个层级，在 Wish 走低价当然可以，但是却是得不偿失的做法。Wish推送的风格是客户先看到的是图片，然后才是价格，所以以之前的逻辑来做wish是行不通的，而且低价当然只能卖质量劣质的产品，长时间的运输也会造成资金的压力，货款始终都是危险，这种做法不但失去了用户体验，更失去了平台的信任。低价的产品也会导致同质化，用户的反感，这就是导致Wish近期流量普遍下行的原因之一。90后买家相信同伴重于相信口碑，而他们逐渐会成为跨境网购的主力大军，为了长远经营我们提倡高质的产品、优质的服务，打造自己的中国品牌才是王道。

2. 低价策略无效

低价引流在Wish无效，薄利多销的策略已经不合时宜，以90后人群为主力的消费者更期望得到优质的服务，即便你想维持刀片般微薄的利润，你的客户并不会因此让你在客户服务面有所松懈。2美元包邮要维持利润必须采用平邮发货，超过30天的到货时间，买家是不满意的，此做法导致的结果多数是一把子买卖。再来就是只买便宜货的人只对价格忠诚，而不会对你的产品或品牌有丝毫眷恋。

Wish因为节省了与客户对话的环节，但是在facebook的社群，就可以畅所欲言，帮助客户满足他们的美好愿望，参与到销售活动中来，从他们晒出的照片把产品推荐给身边小伙伴看到，就是一种参与。所以，做好facebook精准营销非常重要。

3. 刷单无效

刷单等于造假，在Wish顾名思义就是希望以虚假的加大收藏、点击、购买等数据来带动真实的购买，这些伎俩在PC平台的确玩得风生水起，但是来到移动平台会不会水土不服呢？真实数据证明Wish是用十个维度来判断产品和店铺的，一时的刷单无法逆转大的趋势。

【即问即答】

Wish的运营特点有哪些？

二、Wish平台基本操作

（一）创建店铺

1. 登录Wish商户平台，点击免费试用如图2-33。

图2-33　"免费试用"Wish界面截图

2. 输入自己的账号信息如图 2-34。

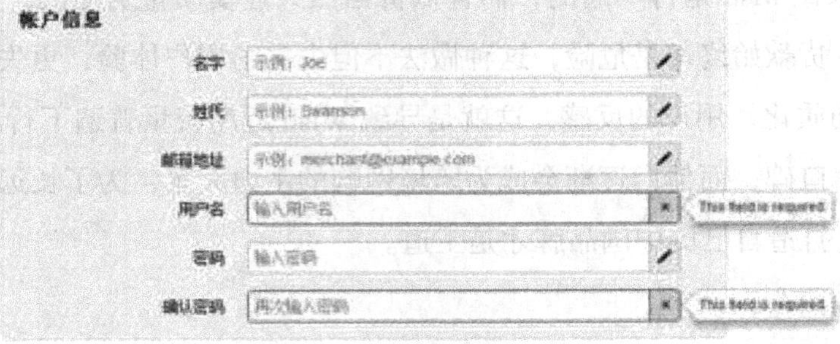

账户信息

名字	示例：Joe
姓氏	示例：Swanson
邮箱地址	示例：merchant@example.com
用户名	输入用户名　This field is required
密码	输入密码
确认密码	再次输入密码　This field is required

图 2-34　输入账号信息

3. 输入自己的商户信息与地址信息，并创建账号如图 2-35。

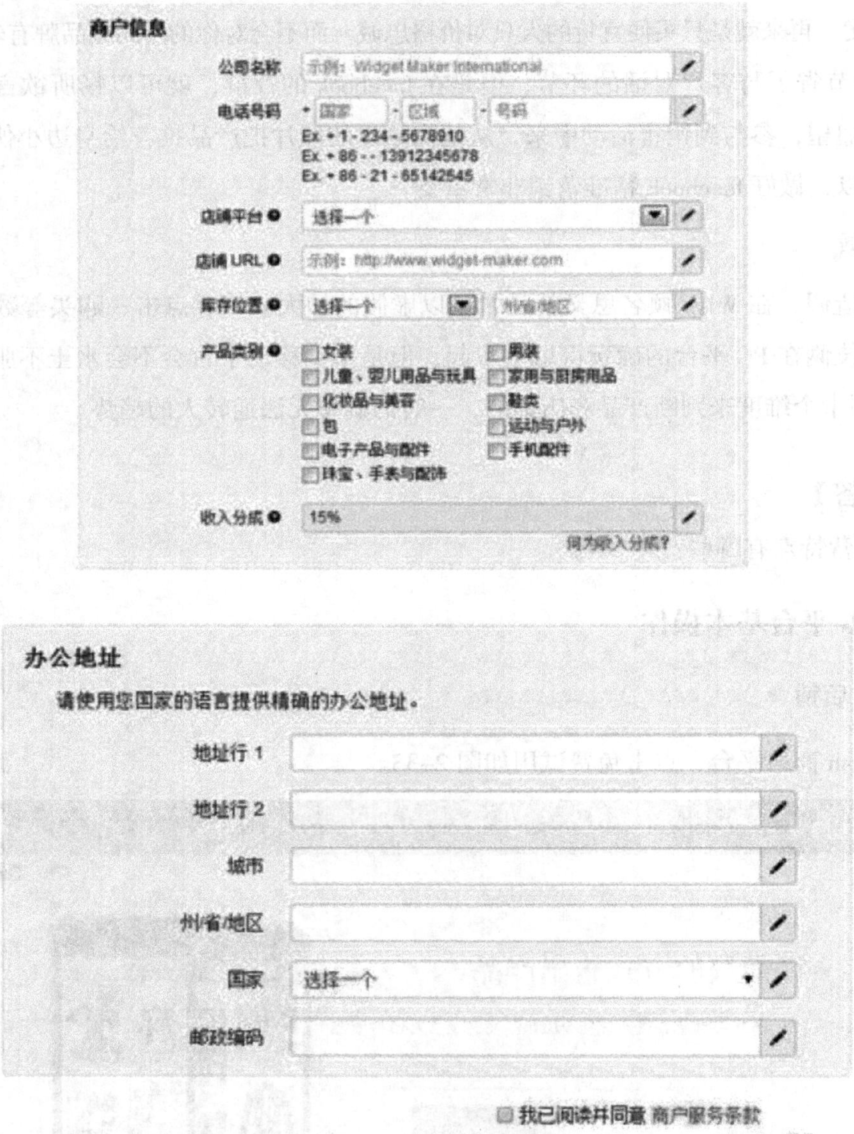

商户信息

公司名称	示例：Widget Maker International
电话号码	+ 国家 - 区域 - 号码
	Ex. + 1 - 234 - 5678910
	Ex. + 86 - - 13912345678
	Ex. + 86 - 21 - 65142545
店铺平台 ●	选择一个
店铺 URL ●	示例：http://www.widget-maker.com
库存位置	选择一个　州/省/地区

产品类别
- 女装
- 男装
- 儿童、婴儿用品与玩具
- 家用与厨房用品
- 化妆品与美容
- 鞋类
- 包
- 运动与户外
- 电子产品与配件
- 手机配件
- 珠宝、手表与配饰

收入分成 ●　15%　　何为收入分成？

办公地址

请使用您国家的语言提供精确的办公地址。

地址行 1	
地址行 2	
城市	
州/省/地区	
国家	选择一个
邮政编码	

☐ 我已阅读并同意 商户服务条款

图 2-35　输入商户信息与地址信息

4. 登录注册邮箱并确认邮箱地址，确认电话号码并输入验证码，设置店铺账号信息。

5. 提交第一产品进行店铺审核，在店铺审核过程中 Wish 会给每个店铺分配一个客户经理，客户经理会发送一封邮件收集你的信息。

6. 设置配送范围。默认仅配送到美国，卖家可以在后台修改为配送到全球，如果仅配送到美国只会得到来自美国的流量。

【技能提示】

注册 Wish 店铺时要注意：地址必须要填写在谷歌地图上面能查得到的地址，只写第一行就行了；商户信息里面的店铺 URL 可以去淘宝或者速卖通上面找一家店铺的链接地址。

【即问即答】

Wish 平台的运营特点是什么？

本章小结

常见的跨境电商平台有速卖通平台、Amazon 平台、eBay 平台和 Wish 平台，这四个平台的运营模式都是以 B2C 为主的跨境出口电商平台，也是本书编著的内容范围。本章介绍了四个平台的基本情况、运营特点、注册流程及认证要求。

自我测试：

简答题

1. 全球速卖通的入驻要求有哪三个？

2. 什么是 Listing 跟卖政策？

3.eBay 平台有几种售卖产品的方式？

4.Wish 平台推送的依据主要有哪些核心维度？

5.Wish 的运营特点有哪些？

思考题

本章所涉及的四个跨境电商平台有什么相同点与不同点？该如何根据卖家的特征选择合适的跨境电商平台开设店铺？

【实训参考方案】

跨境电商平台知多少？

· **实训目标**

在了解跨境电商的基本概念、特征以及发展状况和趋势的基础上，理解当前跨境电商的主要模式，熟悉主流跨境电商平台，基本掌握各主流平台的规则及操作方法。

· **实训方式**

熟悉 B2C 平台中的速卖通、亚马逊、Wish 以及 C2C 中 eBay 四大平台的特点、功能板块以及具体的操作流程。

· **实训步骤**

1. 进入速卖通、亚马逊、eBay、Wish 四大平台官网，了解商品信息，从买方的角度分析各平台的特点；

2. 在速卖通、亚马逊、eBay、Wish 四大平台分别注册账号，登录后台，从卖方的角度了解各平台的特点、模块和功能；

3. 比较四大平台的相同点和不同点，进行分析；

4. 根据自己的分析撰写一份实训报告。

· **实训评价**

主要从以下几个方面评价学习者的实训成果：

1. 对跨境电商的模式以及主流跨境电商平台的熟悉程度，尤其是针对 B2C 模式；

2. 对 B2C 平台中速卖通、亚马逊、Wish 以及 C2C 中 eBay 平台的操作能力。

表 2-2　速卖通 2017 年度各类目技术服务费年费一览表

单店经营范围	经营大类	技术服务费年费（人民币）	类目	返 50% 年费对应年销售额（美金）	返 100% 年费对应年销售额（美金）
服装服饰	服装服饰	10000	Apparel Accessories（服饰配件）	20000	40000
			Women's Clothing（女装 / 女士精品）		
			Men's Clothing（男装）		
			Novelty & Special Use（新奇特特殊服装）		
			Costumes & Accessories（扮演服饰及配件）		
			World Apparel（世界服饰）		
箱包鞋类	箱包鞋类	10000	Luggage & Bags（箱包皮具 / 热销女包 / 男包）	15000	30000
			shoes（男女鞋）		
精品珠宝	精品珠宝	10000	Fine Jewelry（精品珠宝）	12500	25000

续　表

单店经营范围	经营大类	技术服务费年费（人民币）	类目	返50%年费对应年销售额（美金）	返100%年费对应年销售额（美金）
珠宝饰品及配件	珠宝饰品及配件仅限平台定向邀约	10000	Fashion Jewelry（流行饰品）	12500	25000
			Jewelry Findings & Components（首饰配件和部件）		
			Jewelry Packaging & Display（首饰包装和展示用具）		
			Jewelry Tools & Equipments（首饰工具）		
手表	手表仅限平台定向邀约	10000	watch（手表）	25000	50000
婚纱礼服	婚纱礼服仅限平台定向邀约	10000	weddings & Events（婚纱礼服）	25000	50000
美容美发	护肤品	10000	Skin Care（护肤品）	15000	30000
	美容健康	10000	Tools & Accessories（工具/配件）	24000	48000
			Tattoo & Body Art（文身及身体彩绘）		
			Skin Care Tool（护肤工具）		
			Shaving & Hair Removal（剃须及脱毛产品）		
			Sanitary Paper（卫生用纸）		
			Oral Hygiene（口腔清洁）		
			Nail Art & Tools（美甲用品及修甲工具）		
			Makeup（彩妆）		
			Health Care（健康保健）		
			Hair Care & Styling（头发护理/造型）		
			Bath & Shower（沐浴用品）		
			Antiperspirants（除臭）		
			Deodorants（止汗）		
经鉴定真人发	织发及发套相关暂停新卖家入驻	100000	Hair Weaving（织发）		60万
	接发类相关暂停新卖家入驻	50000	Bulk Hair（发把）		15万
化纤发	化纤发暂停新卖家入驻	30000	Synthetic Hair（化纤发）		15万

单店经营范围	经营大类	技术服务费年费（人民币）	类目	返50%年费对应年销售额（美金）	返100%年费对应年销售额（美金）
情趣用品	情趣用品仅限平台定向邀约	30000	Sex Products（情趣用品）	30000	60000
母婴&玩具	母婴&玩具	10000	Mother & Kids（孕婴童）	15000	30000
			Toys & Hobbies（玩具）		
家居&家具	家居&家具2017年1月1日起关闭food类目	10000	Home & Garden（家居）	20000	40000
			Furniture（家具）		
家装&灯具	家装&灯具&工具	10000	Lights & Lighting（灯具）	20000	40000
			Home Improvement（家装）		
			Tools（工具）		
家用电器	家用电器	10000	Home Appliances（家用电器）	25000	50000
运动&娱乐	运动鞋服包/户外配附	10000	Sportswear & Accessories（运动服及配件）	15000	30000
			Sport Bags（运动包）		
			Camping & Hiking（野营及徒步旅行）		
			Hunting（狩猎用品）		
			Shooting（射击用品）		
			Skiing & Snowboarding（滑雪用品）		
			Water Sports（水上运动）		
			Baseball（棒球运动）		
			Basketball（篮球用品）		
			Hockey（曲棍球）		
			Horse Riding（马术运动）		
			Racquet Sports（球拍运动）		
			Roller,Skateboard &Scooters（轮滑与滑板运动）		
			Rugby（橄榄球）		
			Soccer（足球用品）		
			Volleyball（排球用品）		
			Fitness & Body Building（健身及塑形）		
			Cheerleading & Souvenirs（啦啦队用品及纪念品）		
			Golf（高尔夫用品）		

续　表

单店经营范围	经营大类	技术服务费年费（人民币）	类目	返50%年费对应年销售额（美金）	返100%年费对应年销售额（美金）
运动 & 娱乐	运动鞋服包/户外配附	10000	Entertainment（娱乐）		
			Sneakers（运动鞋，含成人及儿童）		
	骑行/渔具	10000	Bicycle（自行车）	20000	40000
			Bicycle Accessories（自行车附件）		
			Bicycle Parts（自行车部件）		
			Bicycle Repair Tools（修理工具）		
			Cycling Equipment（骑行装备）		
			Electric Bicycle（电动自行车）		
			Electric Bicycle Accessories（电动自行车附件）		
			Electric Bicycle Parts（电动自行车部件）		
			Fishing（钓鱼用品）		
	平衡车仅限平台定向邀约	30000	Self Balance Scooters（平衡车）	18000	36000
	乐器	10000	Musical Instruments（乐器）	10000	20000
3C 数码	手机配件 & 通信	10000	Mobile Phone Accessories & Parts（手机配件）	18000	36000
			Walkie Talkie（步谈机）		
			Communication Equipment（通信设备）		
	电脑 & 办公	10000	Industrial Computer & Accessories（工控产品）	18000	36000
			Computer Cables & Connectors（电脑连线及接插件）		
			Computer Components（电脑组件和硬件）		
			Computer Peripherals（电脑外设）		
			DIY Computer（DIY 电脑）		
			Demo Board（开发板）		
			Desktops（台式电脑）		
			External Storage（移动硬盘,U 盘,刻录盘）		
			Laptop Accessories（笔记本电脑配件）		
			Laptops & Netbooks（笔记本与上网本）		
			Internal Storage（内置存储）		
			Mini PC（Mini 电脑）		
			Networking（网络产品）		
			Office Electronics（办公电子）		

单店经营范围	经营大类	技术服务费年费（人民币）	类目	返50%年费对应年销售额（美金）	返100%年费对应年销售额（美金）
3C数码	电脑&办公	10000	Servers（服务器）	18000	36000
			Tablets & PDAs Accessories（平板电脑，PDA，MID配件）		
	消费电子	10000	Accessories & Parts（零配件）		
			Camera & Photo（摄影摄像）		
			Games & Accessories（游戏及配件）		
			Home Audio & Video Equipments（家用音视频设备）		
			Portable Audio & Video（便携播放器，阅读器）		
			Smart Electronics（智能电子）		
	安防	10000	Security & Protection（安防）	18000	36000
	办公文教用品	10000	Office & School Supplies（办公文具）	12000	24000
	电子元器件仅限平台定向邀约	10000	Electronic Components & Supplies（电子元器件）	30000	60000
	电子烟	30000	Electronic Cigarettes（电子烟）	60000	120000
	平板	10000	Tablets（平板）	60000	120000
	手机	30000	Mobile Phones（手机）	45000	90000
汽摩配	汽摩配	10000	Automobiles & Motorcycles（汽摩配）	36000	72000
旅游及代金券	旅游及代金券	10000	Travel and Coupon Services（旅游及代金券）	12000	24000
特殊类	特殊类		Special Category（特殊类）		

第三章

跨境物流的选择和物流费用的计算

【学习目标】

本章旨在让学生了解什么是跨境物流，掌握其概念；熟悉当前跨境物流的主要方式，能够恰当选择使用哪种跨境物流进行发货，尤其是要掌握邮政小包（平常小包、挂号小包）、E邮宝、国际商业快递等跨境物流运费的计算以及物流模板的设置；还应熟悉海外仓，了解跨境物流最新发展情况。

【知识要点】

1. 了解跨境物流的概念；
2. 熟悉当前跨境物流的主要方式；
3. 掌握邮政小包、E邮宝、国际商业快递等跨境物流运费的计算以及物流模板的设置；
4. 熟悉海外仓。

【核心概念】

1. 跨境物流
2. 邮政物流、商业快递、专线物流
3. 跨境物流运费
4. 海外仓

【情境导入】

现在跨境电商外贸卖家越来越多，需要在店铺开始有订单之前，就要考虑物流的问题。那么怎么选择快递物流把货发到国外去。一般来讲，作为跨境网商中基数最大的小卖家，他们可以通过平台发货，也可以选择国际小包等渠道。对大卖家或者独立平台的卖家而言，他们需要优化物流成本，还需要考虑客户体验，需要整合物流资源并探索新的物流形式。所以对小皮来说，物流问题是个很棘手、头疼的问题，需要提前了解相关的物流问题。

【引导案例】

小布涂涂文化创意（大连）有限公司化解物流难题

运营成本高、配送时间长、包裹无法全程追踪、不支持退换货，以及出现清关障碍和破损甚至丢包的情况，这些都是中国制造企业在做跨境电商起步时经常遇到的难题。物流在跨境电商业务中，正在扮演着越来越重要的角色，将决定着制造企业的服务水平和市场竞争力。

对于物流难题，小布涂涂文化创意（大连）有限公司（以下简称小布涂涂）有过切肤之痛。这是一家集研发、设计、销售及生产为一体的跨境电子商务公司，是大连最大出口欧美的热烫压图文定制生产商，主要生产烫钻、刺绣等服装配饰品。通过跨境电商平台，这家企业迅速开拓了海外 2B、2C 业务。当订单不断增长后，其负责人却为物流服务伤透了脑筋。因为服装配饰品订单小、客户多而零散，填写物流快递单往往会耗费大量的人力与时间。

在全球越来越激烈的市场竞争环境中，终端客户的体验度对于企业利润的增长或减少起着决定性作用。为了优化流程，降低运营成本，小布涂涂与跨国物流公司 UPS 合作，将 UPS 功能集成到自有系统和电子商务网站，这样所有信息只需填写一次，订单、发票等都可以通过企业自有系统直接打印，无须再登录物流公司的系统。仅此一项，小布涂涂每个业务员平均每天可节省约 45 分钟，不仅改善了客户的物流体验，还大幅提升了业务效率，缩短了货件出口前的准备时间，同时更便于查询物流状态。小布涂涂的负责人表示，找对物流供应商后，他们的物流效率提高了 11%。

"当前国际市场的竞争愈加激烈，要持续保持市场竞争力以争得领先，出口制造企业更需要优化运作效率，节约运营成本，实现长远的可持续发展。"UPS 中国区市场部总监林伟江（Arthur Lam）说。

请思考：

1. 如何选择出适合某一产品的跨境物流方式？

2. 跨境物流海外仓什么时候建立比较合适？

第一节　跨境物流方式介绍与选择

一、跨境物流简介

物流作为供应链的重要组成部分，是对商品、服务以及相关信息从产地到消费地的高效、低成本流动和储存进行的规划、实施与控制的过程，目的是满足消费者的需求。电子商务物流又称网上物流，是利用互联网技术，尽可能地把世界范围内有物流需求的货主企业和提供物流服务的物流公司联系在一起，提供中立、诚信、自由的网上物流交易市场，促进供需双方高效达成交易，创造性地推动物流行业发展的新商业模式。而跨境物流的不同之处在于交易的主体分属于不同关境，商品要跨越不同的国界才能够从生产者或供应商到达消费者。概括而言，跨境物流是指采用现代物流技术，利用国际化的物流网络，选择最佳的方式与路径，以最低的费用和最小的风险，实现货物在国际间的流动与交换。

跨境电商的发展带动了跨境物流的发展与变革，同样地，跨境物流的发展又为跨境电商的发展提供了更好的支撑，成为其重要组成部分和核心环节。

二、各类跨境物流方式介绍

跨境物流一直是制约整个跨境电商行业发展的关键性因素，尽管问题不断地在解决、服务水平不断地在提高，似乎境况仍不够理想，卖家只能感叹"适合自己的就是最好的"。面对各式各样的物流方案、物流服务商，从业人员又该如何选择那个"适合自己的"呢？下面本书就将介绍四种主要的跨境物流方式：邮政物流、国际商业快递、物流专线以及海外仓储物流（单独在第三节介绍）。

（一）邮政物流

邮政物流包括各国以及中国香港邮政局的邮政航空大包、小包，以及中国邮政速递物流分公司的 EMS、E 邮宝等。下面着重介绍 EMS、E 邮宝和邮政小包三种常用的物流方式。

1. EMS

EMS（即"Express Mail Service"），邮政特快专递服务，指的是万国邮联管理下的国际邮件快递服务。是中国邮政速递物流与各国及地区邮政合作开办的中国大陆与其他国家、港澳台地区之间寄递特快专递（EMS）的一项服务。该业务在海关、航空等部门均享有优先处理权，它以高质量为用户传递国际、国内紧急信函、文件资料、金融票据、商品货样等各类文件资料和物品。

（1）EMS 资费标准

EMS 国际快递的资费标准如表 3-1 所示。由于 EMS 资费是分区计算的，因此不同的分区会有不同的折扣，在实际操作中，卖家可以与邮政或是货代公司进行协商以确定最终的价格。

表 3-1 EMS 国际快递的资费标准

资费区	* 起重 500 克及以内		续重 500 克或其零数
	文件	物品	
一区	90	130	30
二区	115	180	40
三区	130	190	45
四区	160	210	55
五区	180	240	75
六区	220	280	75
七区	240	300	80
八区	260	335	100
九区	370	445	120

备注 1. 本资费分区与标准自 2010 年 4 月 10 日起执行；

备注 2. 单件重量不超过 500 克的物品类邮件可按文件类收取资费；

备注 3. 邮件体积重量大于实际重量的按体积重量计收资费。体积重量计算办法具体请咨询 11183 或邮件收寄服务人员；

备注 4. 上述费用为服务费用，不含详情单、封套及包装用品费用，其他收费标准详情可咨询当地营业部或邮件收寄人员。

资料来源：http://www.ems.com.cn/serviceguide/zifeichaxun/zi_fei_biao_zhun.html

（2）EMS 参考时效

EMS 国际快递投递时间通常为 3—8 个工作日，不包括清关的时间。东南亚和南亚地区 3 天内可以妥投，澳洲 4 天可以妥投，欧美国家 5 天能妥投。由于各个国家及地区的邮政、海关处理的时间长短不一，会造成有些国家的包裹投递时间延长，具体可以登录 EMS 官网，进入时限查询进行查看。

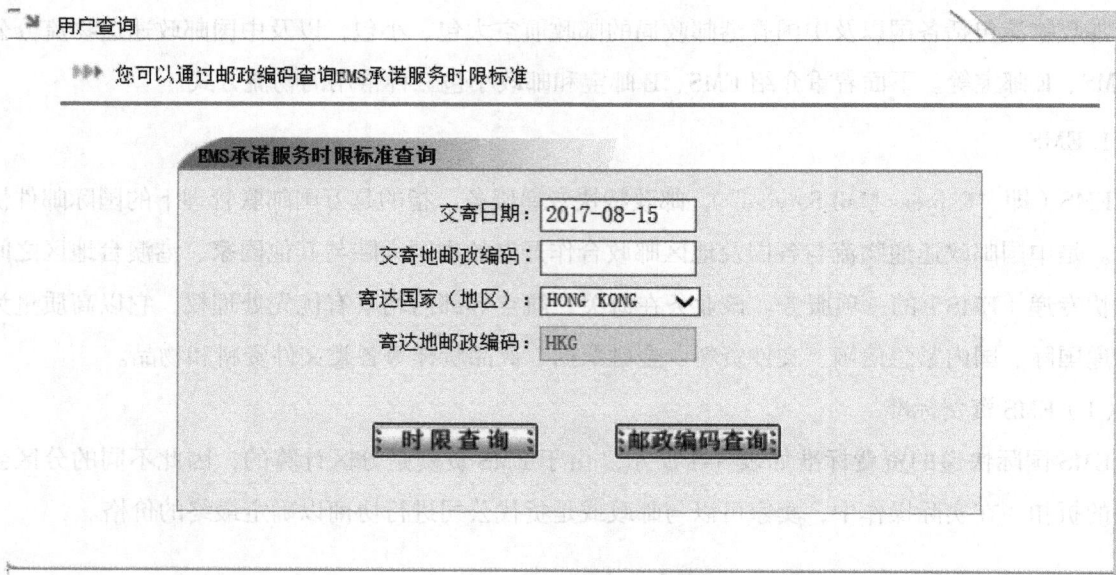

图 3-1 EMS 参考时效查询

（3）EMS 跟踪查询

EMS 跟踪查询可以采用以下 2 种方法：

1）拨打 EMS 客户服务电话：当地电话区号 +11185。

2）登录 www.ems.com.cn 查询。查询国际 EMS 邮件时，还可通过查询链接，进入相关国家和地区邮政网站查询。

（4）体积和重量限制

EMS 的体积和重量限制可以参考 EMS 官网 http://www.ems.com.cn/。

（5）优缺点总结

EMS 的优点主要有以下几个方面：

1）邮政的投递网络强大，覆盖面广，运费比较便宜，一般找货代都可以拿到至少 5 折的折扣；

2）可以当天收货，当天操作，当天上网，清关能力比较强，具有优先通关的权利；

3）能运送出关的物品较多，运送其他公司限制运行的物品，如化妆品、箱、服装、鞋子等各种礼品以及各种特殊商品等；

4）寄往南美及俄罗斯等国家具有绝对优势。

同时，EMS 的缺点也很明显：

1）相比于商业快递速度偏慢。

2）查询网站信息滞后、通达国家较少、一旦出现问题查询只能做书面查询、时间较长。

3）不可以一票多件，且大货价格偏高。

2. E 邮宝

E 邮宝，又叫 EUB，是邮政速递物流为适应跨境电商轻小件物品寄递需要推出的经济型国际速递业务，利用邮政渠道清关，进入合作邮政轻小件网络投递。中邮 e 邮宝线上发货旨在为线上卖家提供更便捷的物流服务，卖家可以在线下单、打印面单后直接由邮政速递物流上门揽收或将邮件交付邮政速递物流的经营部或收寄点，即可享受快捷、便利的国际 E 邮宝服务。

（1）E 邮宝资费标准

E 邮宝资费标准可以登录中国邮政速递官网进行查询。

（2）E 邮宝参考时限

墨西哥 20 个工作日，沙特、乌克兰、俄罗斯 7—15 个工作日，其他路向 7—10 个工作日。

（3）E 邮宝跟踪查询

提供收寄、出口封发、进口接收实时跟踪查询信息，不提供签收信息，只提供投递确认信息。客户可以通过 EMS 网站或拨打客服专线、寄达国邮政网站等查看邮件跟踪信息。对于无法投递或收件人拒收邮件的，提供集中退回服务。

（4）体积和重量限制

限重：2 公斤；注：以色列是 3 公斤。

单件最大尺寸：长、宽、厚合计不超过 90 厘米，最长一边不超过 60 厘米。圆卷邮件直径的两倍和长度合计不超过 104 厘米，长度不超过 90 厘米。

单件最小尺寸：长度不小于 14 厘米，宽度不小于 11 厘米。圆卷邮件直径的两倍和长度合计不小于 17 厘米，长度不小于 11 厘米。

（5）优缺点总结

E 邮宝的优点主要如下：

1）经济实惠，免收挂号费和退件费；

2）时效快，7—10 天即可妥投，价格低，安全可靠；

3）服务专业，为中国电子商务卖家量身定制；

4）服务优良，提供包裹跟踪号，一站式操作。

缺点则在于：

1）通邮范围较小，覆盖面不广；

2）E 邮宝暂不提供邮件的丢失、延误、损毁补偿、查验等附加服务，不适合寄价值高的物品。

3. 中国邮政小包

据不完全统计，中国跨境电商出口业务 70% 的包裹都通过邮政系统投递，其中中国邮政占据 50% 左右的份额，中国香港邮政、新加坡邮政等也是中国跨境电商卖家常用的物流方式。

中国邮政航空小包（China Post Air Mail）又称中国邮政小包、邮政小包、航空小包。是指包裹重量在 2kg 以内（阿富汗除外），外包装长宽高之和小于 90 厘米，且最长边小于 60 厘米，通过邮政空邮服务寄往国外的小邮包。它包含挂号、平邮两种服务。可寄达全球各个邮政网点。挂号服务费率稍高，可提供网上跟踪查询服务。中国邮政航空小包出关不会产生关税或清关费用，但在目的地国家进口时有可能产生进口关税，具体根据每个国家海关税法的规定而各有不同（相对其他商业快递来说，航空小包能最大限度地避免关税）。

（1）中邮小包资费标准

中邮小包资费标准可以进入阿里巴巴全球速卖通网站进行查询（https://sell.aliexpress.com/shipping/__pc/index.htm）。

（2）中邮小包参考时效

中国邮政并未对中邮小包寄递时效进行承诺，一般情况下，当日中午 12 点以前交寄邮局，一般晚 8 时后可以在中国邮政官网查询包裹状态信息。其运输时效大致为：

到亚洲邻国 5—10 天；到欧美主要国家 7—15 天；到其他地区和国家 7—30 天。卖家可以通过相关的查询网站进行实时查询，例如全球物流查询平台 17track 网站（http://www.17track.net），以便及时了解投递信息。

（3）中邮小包跟踪查询

中邮小包中的平邮小包不受理查询，挂号小包则在大部分国家可以全程跟踪，但有部分国家只能查询到签收信息，而部分国家则不提供信息跟踪服务。

对于挂号小包的跟踪查询，可以采用以下几种方式：

1）中国邮政官方网站：http://intmail.183.com.cn 或是 http://intmail.11185.cn；

2）社会网站查询：如 http://www.17track.net 等；

3）跨境电商平台的订单页面或是平台提供的物流数据，以速卖通为例，物流查询可以通过：①速卖通平台订单页面：物流商与速卖通平台已对接，速卖通会在订单详情页面直接展示物流跟踪信息。②菜鸟官方物流追踪网站：http://global.cainiao.com/。

（4）体积和重量限制

重量：≤ 2kg（阿富汗除外，为 1kg）。

尺寸：最大：长、宽、厚合计 900 毫米，最长一边不得超过 600 毫米，公差 2 毫米。圆卷状的，直径的两倍和长度合计 1040 毫米，长度不得超过 900 毫米，公差 2 毫米。 最小：至少有一面的长度不小于 140 毫米，宽度不小于 90 毫米，公差 2 毫米。圆卷的，直径的两倍和长度合计 170 毫米，长度不得小于 100 毫米。

（5）优缺点总结

中邮小包的主要优点在于：

1）价格优势：资费低，直接按首重 50g 续重 1g 计费，首重最低 5 元即可发到国外；

2）全球化：中国邮政航空小包可以将产品送达全球几乎任何一个国家或地区的客户手中，只要有邮局的地方都可以到达，大大扩展了外贸卖家的市场空间；

3）速度优势：直接交接中国邮政，无须中转香港地区，包裹交邮局后当天可在中国邮政网查到包裹状态；

4）适用范围广：速卖通、eBay、敦煌等平台都可以使用，一般无特别的邮寄限制，除了国际违禁品和危险品以外。

但也存在几个固有的缺点：

1）速度较慢，丢包率高；

2）一般以私人包裹方式出境，不便于海关统计，也无法享受正常的出口退税；

3）许多国家不支持全程跟踪，邮政官方网站只能追踪国内部分，国外部分不能实现全程跟踪，卖家需要借助其他网站进行查询，便利性不高。

除了中国邮政小包外，对跨境电商卖家而言，还有其他的小包可以选择，如中国香港邮政小包，新加坡邮政小包、德国、瑞士、荷兰小包以及瑞典邮政、马来邮政小包等，要结合自己的实际情况灵活运用。

【即问即答】

如果想要寄带电的产品，有哪些方式可以选择呢？

（二）国际快递

国际快递主要是指 UPS、Fedex、DHL、TNT 这四大巨头，其中 UPS 和 Fedex 总部位于美国，DHL 总部位于德国，TNT 总部位于荷兰。国际快递对信息的提供、收集与管理有很高的要求，以全球自建网络以及国际化信息系统为支撑。下面将对这四种国际快递进行介绍。

1. UPS

UPS 快递（United Parcel Service）在 1907 年作为一家信使公司成立于美国华盛顿州西雅图，是一家全球性的公司，其商标是世界知名商标之一。作为世界上最大的快递承运商与包裹递送公司，同时也是运输、物流、资本与电子商务服务的领导性的提供者。

UPS 国际快递共分为四种国际快递服务，包括：

UPS Worldwide Express Plus（1–3 business days by 9AM）——全球特快加急，最贵；

UPS Worldwide Express（1–3 business days by12PM/Noon）——全球特快；

UPS Worldwide Saver（1–3 business days）——全球速快，也就是所谓的红单；

UPS Worldwide Expedited（2–5 business days）——全球快捷，也就是所谓的蓝单，是最慢的，收费也最便宜。

在 UPS 的面单上，前三种方式都是用红色标记的，最后一种是用蓝色标记的，但是通常所说的红单是指 UPS Worldwide Saver。一般的货代公司都可以提供上述 4 种服务。

（1）UPS 资费标准

UPS 的资费标准以其官方网站（https://www.ups.com/cn/zh/Home.page）公布的信息为准，或者卖家可以通过 UPS 的服务热线进行咨询。

（2）UPS 参考时效

该参考时效指的是从已上网到收件人收到此件为止，一般 2—6 日到达 220 个国家。

（3）UPS 跟踪查询

可以通过 UPS 官网网站（https://www.ups.com/cn/zh/Home.page）的包裹追踪（https://www.ups.com/WebTracking/track?loc=zh_CN&WT.svl=PriNav）进行查询，也可以使用第三方网站 17TRACK（http://www.17track.net/zh-cn）等进行查询。

（4）体积和重量限制

1）每个包裹最大重量为 70 公斤；

2）每个包裹最大长度为 270 厘米；

3）每个包裹最大尺寸：长 + 周长：[（2 × 宽）+（2 × 高）]=330 厘米；

4）若 UPS 国际快递接受超过重量限制的货件，将对每个包裹收取超重超长 378RMB，但每个包裹最多收取一次。

（5）优缺点总结

优点：

1）速度快、服务好。优势路线是美洲、日本路线，去美国的话，差不多 48 个小时能到达；

2）货物可送达全球 200 多个国家和地区，可以在线发货、全国 109 个城市提供上门取货服务；

3）查询网站信息更新快，遇到问题解决及时。

缺点：

1）运费较贵，要计算产品包装后的体积重量；

2）对托运物品的限制比较严格。

2. Fedex

Fedex，美国联邦快递，总部位于美国田纳西州孟斐斯，在中国香港、加拿大安大略省多伦多、欧洲比利时布鲁塞尔、拉丁美洲美国佛罗里达州迈阿密设有分支机构。联邦快递是全球最具规模的快递运输公司，联邦快递每个工作日运送的包裹超过 320 万个，其在全球拥有超过 138000 名员工、50000 个投递点、671 架飞机和 41000 辆车辆，为全球超过 235 个国家及地区提供快捷、可靠的快递服务。联邦快递设有环球航空及陆运网络，通常只需一个至两个工作日，就能迅速运送时限紧迫的货件，而且确保准时送达。同时联邦快递分为经济价（IE）和优先速递（IP）。

（1）Fedex 资费标准

联邦快递的"体积重量"计算公式为：（长 cm × 宽 cm × 高 cm）÷ 5000，如果货物"体积重量"大于"实际重量"，则按"体积重量"计费。此外，联邦偏远附加费的收费标准 RMB4/KG，每票最低收费为人民币 202 元 × 当月燃油，偏远三个月内通知有效。具体资费标准以其官方网站（http://www.fedex.com/cn/）公布的信息为准。

（2）Fedex 参考时效

1）联邦快递优先速递（IP）：一般为 2—4 个工作日，指从已上网到收件人收到此件为止；

2）联邦快递经济价（IE）：一般为 4—6 个工作日，指从已上网到收件人收到此件为止。

（3）Fedex 跟踪查询

登录联邦快递的查询网站：http://www.fedex.com/cn/，在货件查询中输入跟踪号，点查询即可查询到信息。也可以使用第三方网站 17TRACK（http://www.17track.net/zh-cn）等进行查询。

（4）体积和重量限制

联邦快递服务对于货件的总重量无体积和重量限制，但是对于单件货物的体积和重量有限制。可以一票多件（其中每件都不超过 68kg），单票的总重量不能超过 300kg，超过 300kg 需要提前预约；单件或者一票多件中单件包裹有超过 68kg 的，需要提前预约。此外单件最大长度为 270 cm；单件最大尺寸：长 + 2 × 宽 + 2 × 高 = 327cm。另外联邦快递申报价值超过 5000RMB 要单独报关。

（5）优缺点总结

优点：

1）到中南美洲和欧洲的价格较有竞争力；

2）网站信息更新快，网络覆盖全，查询响应快；

3）安全性高；

4）售后服务好，赔偿周期短。

缺点：

1）价格较贵，需要考虑产品体积重量；

2）对托运物品限制也比较严格。

3. DHL

DHL 是全球著名的邮递和物流集团 Deutsche Post DHL 的旗下公司，主要包括以下几个业务部门：DHL Express、DHL Global Forwarding、Freight 和 DHL Supply Chain。DHL 的业务遍布全球 220 个国家和地区，是全球国际化程度最高的公司之一。

（1）DHL 资费标准

DHL 的资费标准可以在其官方网站（http://www.cn.dhl.com/zh.html）进行查询。在计算价格时，体积重量 = 长 cm × 宽 cm × 高 cm /5000，如果体积重量大于实际重量，则按体积重量计费，即按较大者为准。此外，去往偏远地区的快件需加收偏远地区附加费（美国除外），标准为 3.6/KG，每票最低收费为 180 元，偏远附加费需加收燃油附加费；DHL 查询偏远网址为：http://remoteareas.dhl.com/jsp/first.jsp。

（2）DHL 参考时效

全球派送 2—7 个工作日妥投。

（3）DHL 跟踪查询

DHL 可以全程跟踪信息，并可以查到签收时间和签收人姓名。具体信息可以在 DHL 官网（http://www.cn.dhl.com/zh.html）查询到。

（4）体积和重量限制

寄往大部分国家的包裹要求 ≤ 70kg（单件），单件最长边不超 1.2 米。因为部分国家对体积和重量限制不同，所以具体以 DHL 官网公布为主。

（5）优缺点总结

优点：

1）速度快，去欧洲一般 3 个工作日，到东南亚一般 2 个工作日；

2）可送达国家网点比较多；

3）查询网站货物状态更新也比较及时，遇到问题解决速度快；

4）21 公斤以上物品更有单独的大货价格，部分地区大货价格比国际 EMS 还要便宜，一般通过货代也能拿到 5 折左右的折扣。

缺点：

1）走小货的话，价格较贵不划算，也需要考虑产品体积重量；

2）对托运物品限制也比较严格，拒收许多特殊商品。

4. TNT

TNT 快递为企业和个人提供快递和邮政服务。总部位于荷兰的 TNT 集团，在欧洲和亚洲可提供高效的递送网络，且通过在全球范围内扩大运营分布来优化网络域名注册查询效能。提供世界范围内的包裹、文件以及货运项目的安全准时运送服务。TNT 在世界 60 多个国家雇有超过 143000 名员工，为超过 200 个国家及地区的客户提供邮运、快递和物流服务。

（1）TNT 资费标准

TNT 快递的运费包括基本运费和燃油附加费两部分，其中燃油附加费每个月变动，以 TNT 官方网站（https://www.tnt.com）公布的数据为准。

（2）TNT 参考时效

一般为 3—5 天之内，发货次日可在网上进行查询。

（3）TNT 跟踪查询

登录 TNT 快递的查询网站：https://www.tnt.com/express/zh_cn/site/shipping-tools/tracking.html，在货件查询中输入跟踪号，点查询即可查询到信息。

（4）体积和重量限制

TNT 快递单个包裹的重量不能超过 70 公斤，一票不能超过 500 公斤。

体积限制为：三条边分别不能超过 $1.0 \times 0.6 \times 0.7$（m）；TNT 经济型三条边分别不能超过 $1.8 \times 1.2 \times 1.5$（m）。体积重量超过实际重量需按照体积重量计费，体积重量的算法为长 × 宽 × 高 $/5000$（单位：cm）。具体情况可以在 TNT 网站计算尺寸和重量下进行查看，网站为：https://www.tnt.com/express/zh_cn/site/how-to/calculate-size-and-weight.html。

（5）优缺点总结

优点：

1）速度较快，通关能力强，到西欧 3 个工作日左右；

2）可送达国家比较多；

3）查询网站信息更新快，遇到问题响应及时；

4）可免费、及时、准确追踪、查询货物；

5）安全性能好，在欧洲、西亚和中东以及政治、军事不稳定的国家有绝对优势。

缺点：

1）需要考虑产品体积重量，对所运货物限制也比较多；

2）价格相对较高。

总体而言，UPS 是世界最大的快递公司，其优势地区在美洲线路、日本线路。DHL 是欧洲最大的快递公司，在欧洲、西亚和中东地区有绝对优势。Fedex 对于去往东南亚地区的货物，在价格和速度上有绝对优势。TNT 是荷兰最大的快递公司，在西欧国家具有较强的清关能力。国际快递以全球自建网络以及国际化信息系统为支撑为海外客户带来良好的购物体验。其总体优势是速度快、服务好、丢包率低，尤其是发往欧美发达国家非常方便。但价格昂贵，且价格资费变化较大。

【即问即答】

请问上述4种国际商业快递有何优缺点。

（三）专线物流

跨境专线物流一般是通过航空包舱方式运输到国外，再通过本地合作公司通过本土配送方式进行目的国的派送，优势在于其能够集中大批量到某一特定国家或地区的货物，通过规模效应降低运输成本，价格一般比商业快递低。在时效上，专线物流稍慢于商业快递，但比邮政包裹快很多。目前专线物流提供方主要有三种：中小企业联盟、跨境电商平台和国内实力雄厚的第三方物流公司。跨境专线物流的劣势在于必须在某一段固定时间集中到大批量的货物。许多专线物流企业只能控制国内物流线路，国外物流仍交给当地邮政企业，也可能出现运送延迟的情况。同时，专线物流公司大多不接受退货服务。

目前，业内使用最普遍的物流专线包括美国专线、欧洲专线、澳洲专线、俄罗斯专线等，也有不少物流公司推出了中东专线、南美专线。以速卖通平台为例，介绍几种常用的跨境物流专线。

1. 航空专线——燕文（Special Line-YW）

线上发货燕文航空挂号小包（Special Line-YW），俗称燕文专线，是国内最大的物流服务商之一——北京燕文物流有限公司旗下的一项国际物流业务。燕文航空挂号小包综合市场上优质邮政资源，推出一款通达40国的标准型航空挂号产品。

（1）燕文专线资费标准

可以通过热线咨询方式获取相应的标准（国内各省市之间可能存在差异）。

（2）燕文专线参考时效

正常情况：10—35天到达目的地。

特殊情况：35—60天到达目的地，特殊情况包括节假日、特殊天气、政策调整、偏远地区等。

（3）燕文专线跟踪查询

1）在燕文官网（http://www.yw56.com.cn/）查询相关物流信息；

2）物流上与速卖通等跨境电商平台已对接，可在相应的平台上直接查询物流跟踪信息。

（4）体积重量限制

表 3-2　燕文专线包裹体积重量要求

包裹形状	重量限制	最大体积限制	最小体积限制
方形包裹	小于 2 公斤（不包括）	长 + 宽 + 高 ≤ 90cm 单边长度 ≤ 60cm	至少有一面的长度 ≥ 14cm，宽度 ≥ 9cm
圆柱形包裹		交货地为华东的，体积限制为：2 倍直径及长度之和 ≤ 104cm，单边长度 ≤ 90cm；交货地为华南的，体积限制为：单边长度 ≤ 60cm，德国单边长度 ≤ 55cm（长 + 宽 + 高 ≤ 90cm）	2 倍直径及长度之和 ≥ 17cm，单边长度 ≥ 10cm

（5）注意事项

1）违禁品不能发运；

2）电池寄送限制：不能寄送电子产品如手机、平板电脑等带电池的物品，或纯电池（含纽扣电池）；

3）目的国乌克兰邮箱和电话必填，目的国泰国、法国、西班牙、英国、巴西和摩尔多瓦电话必填；

4）包装材料及尺寸应按照所寄物品的性质、大小、轻重等选择恰当的包装袋或纸箱。邮寄物品外面需要套上符合尺寸的包装袋或纸箱，且上面不能出现文字、图片、公告等信息。

2. 中俄航空 Ruston（Russian Air）

中俄航空 Ruston（Russian Air）专线，俗称俄速通，是由黑龙江俄速通国际物流有限公司提供的中俄航空小包专线服务，通过国内快速集货、航空干线直飞、在俄罗斯通过俄罗斯邮政或当地落地配进行快速配送。该产品专为速卖通平台上的电商设立，是速卖通平台的"合作物流"。

（1）Ruston 资费标准

Ruston 的资费标准为：85 元 / 公斤 +8 元挂号费。

（2）Ruston 参考时效

16—35 天到达俄罗斯全境。

（3）Ruston 跟踪调查

1）物流商与速卖通平台已对接，速卖通会在订单详情页面直接展示物流跟踪信息。

2）可以在中国邮政官网和服务商网站 Ruston 官网（http://www.ruston.cc/index.html）查询相关物流信息。

3）买家可在俄罗斯邮政官网（包裹到俄邮后）查询相关物流信息。Ruston 官网可切换为俄语版本，也可提供该网站给买家查询。

（4）体积重量限制

表3-3　中俄航空包裹体积重量要求

包裹形状	最大体积限制	最小体积限制
方形包裹	长、宽、厚长度之和＜90cm，最长一边长度＜60cm	至少有一面的长度＞14cm，宽度＞9cm
圆柱形包裹	2倍直径及长度之和＜104cm，长度＜90cm	2倍直径及长度之和＞17cm，长度＞10cm

以上尺寸标准公差在2 mm以内，重量小于2公斤（不包含）。

（5）优势

1）经济实惠

"Ruston-航空小包"以克为单位精确计费，无起重费，为卖家将运费做到最低。

2）可邮寄范围广泛

"Ruston-航空小包"产品是联合俄罗斯邮局推出的服务产品，境外递送环节全权由俄罗斯邮政承接，因此递送范围覆盖俄罗斯全境。

3）运送时效快

Ruston俄速通开通了"哈尔滨—叶卡捷琳堡"中俄航空专线货运包机，大大提高了配送时效，使中俄跨境电子物流平均时间从过去的近两个月缩短到13天，80%以上包裹25天内到达。

4）全程可追踪

48小时内上网，货物全程可视化追踪。

3. Aramex（中外运安迈世）

Aramex作为中东地区最知名的快递公司，成立于1982年，是第一家在纳斯达克上市的中东国家公司，提供全球范围的综合物流和运输解决方案。Aramex与中外运于2012年成立了中外运安迈世（上海）国际航空快递有限公司，提供一站式的跨境电商服务以及进出口中国的清关和派送服务。在国内，一般称为"中东专线"。

Aramex服务目前支持中东、印度次大陆、东南亚、欧洲及非洲航线。速卖通平台上发货目的国有24个：阿联酋、印度、巴林、塞浦路斯、埃及、伊朗、约旦、科威特、黎巴嫩、阿曼、卡塔尔、沙特阿拉伯、土耳其、孟加拉、巴基斯坦、斯里兰卡、新加坡、马来西亚、印度尼西亚、泰国、肯尼亚、尼日利亚、加纳、以色列，且均为全境服务。

（1）Aramex资费标准

Aramex的标准运费包括基本运费和燃油附加费，其中后者每个月会发生变动，具体以Aramex官网公布的价格为准。

Aramex价格计算方式为：（首重价格＋续重价格×续重数量）×燃油附加费×折扣；超过15千克的按续重15千克计费，再外加燃油附加费，最后乘以折扣。

（2）Aramex参考时效

一般收件后2天内上网，在目的地国家无异常情况下一般3—6天完成派送。

（3）Aramex 跟踪查询

Aramex 物流追踪信息可到 Aramex 官网查询进展。

快件查询网址：https://www.aramex.com/。

（4）体积重量限制

1）重量限制：单件重量限制 ≤ 30kg 超出不承运。

2）尺寸：单边尺寸不超过 120 厘米，围长不超过 330 厘米。

（5）Aramex 优势

1）寄往中东、北非、南亚等国家的价格具有极大的优势，大概是 DHL 的 60%。

2）时效有保障，包裹寄出后大部分在 3—5 天可以投递。

3）相较于国际商业快递而言，无偏远费用。

4. 中俄快递 –SPSR（Russia Express–SPSR ）

线上发货"中俄快递 –SPSR"服务商 SPSR Express 是俄罗斯最优秀的商业物流公司，也是俄罗斯跨境电子商务行业的领军企业。"中俄快递 –SPSR"面向速卖通卖家提供经北京、香港、上海等地出境的多条快递线路，可寄送重量 100 克—31 千克，尺寸在长宽高之和小于 180cm 单边不能超过 120cm 以内的包裹，运送范围为俄罗斯全境。

（1）中俄快递 –SPSR 资费标准

"中俄快递 –SPSR"资费包括服务费和挂号费，与中邮挂号小包一致。运费根据包裹重量按每 100 克计费，不满 100 克按 100 克计，每个单件包裹限重在 15kg 以内，包裹尺寸限制在 60cm×60cm×60cm 以内。

（2）中俄快递 –SPSR 参考时效

俄罗斯境内 75 个主要城市（包含莫斯科、圣彼得堡等）11—14 日内到达，其他偏远地区 31 日内可到达。

（3）中俄快递 –SPSR 跟踪查询

中俄快递 –SPSR 提供国内段交航，及目的国妥投等跟踪信息。一般可以在 SPSR 官网查询到包裹从揽收服务商仓库出库后的信息：http://www.spsr.ru/en/service/monitoring。

（4）体积重量限制

重量：不超过 31kg，体积：长宽高之和小于 180cm（单边长度不大于 120cm）；

最小体积限制：方形包裹：表面尺码 ≥ 9cm×14cm；圆柱形包裹：2 倍直径及长度之和 ≥ 17cm，单边长度 ≥ 10cm。

综上，总结三种不同的跨境物流方式，可以发现各有优缺点，如表 3–4 所示。

表 3-4   不同跨境物流方式优缺点比较

跨境物流方式	覆盖面	收费	时效	出口退税	丢包率	售后
邮政物流	广	低	慢	否	高	无
国际快递	广	高	快	否	低	无
专线物流	低	低	中	有	低	无

第二节   跨境物流费用核算方法及模板设置

一、国际邮政小包资费计算方法

中国邮政小包是当前跨境物流的主要物流方式，超过了 50% 的份额。当前中国邮政小包分为国际邮政挂号小包和国际邮政平常小包，需要注意的是国际邮政小包最大寄送重量要求低于 2kg。

（一）国际邮政挂号小包

资费 = 小包重量（kg）× 资费标准（元 /kg）+ 挂号费（8 元）

1.运送范围："中国邮政挂号小包"支持发往全球 241 个国家及地区。（注：也门因政治局势不稳，寄往当地的服务暂停，恢复时间待定。）

2.价格：运费根据包裹重量按克计费，1g 起重。每个单件包裹限重在 2kg 以内。

表 3-5   国际邮政挂号小包资费标准

国家列表	配送服务费（根据包裹重量按克计费）元（RMB）/kg	挂号服务元（RMB）/ 包裹
日本	60	8
韩国、马来西亚、泰国、新加坡、印度、印度尼西亚	69	8
爱尔兰、奥地利、澳大利亚、保加利亚、比利时、波兰、丹麦、德国、芬兰、荷兰、捷克、克罗地亚、挪威、葡萄牙、瑞典、瑞士、斯洛伐克、希腊、匈牙利、以色列、意大利	78	8
土耳其、新西兰	82	8
阿曼、阿塞拜疆、爱沙尼亚、巴基斯坦、巴勒斯坦、白俄罗斯、波斯尼亚和黑塞哥维那、朝鲜、法国、菲律宾、哈萨克斯坦、吉尔吉斯斯坦、加拿大、卡塔尔、拉脱维亚、立陶宛、卢森堡、罗马尼亚、马耳他、美国、蒙古、塞浦路斯、沙特阿拉伯、斯里兰卡、斯洛文尼亚、塔吉克斯坦、土库曼斯坦、乌克兰、乌兹别克斯坦、西班牙、叙利亚、亚美尼亚、英国、越南	87.5	8
俄罗斯	88	8
南非	101	8
阿根廷、巴西、墨西哥	106	8

续 表

国家列表	配送服务费（根据包裹重量按克计费）元（RMB）/kg	挂号服务元（RMB）/包裹
阿富汗、阿拉伯联合酋长国、巴林、不丹、东帝汶、柬埔寨、科威特、老挝、黎巴嫩、马尔代夫、孟加拉国、秘鲁、缅甸、尼泊尔、文莱、也门、伊拉克、伊朗、约旦、智利	115.5	8
阿尔巴尼亚、安道尔、冰岛、法罗群岛（丹）、梵蒂冈、格鲁吉亚、黑山、列支敦士登、马其顿、摩尔多瓦、摩纳哥、塞尔维亚、圣马力诺、直布罗陀（英）	142	8
阿尔及利亚、阿鲁巴岛、阿森松岛（英）、埃及、埃塞俄比亚、安哥拉、安圭拉岛（英）、安提瓜和巴布达、巴巴多斯、巴布亚新几内亚、巴哈马国、巴拉圭、巴拿马、百慕大群岛（英）、贝宁、波多黎各（美）、伯利兹、博茨瓦纳、布基纳法索、布隆迪、布韦岛、赤道几内亚、东萨摩亚（美）、多哥、多米尼加共和国、厄瓜多尔、厄立特里亚、法属波里尼西亚、法属圭亚那、法属南部和南极领地、斐济、佛得角、福克兰群岛、冈比亚、刚果、刚果（金）、哥伦比亚、哥斯达黎加、格林纳达、格陵兰岛、古巴、瓜德罗普岛（法）、关岛（美）、圭亚那、海地、荷属安的列斯群岛、赫德岛和麦克唐纳群岛、洪都拉斯、基里巴斯、吉布提、几内亚、几内亚比绍、加那利群岛、加纳、加蓬、津巴布韦、开曼群岛（英）、科科斯岛、科摩罗、科特迪瓦、肯尼亚、莱索托、利比里亚、利比亚、留尼汪岛、卢旺达、马达加斯加、马拉维、马里、马里亚纳群岛、马绍尔群岛、马提尼克（法）、马约特岛、毛里求斯、毛里塔尼亚、美国本土外小岛屿、蒙特塞拉特岛（英）、密克罗尼西亚（美）、摩洛哥、莫桑比克、纳米比亚、南乔治亚与南桑威奇群岛、瑙鲁、尼加拉瓜、尼日尔、尼日利亚、纽埃岛（新）、诺福克岛（澳）、帕劳（美）、皮特凯恩群岛、萨尔瓦多、塞拉利昂、塞内加尔、塞舌尔、圣诞岛、圣多美和普林西比、圣赫勒拿、圣克里斯托弗和尼维斯、圣卢西亚、圣皮埃尔岛及密克隆岛、圣文森特岛（英）、斯瓦尔巴群岛（挪）、斯威士兰、苏丹、苏里南、所罗门群岛、索马里、坦桑尼亚、汤加、特克斯和凯科斯群岛（英）、特立尼达和多巴哥、突尼斯、图瓦卢、托克劳群岛（新）、瓦里斯和富士那群岛（法）、瓦努阿图、危地马拉、维尔京群岛（美）、维尔京群岛（英）、委内瑞拉、乌干达、乌拉圭、西撒哈拉、西萨摩亚、新喀里多尼亚群岛（法）、牙买加、英属印度洋领地、赞比亚、乍得、中非、南极、科克群岛（新）、多米尼克国、圣马丁（荷）、桑给巴尔、圣巴泰勒米岛、库拉索、圣马丁岛	169.5	8

（二）国际邮政平常小包

1.运送范围：中国邮政平常小包支持发往全球241个国家及地区。（注：也门因政治局势不稳，寄往当地的服务暂停，恢复时间待定。）

2.价格：运费根据包裹重量按克计费。30g及以下的包裹按照30g的标准计算运费，30g以上的包裹按照实际重量计算运费。每个单件包裹限重在2kg以内，免挂号费。

表3-6 国际邮政平常小包资费标准

国家列表	配送服务费（根据包裹重量按克计费）元（RMB）/kg	挂号服务费元（RMB）/包裹
日本	63	0
奥地利、斯洛伐克	68.5	0
保加利亚、韩国、马来西亚、泰国、新加坡、印度、印度尼西亚	69	0
爱尔兰、比利时、波兰、捷克、葡萄牙、瑞士、希腊、意大利	75.5	0
丹麦、芬兰	76	0
澳大利亚、德国、荷兰、克罗地亚、匈牙利、以色列、英国	83.5	0
挪威、瑞典	84	0
爱沙尼亚、白俄罗斯、法国、加拿大、拉脱维亚、立陶宛、卢森堡、罗马尼亚、美国、土耳其、乌克兰、西班牙、新西兰	85.5	0
阿曼、阿塞拜疆、巴基斯坦、巴勒斯坦、波斯尼亚和黑塞哥维那、朝鲜、菲律宾、哈萨克斯坦、吉尔吉斯斯坦、卡塔尔、马耳他、蒙古、塞浦路斯、沙特阿拉伯、斯里兰卡、斯洛文尼亚、塔吉克斯坦、土库曼斯坦、乌兹别克斯坦、叙利亚、亚美尼亚、越南	86	0
俄罗斯	103	0
巴西	105.5	0
阿尔巴尼亚、阿尔及利亚、阿富汗、阿根廷、阿拉伯联合酋长国、阿森松岛（英）、埃及、埃塞俄比亚、安道尔、安哥拉、巴布亚新几内亚、巴林、巴拿马、贝宁、冰岛、博茨瓦纳、不丹、布基纳法索、布隆迪、赤道几内亚、东帝汶、东帝汶、东萨摩亚（美）、多哥、厄瓜多尔、厄立特里亚、法罗群岛（丹）、法属波里尼西亚、法属南部和南极领地、梵蒂冈、斐济、佛得角、冈比亚、刚果、刚果（金）、哥伦比亚、格鲁吉亚、古巴、关岛（美）、黑山、基里巴斯、吉布提、几内亚、几内亚比绍、加纳、加蓬、柬埔寨、津巴布韦、科摩罗、科特迪瓦、科威特、肯尼亚、莱索托、老挝、黎巴嫩、利比里亚、利比亚、列支敦士登、留尼汪岛、卢旺达、马达加斯加、马尔代夫、马拉维、马里、马里亚纳群岛、马其顿、马绍尔群岛、马约特岛、毛里求斯、毛里塔尼亚、孟加拉国、秘鲁、密克罗尼西亚（美）、缅甸、摩尔多瓦、摩洛哥、摩纳哥、莫桑比克、墨西哥、纳米比亚、南非、南乔治亚与南桑威奇群岛、瑙鲁、尼泊尔、尼日尔、尼日利亚、纽埃岛（新）、诺福克岛（澳）、帕劳（美）、皮特凯恩群岛、塞尔维亚、塞拉利昂、塞内加尔、塞舌尔、圣诞岛、圣多美和普林西比、圣赫勒拿、圣克里斯托弗和尼维斯、圣马力诺、斯威士兰、苏丹、苏里南、所罗门群岛、索马里、坦桑尼亚、汤加、突尼斯、图瓦卢、托克劳群岛（新）、瓦里斯和富士那群岛（法）、瓦努阿图、委内瑞拉、文莱、乌干达、西撒哈拉、西萨摩亚、新喀里多尼亚群岛（法）、也门、伊拉克、伊朗、英属印度洋领地、约旦、赞比亚、乍得、直布罗陀（英）、中非、科克群岛（新）、桑给巴尔	106	0
智利	120.5	0

续　表

国家列表	配送服务费（根据包裹重量按克计费）元（RMB）/kg	挂号服务费元（RMB）/包裹
阿鲁巴岛、安圭拉岛（英）、安提瓜和巴布达、巴巴多斯、巴哈马国、巴拉圭、百慕大群岛（英）、波多黎各（美）、伯利兹、布韦岛、多米尼加共和国、法属圭亚那、福克兰群岛、哥斯达黎加、格林纳达、格陵兰岛、瓜德罗普岛（法）、圭亚那、海地、荷属安的列斯群岛、赫德岛和麦克唐纳群岛、洪都拉斯、加那利群岛、开曼群岛（英）、科科斯群岛、马提尼克（法）、美国本土外小岛屿、蒙特塞拉特岛（英）、尼加拉瓜、萨尔瓦多、圣卢西亚、圣皮埃尔岛及密克隆岛、圣文森特岛（英）、斯瓦尔巴群岛（挪）、特克斯和凯科斯群岛（英）、特立尼达和多巴哥、危地马拉、维尔京群岛（美）、维尔京群岛（英）、乌拉圭、牙买加、南极、多米尼克国、圣马丁（荷）、圣巴泰勒米岛、库拉索、圣马丁岛	121	0

【即问即答】

小明的义乌天达贸易公司打算把一个包装后重1.2kg的包裹发往加拿大，请分别计算邮政挂号小包和平常小包的运费。

二、E邮宝运费计算方法

1. 运送范围：中邮E邮宝支持发往美国、俄罗斯、乌克兰、加拿大、英国、法国、澳大利亚、以色列、挪威和沙特阿拉伯等19个国家和地区。

2. 价格：根据中国邮政速递物流官网2017年5月2日发布的E邮宝资费和相关规定显示（如表3-7）：运费根据包裹重量按克计费，美国、俄罗斯、新西兰和日本起重50克，乌克兰为10克，其他路向起重1克，每个单件包裹限重在2kg以内。

表3-7　E邮宝资费标准

寄达国家			资费		起重	备注
			元/件	元/克		
美国		非eBay	10	0.076	50克，不足按50克计费	—
	eBay		10	0.074	—	—
	WISH		10	0.075	—	—
俄罗斯		非eBay	10	0.1	50克，不足按50克计费	—
	eBay		8	0.1	—	—
	促销		8	0.092	eBay+非eBay	—
英国	—	—	17	0.065	—	eBay+非eBay
西班牙	—	—	14	0.06	—	新近开通
以色列	—	—	17	0.06	—	促销

寄达国家				资费		起重	备注
				元/件	元/克		
新西兰	—	—	—	9	0.07	50克，不足按50克计费	促销
日本	—	—	—	12	0.04	50克，不足按50克计费	—
乌克兰	—	—	—	8	0.075	10克，不足按10克计费	促销
中国香港	—	—	—	17	0.03（广东0.02）		促销价执行中
加拿大	挪威	—	—	19	0.065		—
澳大利亚	法国	—	—	19	0.06		—
韩国	—	—	—	22	0.04		促销价执行中
马来西亚	新加坡	—	—	22	0.045		促销价执行中
土耳其	奥地利	比利时	瑞士	22	0.06		希腊为标准资费，其他路向促销价执行中
丹麦	匈牙利	意大利	卢森堡				
荷兰	波兰	瑞典	希腊				
芬兰	爱尔兰	葡萄牙	—	22	0.065		促销价执行中
墨西哥	—	—	—	22	0.09		促销价执行中
沙特阿拉伯	—	—	—	26	0.05		

【即问即答】

小明的天达贸易公司打算把重量为1.1kg的商品通过E邮宝的方式寄送到英国，请计算运费，如果寄送国家是美国呢？

三、国际商业快递运费计算方法

当前主要的国际商业快递有Fedex、UPS、DHL、TNT4种，具体的物流成本计算方法如下：

1.计费重量单位：

一般以每0.5kg（0.5公斤）为一个计费重量单位。

2.首重与续重：

以第一个0.5kg为首重（或起重），每增加0.5kg为一个续重。通常起重的费用相对续重费用较高。

3.实重与材积：

实重，是指需要运输的一批物品包括包装在内的实际总重量。

体积重量或材积，是指当需要寄递的物品体积较大而实重较轻时，因运输工具（飞机、火车、船、汽车等）承载能力及能装载物品的体积所限，需要采取量取物品体积折算成重量作为计算运费的重量的方法。

轻抛物，是指体积重量大于实际重量的物品。

4. 计费重量：

按实重与材积两者的定义，与国际航空货运协会的规定，货物运输过程中计收运费的重量是按整批货物的实际重量和体积重量两者之中，较高的一方计算的。

5. 包装费：

一般情况下，快递公司是免费包装的，提供纸箱、气泡等包装材料。如衣物，不用特别细的包装就可以。而一些贵重、易碎物品，快递公司需要收取一定的包装费用。而包装费用一般不计入折扣。

6. 通用运费计算公式：

（1）当需寄递物品实重大于材积时，运费计算方法为：

首重运费＋［重量（公斤）×2-1］×续重运费

例如：5kg货品按首重150元、续重30元计算，则运费总额为：150＋（5×2-1）×30=420元

（2）当需寄递物品实际重量小而体积较大，运费需按材积标准收取，然后再按上列公式计算运费总额。

注：Fedex、UPS、DHL、TNT体积重量（kg）＝长（cm）×宽（cm）×高（cm）/5000

（3）国际快件有时还会加上燃油附加费

例如，燃油附加费为9%时，还需要在公式（A）的结果加上：运费×9%

7. 总费用：

从上面的得出：总费用＝（运费＋燃油附加费）×折扣＋包装费用＋其他费用

【即问即答】

小明的义乌天达贸易公司要寄21公斤普通货包裹从上海到德国，总运费多少？

四、物流模板设置

（一）认识物流模板

在速卖通平台，卖家在发布产品之前需要事先设置好产品运费模板，如果尚未进行自定义模板，那么只能选择新手运费模板才能发布。

下面将介绍新手运费模板，在此基础上，学习如何自定义模板。首先，登录速卖通店铺后台，单击"管理产品"下的"运费模板"，如图3-2所示。

图 3-2

接着，了解一下新手运费模板，即后台显示的"Shipping Cost Template for New Sellers"。单击模板名称，可以看到"运费组合"和"运达时间组合"，如图 3-3 所示。

图 3-3

（二）新建运费模板

对大部分速卖通卖家而言，新手模板并不能满足其需求，因此需要进行运费模板的自定义设置。设置入口有两个：一是直接单击"新增运费模板"按钮；二是单击"编辑"按钮编辑新手运费模板，如图 3-4 所示。

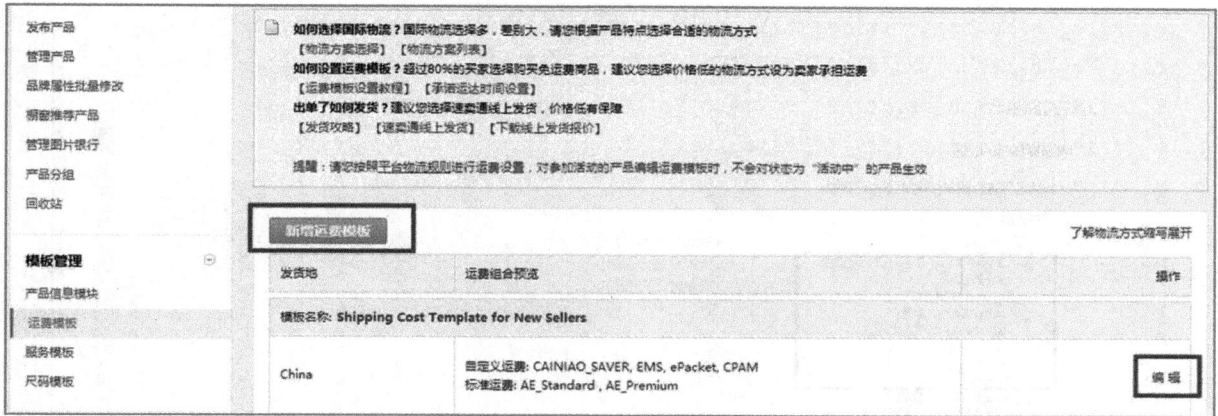

图 3-4

虽然两种方式点击后显示的界面不一样，但包含的内容是一致的：一是选择发货地区；二是选择物流方式；三是设置折扣；四是自主选择寄达国家；五是自主设置承诺的送达时间，如图 3-5 和 3-6 所示。

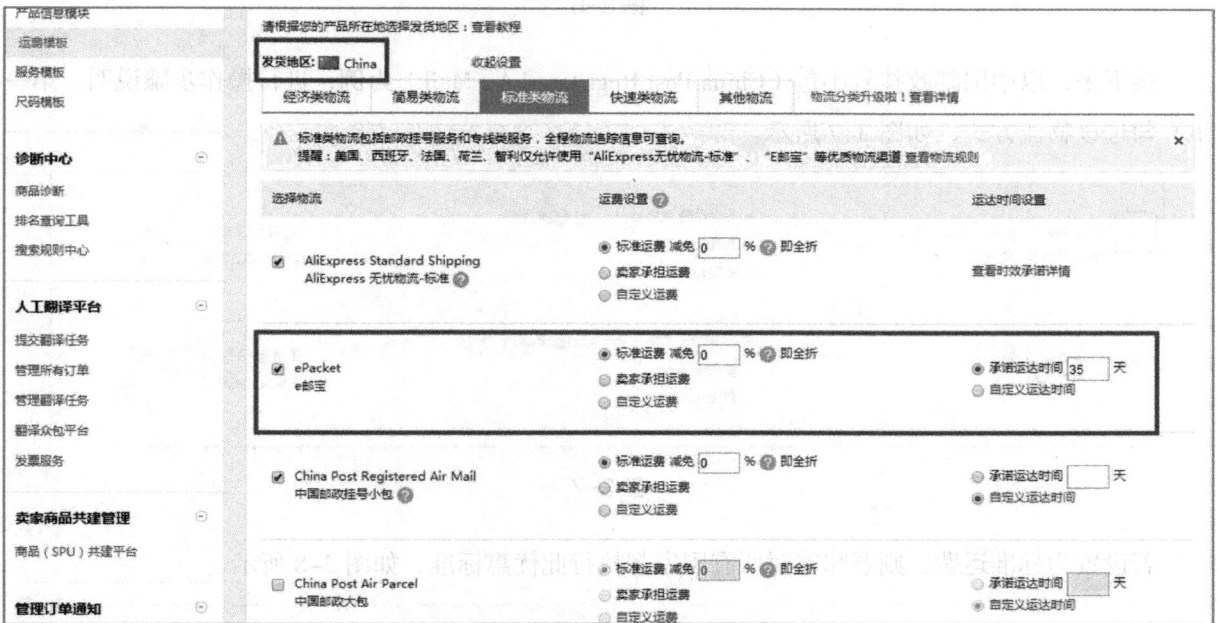

图 3-5

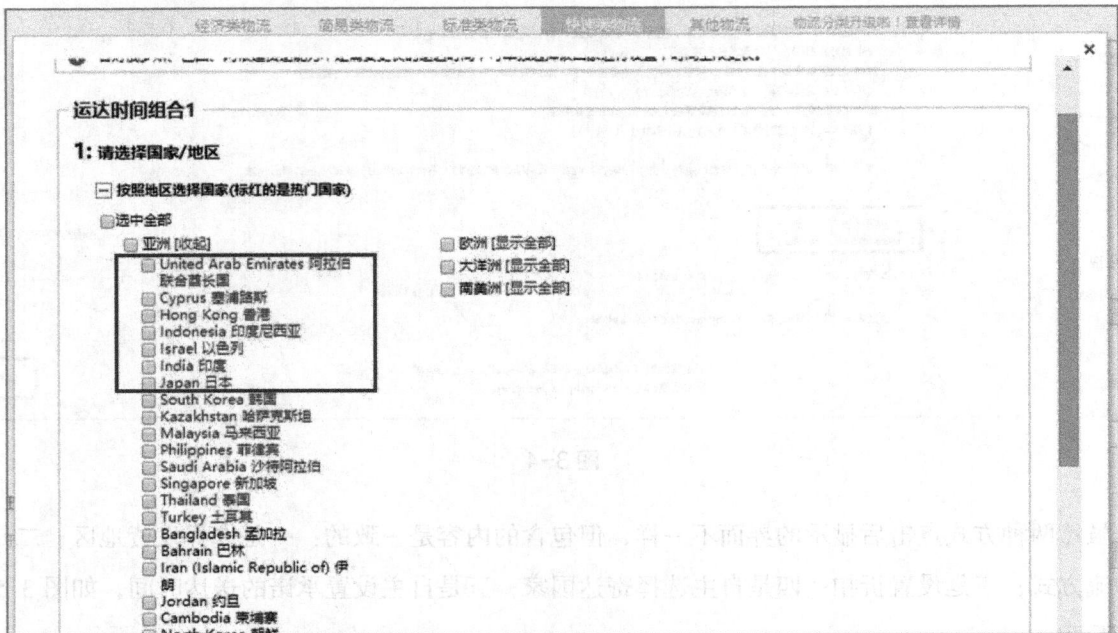

图 3-6

接下来，以中国邮政挂号小包（China Post Registered Air Mail）为例，进行操作步骤说明。第一步，勾选该物流方式，如图 3-7 所示。

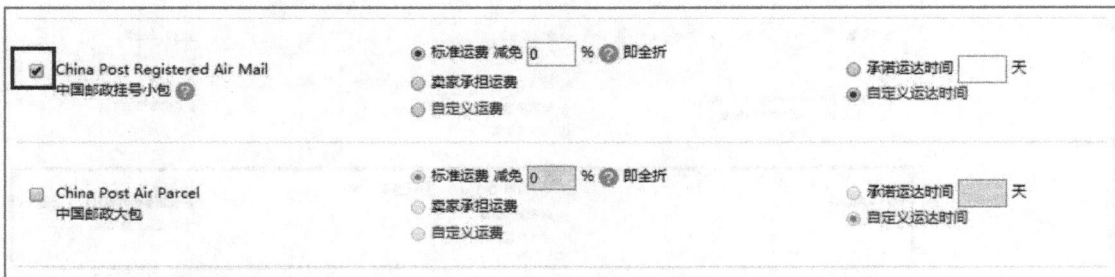

图 3-7

若设置为标准运费，则意味着对所有国家都执行此优惠标准，如图 3-8 所示。

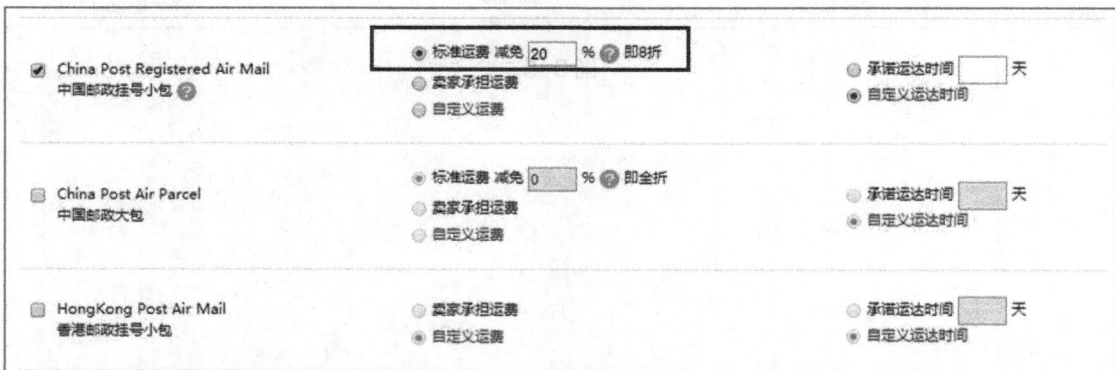

图 3-8

如果卖家希望产品对所有的国家都包邮，则勾选"卖家承担运费"选项即可，如图 3-9 所示。

图 3-9

如果卖家希望对所有的买家都承诺一样的送达时间，只要在"承诺运达时间"里填写天数即可，如图 3-10 所示。

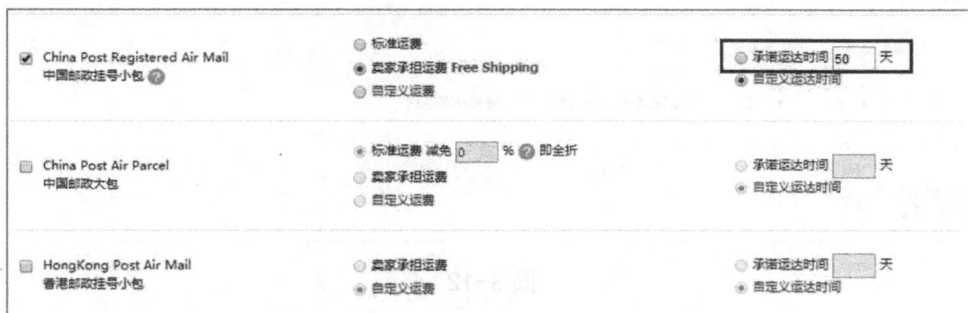

图 3-10

但在多数情况下，卖家并不统一设置运达时间，根据国家不同，需要进行更为细致的设置，此时可以通过自定义运费和自定义时间选项来实现。

卖家只需选择"自定义运费"即可对运费进行个性化设置。在该过程中，第一步是设置国家/地区。有两种方法可以进行选择：一是按照地区选择国家；二是按照区域选择国家，均可达到相同的效果，如图 3-11 所示。

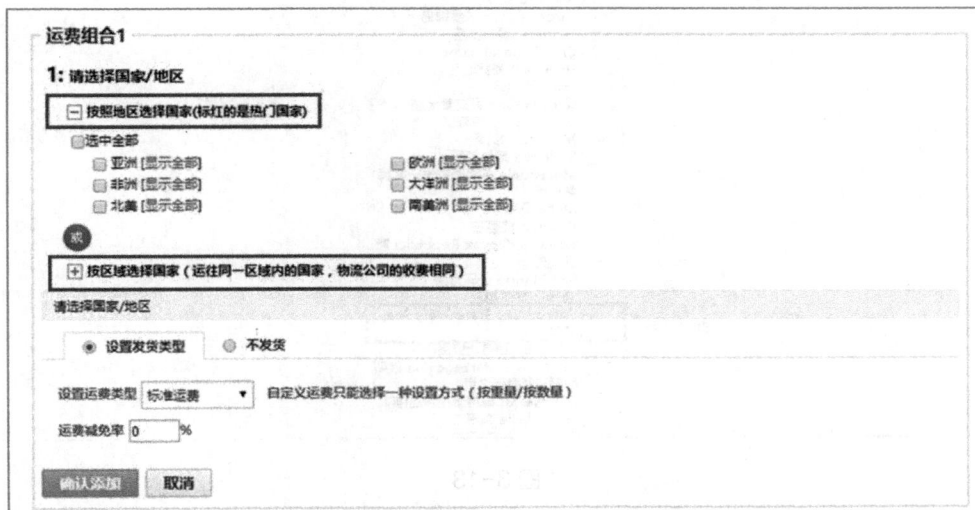

图 3-11

为了便于说明，下面以"梵蒂冈"和"厄瓜多尔"两个国家采取不发货为例进行说明。实际操作中，卖家可以根据自己的实际情况进行设置。首先，进入自定义运费设置界面，具体操作如下：

1.选择国家，有2种方法可以实现。方法一：按照地区选择国家，展开欧洲的国家名，如图3-12所示。

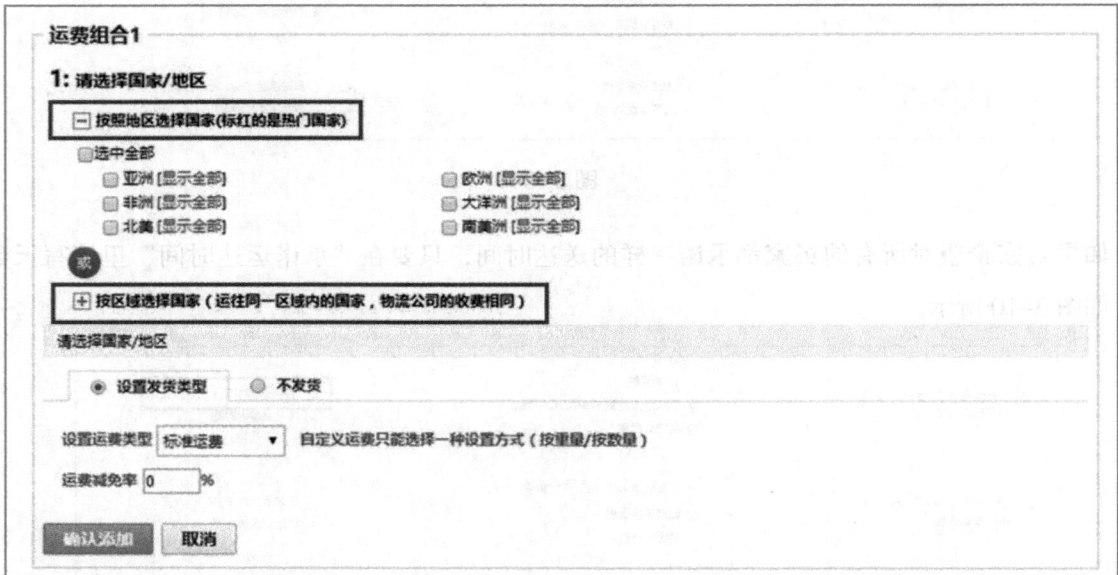

图 3-12

找到"梵蒂冈"，勾选，如图3-13所示。

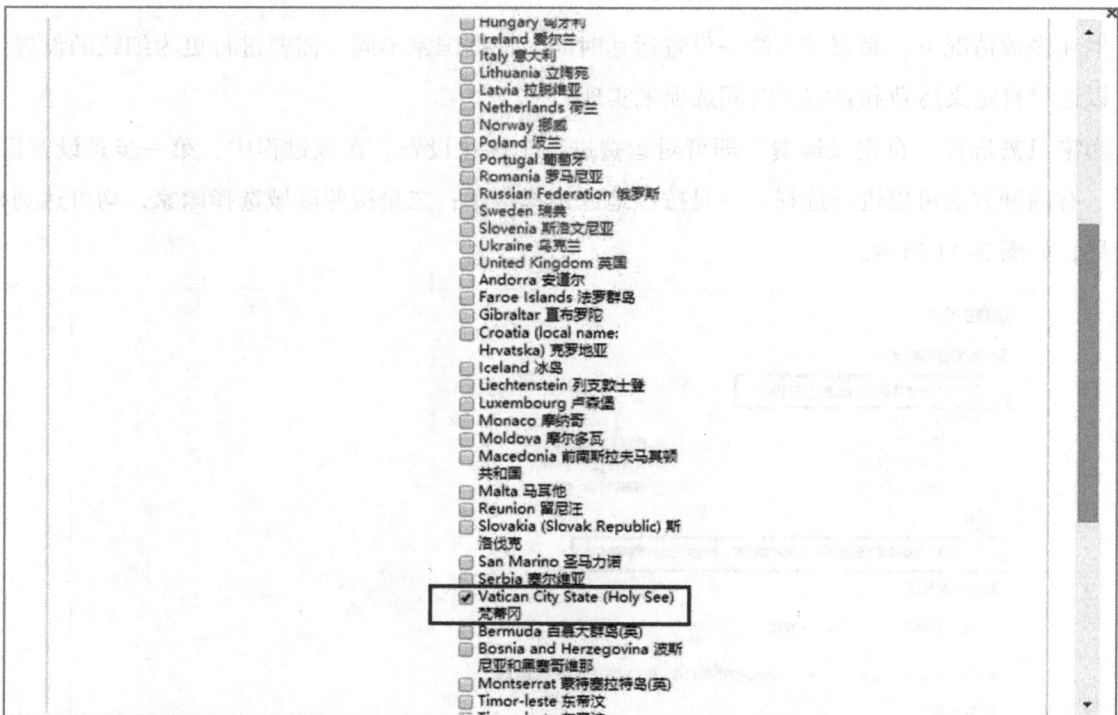

图 3-13

展开南美洲选项，勾选"厄瓜多尔"，如图 3-14 所示。

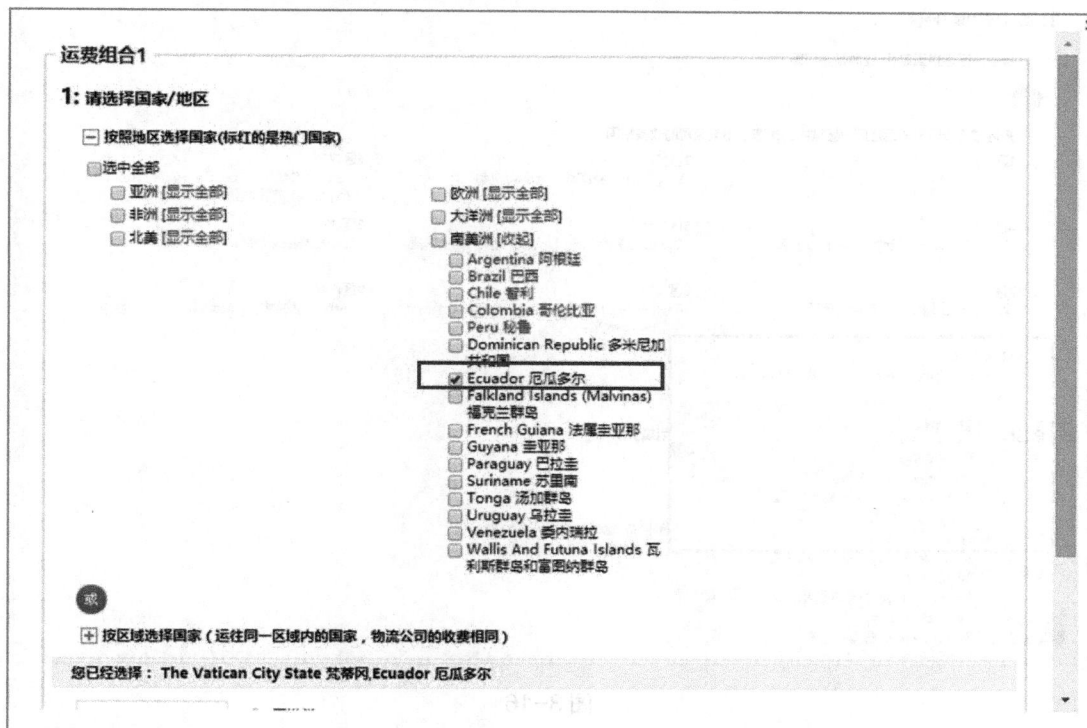

图 3-14

方法二：按照区域选择国家，仍以梵蒂冈和厄瓜多尔为例进行操作。在第 9 区可以找到"梵蒂冈"，在第 10 区可以找到"厄瓜多尔"，如图 3-15 和图 3-16 所示。

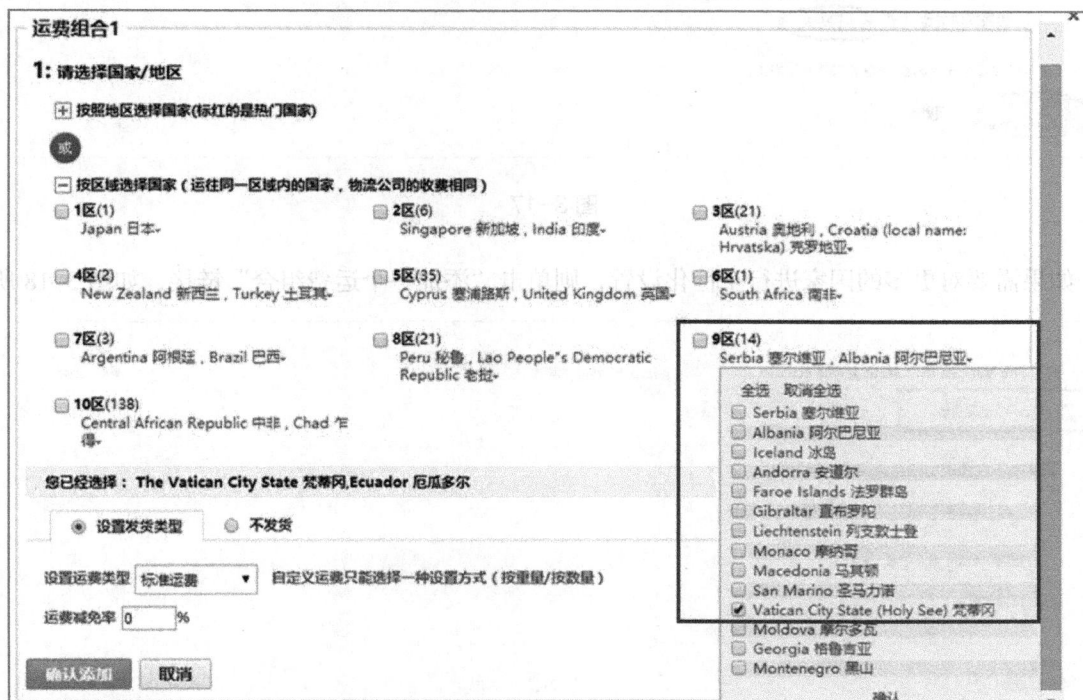

图 3-15

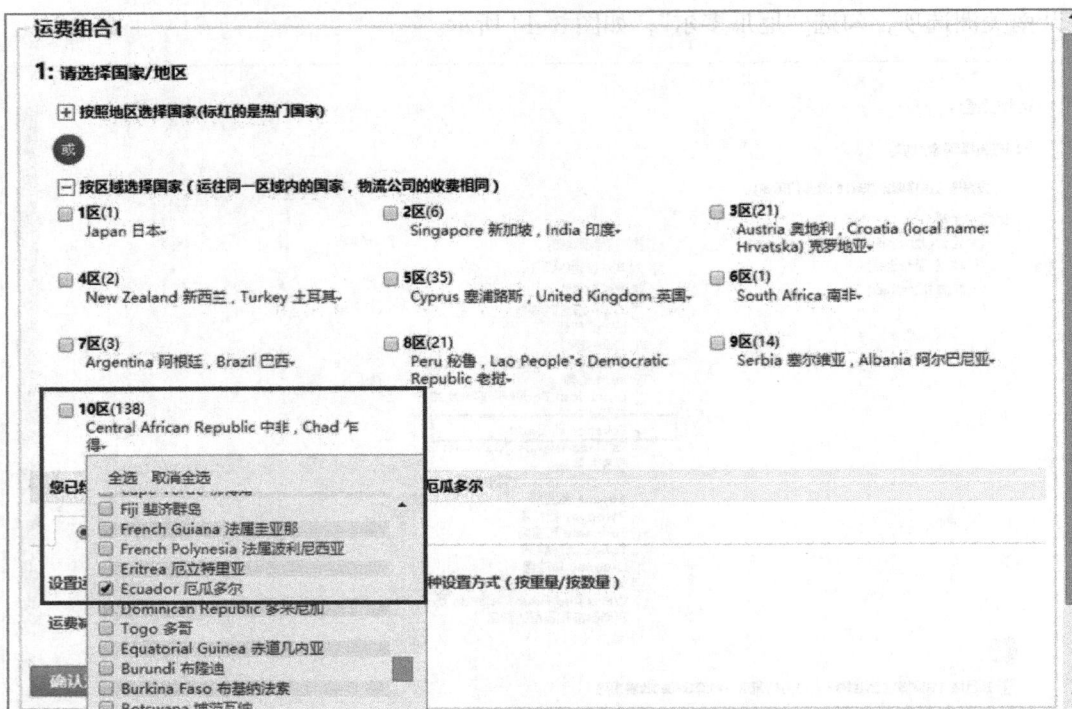

图 3-16

2. 对已经选择的国家进行"不发货"操作。

3. 单击"确认添加"按钮，如图 3-17 所示。

图 3-17

4. 如果需要对更多的国家进行个性化设置，则单击"添加一个运费组合"链接，如图 3-18 所示。

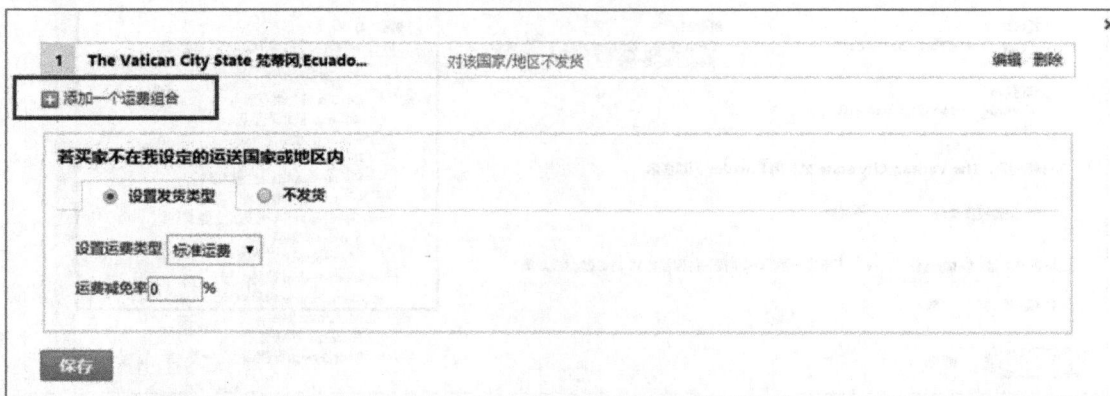

图 3-18

然后选择相关的国家，再进行发货类型设置。发货类型除了对选择的国家采取"不发货"操作外，还可以对标准运费设置一定程度的折扣减免，如图 3-19 所示。

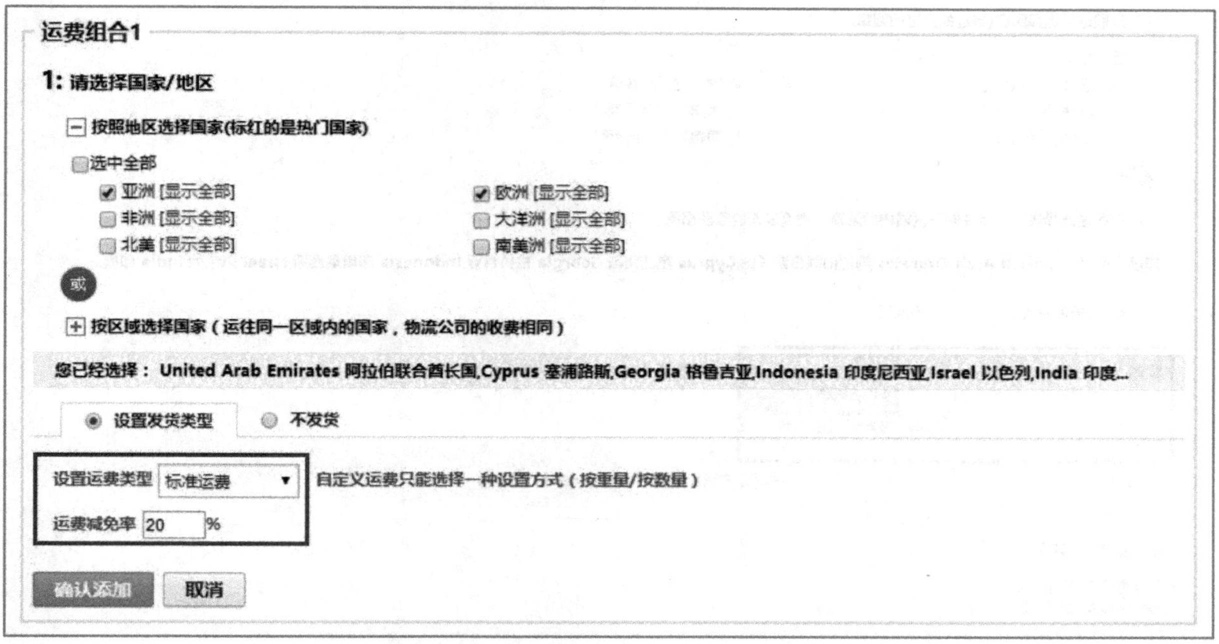

图 3-19

当然，在运费设置上，也可以选择"卖家承担运费"，如图 3-20 所示。

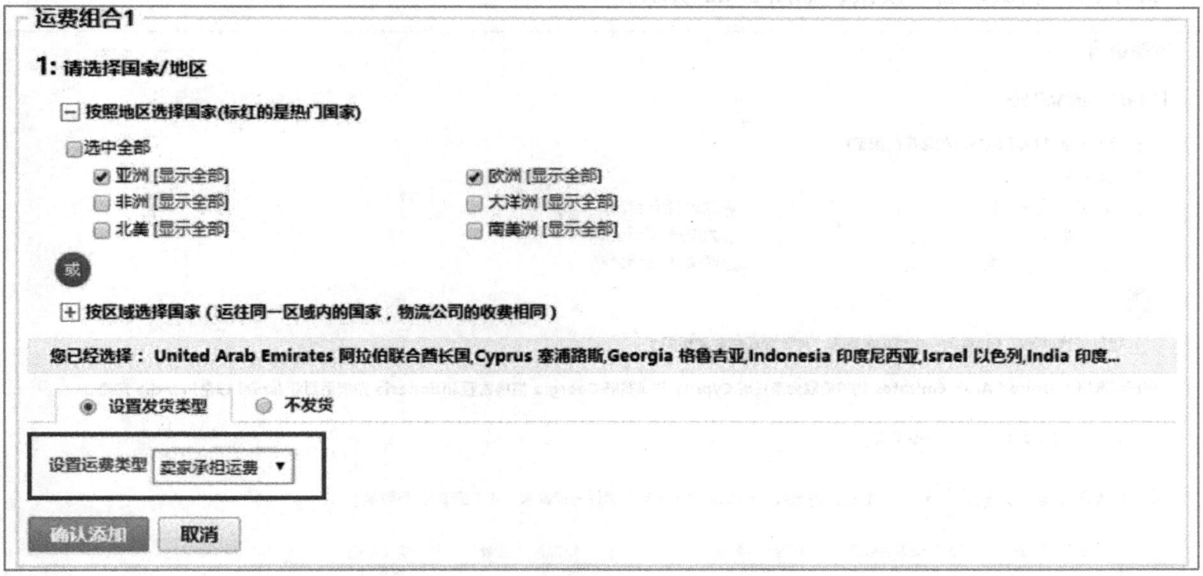

图 3-20

此外，还可以对重量或是数量进行自定义运费设置，如图 3-21 所示。

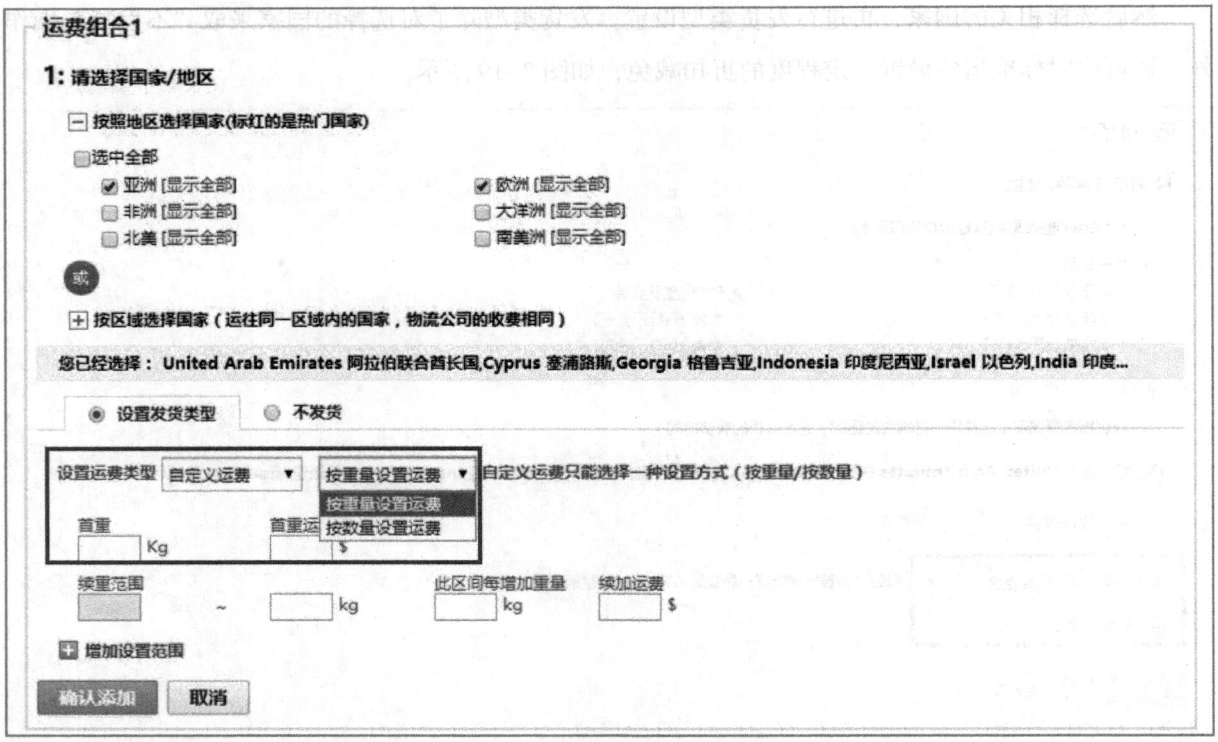

图 3-21

5. 单击"确认添加"按钮，如图 3-22 所示。

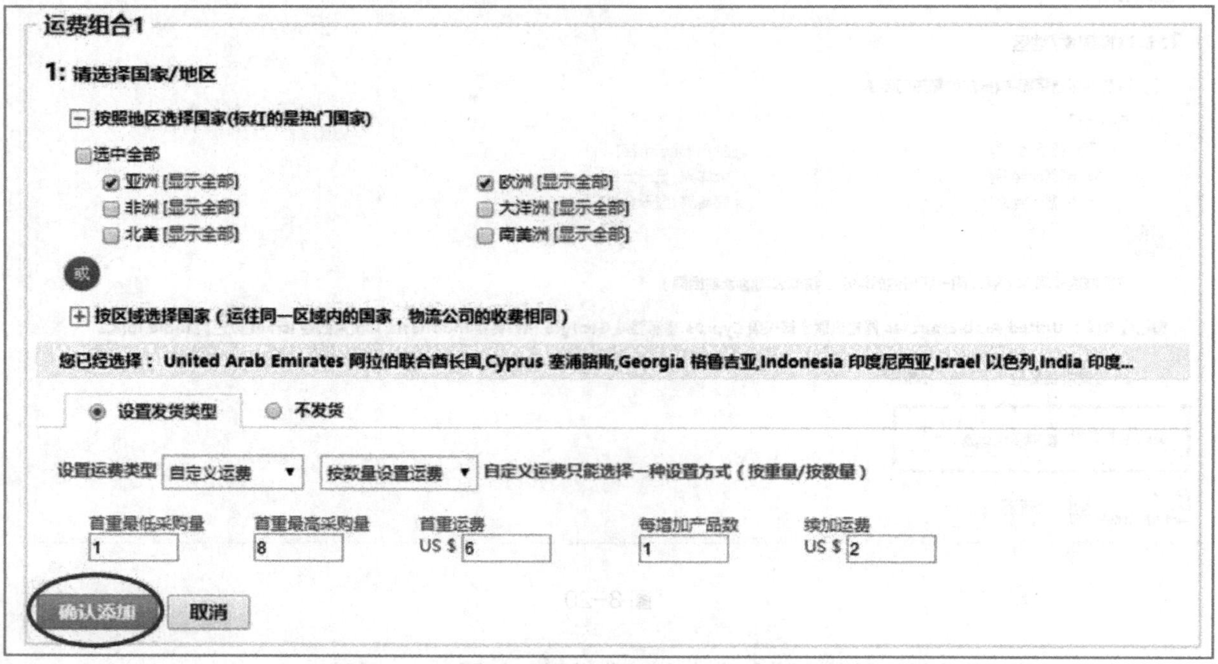

图 3-22

6. 单击"保存"按钮，如图 3-23 所示。

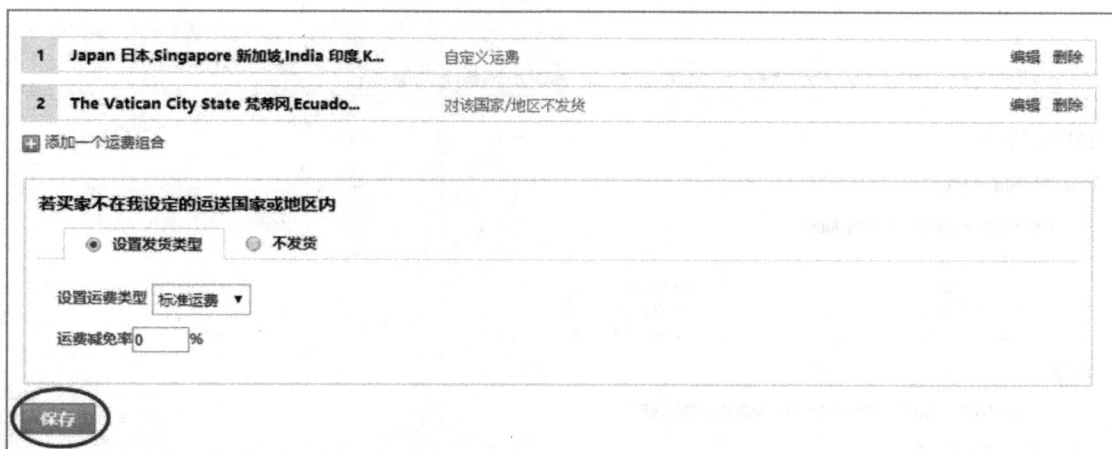

图 3-23

根据以上步骤操作，可以完成自定义运费的设置。下面介绍自定义运达时间的设置，仍然以中邮小包的设置为例进行操作。

1. 选择所需的物流方式后，再选择"自定义运达时间"，如图 3-24 所示。

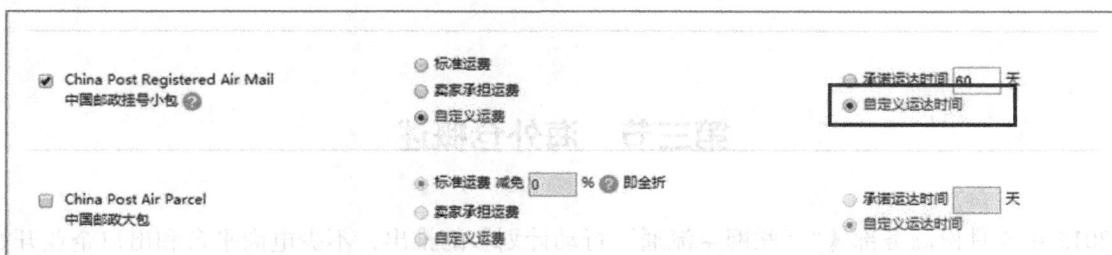

图 3-24

2. 对不同国家设置不同的承诺运达时间。卖家选择"自定义运达时间"后，可以看到速卖通平台预设的承诺时间，如图 3-25 所示。

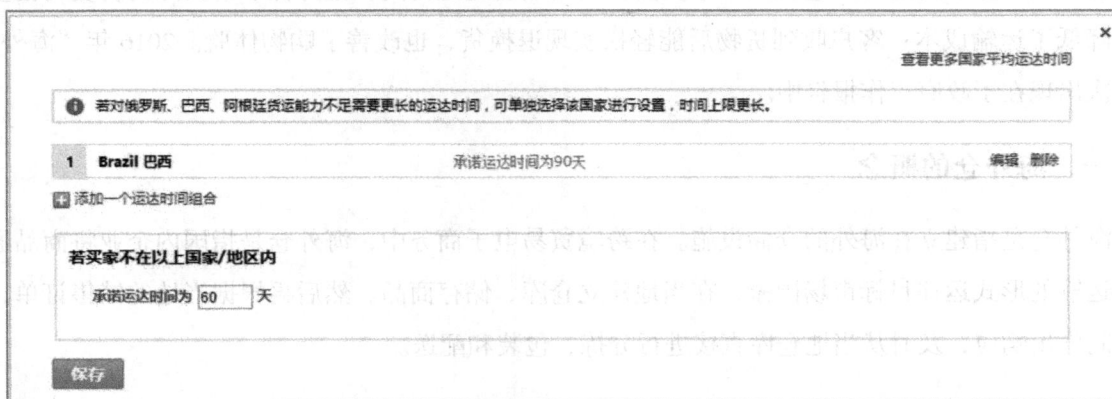

图 3-25

但实际上，承诺运达时间并非包裹发出到达卖家的签收时间，所以为了更准确、更好地服务于卖家，卖家可对时间进行修改，可在图 3-26 中进行相应的操作。

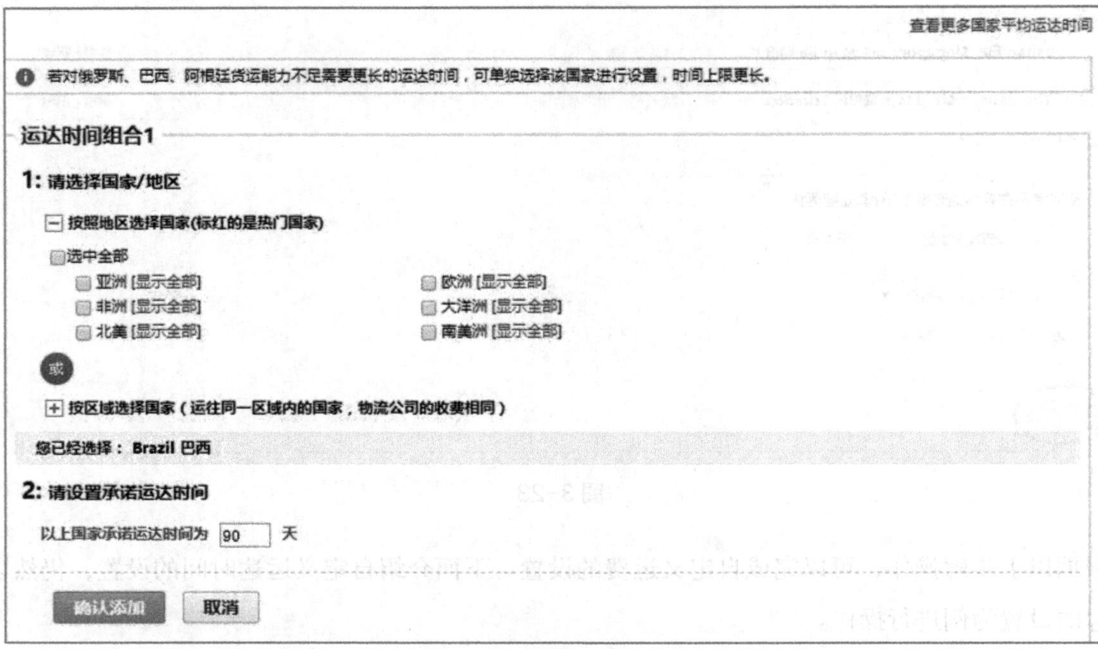

图 3-26

第三节　海外仓概述

2015 年 5 月份商务部《"互联网 + 流通"行动计划》的推出，不少电商平台和出口企业开始通过建设"海外仓"布局境外物流体系。海外仓的建设可以让出口企业将货物批量发送至国外仓库，实现该国本地销售，本地配送。

这种新的跨国物流形式有利于解决发展跨境电子商务的种种痛点，鼓励电商企业走出去。客户下单后，出口企业通过海外仓直接本地发货，大大缩短配送时间，也降低了清关障碍；货物批量运输，降低了运输成本；客户收到货物后能轻松实现退换货，也改善了购物体验。2016 年"海外仓"第一次出现在了政府工作报告中。

一、海外仓的概念

海外仓是指建立在海外的仓储设施。在跨境贸易电子商务中，海外仓是指国内企业将商品通过大宗运输的形式运往目标市场国家，在当地建立仓库、储存商品，然后再根据当地的销售订单，第一时间作出响应，及时从当地仓库直接进行分拣、包装和配送。

二、海外仓兴起原因

1. 跨境贸易电子商务的迅速发展对物流业的要求日益提高

退换货在国内网购中较为普遍，国外买家的心态与国内买家是一样的，也希望购买的东西快点送到手中，不满意还能轻松退换货，那怎么解决这个问题呢？答案是走出国门，提供与国外电商一样的本土化服务，充分利用中国制造的优势参与国际竞争，这将是跨境贸易电子商务实现可持续发展的关键。

实际上，海外仓将会成为电商时代物流业发展的必然趋势。

第一，海外仓的头程将零散的国际小包转化成大宗运输，会大大降低物流成本。

第二，海外仓能将传统的国际派送转化为当地派送，确保商品更快速、更安全、更准确地到达消费者手中，完善消费者跨境贸易购物体验。

第三，海外仓的退货处理流程高效便捷，适应当地买家的购物习惯，让买家在购物时更加放心，能够解决传统的国际间退换货问题。

第四，海外仓与传统仓储物流相结合可以规避外贸风险，避免因节假日等特殊原因造成的物流短板，从而提高我国电商的海外竞争力，真正帮助电商提供本土服务，适应当地买家的消费习惯。

2.跨境电商根据企业自身需求转型建仓

其一，跨境电商与国内电商最大的区别就是把货物卖到国外，不稳定的物流体系是一大挑战。无论是企业还是个体电商，要想把生意做大，不仅要维护好自己的电子商务平台，还需要一个能降低成本、加快配送时效、规避风险的海外仓储。在前期，卖家只要把货物大批量运到海外仓库，就有专门的海外仓工作人员代替商家处理后续各项琐事，在线处理发货订单，一旦有人下单就立即完成抓货、打包、贴单、发货等一系列物流程序，这可以给商家腾出时间和精力进行新产品开发，从而获取更大的利润。

其二，在海外市场，当地发货更容易取得买家的信任，大多数传统买家更相信快捷的本土服务，在价格相差不大的情况下，他们更愿意选择设置海外仓的商品，境内配送速度更快、安全性更高。特别是在黑色星期五、圣诞节等购物旺季，订单暴增，跨境配送的效率受到影响，丢包的风险加大，加上各国海关的抽查政策更加严格，例如在途经意大利、西班牙海关时，包裹很容易被扣关检查，这将延迟配送的时间。而速度是与买家的满意度直接挂钩的，买家满意度的降低会威胁卖家账号的安全。因此，越来越多的国内卖家意识到应该选择海外仓。海外仓不仅可以将跨境电商贸易中的物流风险"前置"，还会提高客户满意度，增加成交量，待卖家的信誉和评价提高了，营业额也必然增长。

其三，除了本地发货的可信度和时效性，海外仓储及其配套系统，也能给卖家带来更好的跨境贸易购物体验，节省更多的时间，减少出错率。

3.海外仓的数据化物流体系带动跨境电商产业链的升级

根据美国的经验，其海外仓已采取数据化、可视化的运营方式。我国可效仿这一模式。从长远来看，数据化物流日趋完善将进一步带动跨境电商产业链的升级。通过数据管理物流，分析流程中的时间点数据，有利于卖家在配送过程、成品发货流程等方面找出问题，在供应链管理、库存水平管控、动销管理等方面提高效率。

三、海外仓操作流程

卖家根据对市场的预测进行备货，然后将这些货物交给出口商。出口商通过海运、空运或者快递的方式将卖家的货物运送到出口商在英国、美国、德国或者澳大利亚等国的仓库。当海外买家在卖家的网站、第三方平台网站或者其他渠道购物后，卖家可以在出口商物流管理系统下单，填写需要配送的商品、买家的联系信息和选择本地配送方式。出口商根据卖家的订单要求对卖家存储在出口商海外仓库的商品进行海外本地配送，送达海外买家手中。

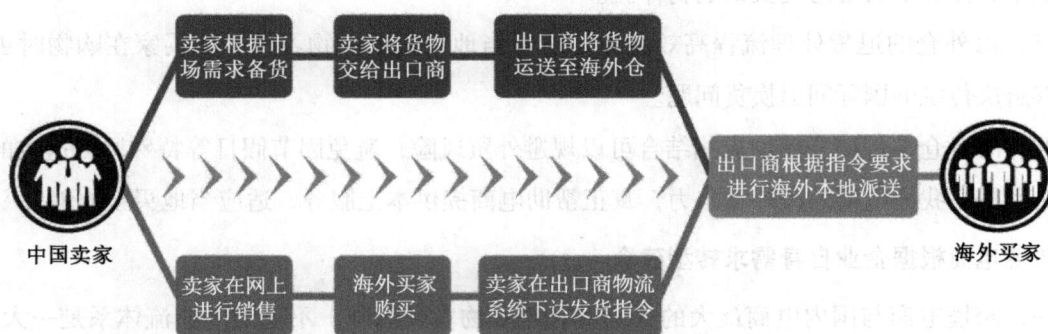

图 3-27　外仓操作流程

【技能提示】

在速卖通平台，如果选择的是海外仓物流，那么产品发货地必须和运费模板设置的完全一样，需要根据海外仓所在地新增或编辑运费模板。

四、海外仓的优缺点

能得到跨境电商巨头们的青睐，海外仓必定有其自身特有的优势，那么它的优势具体体现在哪些方面呢？

（一）海外仓优点

1. 降低物流成本

从海外仓发货，特别是在当地发货，物流成本远远低于从中国境内发货，例如在中国发 DHL 到美国，一公斤货物要 124RMB，在美国发货只需 $5.05 。

2. 加快物流时效

从海外仓发货，可以节省报关清关所用的时间，并且按照卖家平时的发货方式（DHL5—7 天，Fedex7—10 天，UPS10 天以上），若是在当地发货，客户就可以在 1—3 天收到货，大大缩短了运输时间，加快了物流的时效性。

3.提高产品曝光率

如果平台或者店铺，在海外有自己的仓库，那么当地的客户在选择购物时，一般会优先选择当地发货，因为这样对买家而言可以大大缩短收货的时间，海外仓的优势，也能够让卖家拥有自己特有的优势，从而提高产品的曝光率，提升店铺的销量。

4.提升客户满意度

因为并不是所有收到的产品，都能让客户满意，这中间可能会出现货物破损、短装、发错货物等情况，这时客户可能会要求退货、换货、重发等。这些情况在海外仓内便可调整，大大节省了物流的时效性，在一定层面上不仅能够重新得到买家的青睐，也能为卖家节省运输成本，减少损失。

5.有利于开拓市场

因为海外仓更能得到国外买家的认可，另外，如果卖家注意口碑营销，自己的商品在当地不仅能够获得买家的认可，也有利于卖家积累更多的资源去拓展市场，扩大产品销售领域与销售范围。

【技能提示】

海外仓商品中的VAT

VAT全称为Value Added Tax，是欧盟的一种税制——售后增值税，指货物售价的利润税。它适用于欧盟国家境内产生的进口、商业交易以及服务行为。VAT销售增值税和进口税是两个独立缴纳的税项，商品进口到欧盟国家的海外仓产生商品的进口税，而商品在其境内销售时会产生销售增值税VAT。

如果卖家使用欧盟国家本地仓储进行发货，就属于VAT增值税应缴范畴，即便卖家所选的海外仓储服务是由第三方物流公司提供的，也从未在当地开设办公室或聘用当地员工，也需缴纳VAT。

（二）海外仓缺点

当然海外仓也是把双刃剑，有优点，也有自己的不足。

1.必须支付的海外仓储费。

海外仓的仓储成本费用，不同的国家费用也不同，卖家在选择海外仓的时候一定要计算好成本的费用，与自己目前发货方式所需要的成本两者对比，进行选择。

2.海外仓储要求卖家要有一定的库存量。

因为海外仓储要求卖家要有一定的库存量，所以对一些买家特别定制的这类产品，就不适合选择海外仓储销售。

本章小结

电商与物流相伴共生，跨境电商离不开跨境物流。伴随电子商务的飞速发展，跨境电商呈现出许多不同于传统电商的新特征。在这些新特征的影响下，中外跨境电商蓬勃发展离不开跨境物流的支撑。通过对本章相关知识的学习，学生应掌握跨境电商主要物流方式的基本知识，能根据产品特点、运往国家和对物流的要求，选择合适的物流方式，计算相应的运费并按照要求设置运费模板。同时，学生还应了解跨境物流的前沿知识，对海外仓应该有所掌握。

自我测试

单项选择

1. 以下不属于中邮小包优点的选项是？（　　　）

A. 速度相比商业快递更快

B. 可以送达全球各个邮政网点

C. 运费经济

D. 走邮政包裹通道，可以最大限度避免关税

2. 以下物流方式属于邮政物流的是？（　　　）

A. ePacket

B. TOLL

C. UPS

D. SF

3. 在西欧国家，下列哪种物流快递的清关能力目前公认很强？（　　　）

A. DHL

B. UPS

C. EMS

D. TNT

4. Wish 平台中，正确的国际物流 TNT 的体积重量（kg）计算公式是？（　　　）

A.（长 × 宽 × 高）（cm）÷ 5000

B.（长 × 宽 × 高）（cm）÷ 8000

C.（长 × 宽 × 高）（cm）× 8

D.（长 × 宽 × 高）（cm）× 5

5. 根据引号中的包裹描述选择合适的物流发货，"发往印度尼西亚，重量 2.5kg，体积 50cm × 50cm × 50cm"。（　　　）

A. E 邮宝

B. 荷兰小包

C. UPS

D. 中邮小包

6. 一般情况下，哪种价值的产品最适合选择国际专线和商业快递来发货？（　　　）

A. 高价值

B. 普通价值

C. 廉价货

D. 以上都不是

7. 海外仓的优点是？（　　　）

A. 降低物流成本

B. 加快物流时效

C. 提高产品曝光率

D. 以上都是

简答题

1. 跨境电商物流的含义？

2. 跨境物流的主要方式有哪些，应如何选择恰当的跨境物流方式？

3. 四大国际商业快递的优缺点各在哪里？试分析比较。

4. 海外仓的优缺点以及操作流程。

【实训参考方案】

跨境物流选择、设置及费用计算

· **实训目标**

在了解跨境物流基本概念的基础上，熟悉当前跨境物流的主要方式，掌握海外仓物流的最新内容，掌握邮政小包、E 邮宝、国际商业快递等跨境物流运费的计算以及物流模板的设置。

· **实训方式**

熟悉邮政小包、E 邮宝、国际商业快递等跨境物流运费的计算以及速卖通物流模板的设置。

· **实训步骤**

1. 选定某一商品，分别用邮政小包、E 邮宝、国际商业快递等跨境物流方式计算运费，并选择最合适的发货物流；

2. 登录速卖通网站，在后台进行物流模板的设置；

3. 根据以上实训内容，撰写一份实训报告。

· **实训评价**

主要从以下几个方面评价学习者的实训成果：

1. 对跨境物流的基本概念的理解程度；

2. 对当前跨境物流主要方式的掌握程度，能够熟练计算不同物流方式下的运费；

3. 能够在速卖通上熟练设置物流模板；

4. 对海外仓物流方式的最新知识能够掌握及应用。

第四章

跨境电商选品与产品开发

【学习目标】

了解跨境电商产品的基本特征和选品原则；了解跨境电商平台的选品禁忌及处罚方式，掌握跨境电商选品的基本方法。

【知识要点】

1. 跨境电商产品的基本特征和选品原则；

2. 跨境电商平台的选品禁忌及处罚方式；

3. 跨境电商选品的基本方法。

【核心概念】

1. 跨境电商产品的基本特征

2. 跨境电商选品遵循的原则

3. 平台选品和数据选品

【情境导入】

对新手卖家和中小卖家来说，选品是一个至关重要的环节。产品有没有销量、能不能成为爆款，就看选品是否对路。可以这么说，七分在选品，三分靠运营，可即便如此，很多卖家知道了选品的重要性，却也不知如何来选品。当前跨境出口电商行业选品的渠道有很多，但卖家往往也难以避免会走入选品的误区。小皮就是这些卖家当中的一员，在选品过程中，小皮发现选品不是一件简单的事情，除了要了解跨境电商产品的基本特征和一些须遵循的原则外，还要学会如何进行平台选品和直接用数据进行选品，只有这样才能更好地去定位自己的产品或者自己的选品。于是，小皮开始了自己的跨境电商选品之路。

【引导案例】

月入2万美元90后动漫迷速卖通创业史

郑丽君是一个刚刚大学毕业的90后，也是一个超级动漫迷。在动漫这个爱好上她是下了不少功夫，如果能够从兴趣中掘金，岂不快哉。所以，在创业第一站，她就选择了动漫，还是通过跨境电商平台实现自己人生的第一桶金。如今，她的月收入已经有2万美元，相对于自己当白领的同学，其月收入足足高出了4倍之多。

"门槛很低。"郑丽君在总结时表示，选择做跨境电商、出口贸易生意，并不是因为自己的英文很好，而是希望能逃出国内一片红海："现在国内做动漫电商的太多了，做起来很累。"

她首站选择的平台是速卖通平台。作为典型的跨境B2C电商平台，速卖通在零售终端客户市场上拥有十分优质的资源。而郑丽君目前最为活跃的客户也正是需求旺盛的终端客户。"对于这类客户，要诀很简单，就在发货速度。"例如，她曾接受了一个客户1200美元玩偶装饰订单，"当时这个客户是要举办某个主题活动，需要大量的玩偶来当作装饰以及赠送的礼品，在很短的时间内我便备齐了产品发过去，及时收到货物的客户满心欢喜，后来成为一名老主顾。"郑丽君说。

在电商行业中，选品是一个十分重要的技能。不过对郑丽君来说，这个门槛并没有想象中的那般高。"如果不是真正的玩家，就无法理解买家的需求。首先我很了解动漫，所以对货品的质量和内容都信手拈来。"她说，在学校念书的时候自己还是一个"宅女"，平时追动漫算是最大的爱好。《灌篮高手》《樱桃小丸子》《火影忍者》《海贼王》等动漫都是她最喜欢的。

当然，仅仅是兴趣支撑的选品经验还不够，她平时更加倚重平台上大数据指导。速卖通平台的数据纵横等工具，就可以进行有效的分析，提升流量、打造店铺的爆款。从而方便地对平台产品的销售状况和走势进行分析。

郑丽君坦言，在创业的第一年，自己也不是一帆风顺的，但收获还是比较大的，如今她的店铺已经步入正轨并保持着高速增长，对比年初，营业额提升10倍。"如果有更多资金，我们会复制当前店铺的模式，走规模经营的路线。因为我们已经意识到做哪种产品能够真正赚钱。"她表示："未来做到一定程度，也会尝试一些新的产品线。跨境电商时代为我们营造了一个可以自由发挥的舞台，让我们学习成长，同时得到创业和生活的乐趣。"

请思考：

1. 哪些产品适合在跨境电商平台销售？为什么？请举例说明。

2. 运用速卖通数据纵横进行选品的方法有哪些？

3. 如何打造跨境电商平台的爆款产品？

第一节　跨境电商产品的基本特征和选品原则

一、跨境电商产品的基本特征

跨境电商成为互联网时代下的新生宠儿，受到了很多企业的狂热追捧，面对如此机遇，如何把握住商机。选择符合国外客户需求的产品非常重要，这些企业对于跨境电商这块市场呈现出跃跃欲试的姿态。然而在做跨境电商之前需要企业做许多准备，特别是对市场的调研，对跨境电商产品进行筛选。跨境电商产品都有什么特点？归纳总结后，跨境电商产品具备以下基本特征。

（一）产品符合目标市场国家的需求，市场潜力巨大，利润率相对较高。

从目标市场或国家客户的需求出发，选择迎合他们需要的产品。跨境电商不比国内的淘宝和其他电商，基本上国内的文化没有本质性的差异，消费者的消费习惯也容易研究，只要增加曝光量，有流量，就会有订单产生，当然，这不是说在国内做电商不需要研究消费者的消费习惯、产品特性和目标客户人群，而是说，相对于国外，在国内这些会相对容易研究得多，毕竟在国内更容易能接触到，而在国外市场，很多刚开始做跨境电商的公司不一定就了解他们，甚至他们的很多消费习惯会让人无法了解，有很多人反映过，有可能你觉得很热卖的东西他们就不理睬，你觉得很偏门、冷门的商品却成了他们的爆款。更何况，全世界有那么多的国家，每个国家都有它不同的文化和习惯，你的产品到底适合哪个国家，适合什么样的消费者，揣摩消费者的购物习惯及方向就显得非常重要。

比如在美国，年龄在18—65岁之间的成年人大约有1.98亿，其中有60%的人符合户外消费者，针对这一广大人群，可以开发泳衣、球网、护目镜、手电筒、帐篷灯等产品。而节假日产品大多都会选择提前一个月开发、上架，一方面卖家需要提前备货，另一方面就是注意物流时间的把控。当然也会有一些季节性产品，例如冬天来临前开发帽子、手套、围巾等保暖产品；夏季来临前准备迷你风扇、笔记本冰垫、散热器等降温产品。

（二）产品价格适中。对于产品的价格，跨境产品的选择一般单品价格在 50 美金到 500 美金之间。

首先，跨国交易需要考虑国际运费，如果商品单价太低，而运费比产品价格要高出很多的话，那么买家的购买欲望也是会下降的，而且产品单价过低，企业的利润就得不到保障，做的又比较辛苦，同时低价产品也很容易招来竞争者。

其次，产品单价过高，比如一些奢侈品、贵重物品，很难形成一个信任关系，也不容易促使买家下单。产品的售价需要有足够的利润，这个售价区间的产品在利润上有足够的空间。

（三）适合国际物流，体积小、重量轻，不容易破碎，适合长距离运输。

跨境电商主要以零售为主，一般不大可能采用传统集装箱海运的方式运输。主要的物流模式包括邮政国际小包、国际快递、跨境专线物流模式、国内快递的跨国业务和海外仓储5种方式，其中邮政国际小包、国际快递和专线物流是最简单直接、使用最频繁的物流方式。据不完全统计，中国跨境电商出口业务70%的包裹都通过邮政系统投递，其中中国邮政占据50%左右的份额，这些物流模式相对于国内物流，这些物流的费用较高、运送时间长，这就要求跨境电商在选择产品时，要选择一些体积和重量相对较小，不容易破碎的产品销售。因为物流不仅直接关系到跨境电商的交易成本，还关系到买家对卖家的满意度、购物体验和忠诚度。

（四）产品简单易操作、售后成本低。

在传统一般贸易情况下，如果产品出了问题，消费者可以直接找到经销商；如果整批货物出了问题，品牌还会启用召回。但在线跨境电商平台，则复杂得多。跨境电商由于其发货周期较长、费用高，伴随的问题也往往比国内电商多，面临售后服务是个很大的难题。所以在跨境电商平台销售一般尽量不销售功能多、操作起来复杂的产品，否则会增加大量的客服工作及售后服务。

（五）产品要利于通关和清关。

有些产品是不能过海关或者国际快递是不接受的，除了国家法律禁止的物品外，比如液体、粉末状物品、药品（需要专门的快递）、易燃易爆品等都是不能快递的。另外还需要搞清楚哪些国家是不接受哪些产品进口的，（比如，澳大利亚不接受化妆品、珠宝等物品的清关）这个详细的情况可以根据自己的产品咨询相关的物流公司，也可以咨询同行业资深人士。

【即问即答】

王先生拥有一家生产体育健身用品的生产企业，产品包括哑铃、跑步机、铅球、臂力器等。考虑在敦煌网、eBay 或者 Wish 等跨境电商平台上做出口应该还不错。由于产品是自己公司直接生产，在成本控制上有很大的优势。同时在物流渠道上也能拿到最低的折扣，相对于没有生产能力、没有物流能力的群体，优势很大。

1. 你觉得王先生的产品适合在跨境电商平台上销售吗？原因是什么？
2. 针对王先生的产品特性，能否为其量身定制一套物流方案？

二、跨境电商的选品原则

根据目前我国跨境电商发展所处的阶段和发展特点，以及跨境电商产品选择中面临的主要问题，针对跨境电子商务企业，对跨境电商销售的产品选择方面，要着重考虑如下几条原则。

（一）平台导向原则

近年来，跨境电商平台数量大大增加，到 2015 年，包括亚马逊、速卖通、兰亭集势等国内外跨境电商平台之间的竞争导致平台定位的差异化发展。在各大跨境电商销售平台的定位多元化背景下，跨境电商企业的产品选择就应该首先依据其经营的电商平台特征进行选择。因此，在进行产品选择时，应该根据不同网站平台的定位，研究该网站平台的目标市场及客户群体，从而针对性地制定在该销售网站平台上的产品种类、数量、定价等策略。

（二）知识产权保护原则

相比欧美日等发达国家，我国的知识产权保护制度还不够完善，知识产权保护强度和执法强度还较弱，因此，对于山寨产品、侵权产品的管理效果还不够明显，这也纵容了我国很多电商平台上充满了山寨产品和侵权产品。但是，这种国内侵权的行为，到知识产权保护强度较高的发达国家后，将会面临较高数额的赔偿，支付较高侵权成本，甚至会被限制进入市场。因此，从长远发展来看，在产品的选择上，应该遵从知识产权保护原则，选择不侵权产品进行销售。

（三）数据决策原则

产品种类、产品数量、产品销售平台的具体选择，仍然应该依靠数据来进行决策，也就是这里所说的数据决策原则，切记不能不做市场调研就决定产品种类。一是从数据了解电商平台的定位，可通过分析电商平台的销售种类、客户群特征等来选择合适的电商销售平台；二是从行业数据入手，通过分析行业研究报告、会展数据等，确定适合经营的产品种类；三是对客户需求进行区域化分析，主要是依据各种数据分析工具，对不同种类产品的客户需求区域进行划分，并有针对性地选择不同区域客户对应的产品。

（四）价格适中原则

在跨境电商价格战和成本战的大背景下，很多跨境电商企业在选择销售产品时，过于关注产品价格和产品成本。但是，过于关注价格和成本，会导致销售产品质量的下滑，最终只能陷入价格战和成本战的恶性循环中，当价格和成本不能再低，就只能退出市场。价格适中原则是指在保证质量的情况下，选择适中价格的产品进行销售，而将竞争点放到品牌竞争、信誉促销等方面，以培养电商企业的异质性和竞争优势。

（五）渠道原则

尽管价格战和成本战阻碍了跨境电商行业的发展，但是对跨境电商企业乃至所有企业而言，成本战略和价格战略仍然是重要的竞争优势源泉。但是，价格优势和成本优势并不应该通过认为压低价格或调换生产材料等方式获得，而应该通过挖掘渠道来获取。因此，在选择同样一款产品进行销售时，渠道选择的不同也会导致不同的价格和成本。因此，渠道原则应该是跨境电商在激烈的市场竞争中获取竞争优势的重要原则。

第二节　跨境电商选品的禁忌

有很多商品是禁止在跨境电商平台上出售或者限制销售的。以全球速卖通为例，禁限售商品主要包括两大类商品：平台禁限售商品和侵权产品。跨境电商卖家在选品时，要杜绝这些商品的选择和尽可能地避免侵权商品。

一、平台禁限售商品

（一）禁限售商品目录

很多跨境电商的产品都是从国内淘宝上发展或者转移过来的。需要特别注意的是，并不是淘宝网上允许销售的商品就一定能在跨境电商平台上销售。以阿里巴巴速卖通为例，有些在淘宝网上可以销售的产品在速卖通上会被禁止销售，比如减肥药等。所以跨境电商买家在开店选品之前需要做好充分的了解。

速卖通平台禁止发布任何含有或指向性描述禁限售信息。任何违反禁限售规则的行为，阿里巴巴有权依据《阿里巴巴速卖通的禁限售规则》进行处罚。同时平台卖家不得在阿里巴巴速卖通平台发布任何违反任何国家、地区及司法管辖区的法律规定或监管要求的商品。

用户不得通过任何方式规避本规定、平台发布的其他禁售商品管理规定及公告规定的内容，否则可能将被加重处罚，严重时可以采取关闭账户的处罚。

全球速卖通会定期发布禁限售商品目录，现行规则详见表4-1。

表4-1　全球速卖通禁限售商品目录

（2017 年 5 月 17 日修订）

禁限售商品及信息	对应违规处理
（一）毒品、易制毒化学品及毒品工具：	
1.麻醉镇定类、精神药品、天然类毒品、合成类毒品、一类易制毒化学品；	严重违规，最高扣除48分
2.二类易制毒化学品、类固醇；	一般违规，6分／次
3.三类易制毒化学品；	一般违规，2分／次
4.毒品吸食、注射工具及配件；	一般违规，2分／次
5.帮助走私、存储、贩卖、运输、制造毒品的工具；	一般违规，1分／次
6.制作毒品的方法、书籍。	一般违规，1分／次
（二）　危险化学品：	
1.爆炸物及引爆装置；	严重违规，最高扣除48分

禁限售商品及信息	对应违规处理
2. 易燃易爆化学品;	一般违规, 6 分 / 次
3. 放射性物质;	一般违规, 6 分 / 次
4. 剧毒化学品;	一般违规, 6 分 / 次
5. 有毒化学品;	一般违规, 2 分 / 次
6. 消耗臭氧层物质;	一般违规, 1 分 / 次
7. 石棉及含有石棉的产品;	一般违规, 1 分 / 次
8. 烟花爆竹、点火器及配件; 镁棒打火石、火柴和含有可燃性气体或液体的打火机。	一般违规, 0.5 分 / 次
（三） 枪支弹药:	
1. 大规模杀伤性武器、真枪、弹药、军用设备及相关器材;	严重违规, 最高扣除 48 分
2. 仿真枪及枪支部件;	一般违规, 6 分 / 次
3. 潜在威胁工艺品类。	一般违规, 2 分 / 次
（四） 管制器具:	
1. 刑具及限制自由工具;	一般违规, 6 分 / 次
2. 管制刀具;	一般违规, 6 分 / 次
3. 严重危害他人人身安全的管制器具;	一般违规, 6 分 / 次
4. 一般危害他人人身安全的管制器具;	一般违规, 2 分 / 次
5. 弩。	一般违规, 0.5 分 / 次
（五） 军警用品:	
1. 制服、标志、设备及制品;	一般违规, 2 分 / 次
2. 限制发布的警用品。	一般违规, 0.5 分 / 次
（六） 药品:	
1. 处方药、激素类、放射类药品;	一般违规, 6 分 / 次
2. 特殊药制品;	一般违规, 6 分 / 次
3. 有毒中药材;	一般违规, 2 分 / 次
4. 口服性药及含违禁成分的减肥药、保健品;	一般违规, 2 分 / 次
5. 非处方药。	一般违规, 2 分 / 次
（七） 医疗器械:	
1. 医疗咨询和医疗服务;	一般违规, 6 分 / 次
2. 三类医疗器械;	一般违规, 1 分 / 次
3. 其他医疗器械。	一般违规, 1 分 / 次
（八） 色情、暴力、低俗及催情用品:	
1. 涉及兽交、性虐、乱伦、强奸及儿童色情相关信息;	严重违规, 最高扣除 48 分
2. 含有色情淫秽内容的音像制品及视频、色情陪聊服务、成人网站论坛的账号及邀请码;	严重违规, 最高扣除 48 分
3. 含真人露点及暴力图片;	一般违规, 2 分 / 次

禁限售商品及信息	对应违规处理
4. 原味产品；	一般违规，0.5 分 / 次
5. 宣传血腥、暴力及不文明用语。	一般违规，0.5 分 / 次
（九）非法用途产品：	
1. 用于监听、窃取隐私或机密的软件及设备；	一般违规，6 分 / 次
2. 信号干扰器；	一般违规，6 分 / 次
3. 非法软件及黑客类产品；	一般违规，2 分 / 次
4. 用于非法摄像、录音、取证等用途的设备；	一般违规，2 分 / 次
5. 非法用途工具（如盗窃工具、开锁工具、银行卡复制器）；	一般违规，2 分 / 次
6. 用来获取需授权方可访问的内容的译码机或其他设备（如卫星信号收发装置及软件、电视棒）。	一般违规，2 分 / 次
（十）非法服务类：	
1. 政府机构颁发的文件、证书、公章、勋章，身份证及其他身份证明文件，用于伪造、变造相关文件的工具、主要材料及方法；	严重违规，最高扣除 48 分
2. 单证、票证、印章、政府及专门机构徽章；	严重违规，最高扣除 48 分
3. 金融证件、银行卡，用于伪造、变造相关的工具、主要材料及方法；洗黑钱、非法转账、非法集资；	严重违规，最高扣除 48 分
4. 个人隐私信息及企业内部数据；提供个人手机定位、电话清单查询、银行账户查询等服务；	一般违规，2 分 / 次
5. 法律咨询、彩票服务、医疗服务、教育类证书代办等相关服务；	一般违规，2 分 / 次
6. 追讨服务、代加粉丝或听众服务，签证服务。	一般违规，0.5 分 / 次
（十一）收藏类：	
1. 货币、金融票证，明示或暗示用于伪造、变造货币、金融票证的主要材料、工具及方法；	严重违规，最高扣除 48 分
2. 虚拟货币（如比特币）；	一般违规，6 分 / 次
3. 金、银和其他贵重金属；	一般违规，2 分 / 次
4. 国家保护的文物、化石及其他收藏品。	一般违规，2 分 / 次
（十二）人体器官、保护动植物及捕杀工具：	
1. 人体器官、遗体；	严重违规，最高扣除 48 分
2. 重点和濒危保护动物活体、身体部分、制品及工具；	一般违规，2 分 / 次
3. 鲨鱼、熊、猫、狗等动物的活体、身体部分、制品及任何加工机器；	一般违规，2 分 / 次
4. 重点和濒危保护植物、制品。	一般违规，1 分 / 次
（十三）危害国家安全及侮辱性信息：	
1. 宣扬恐怖组织和极端组织信息；	严重违规，最高扣除 48 分
2. 宣传国家分裂及其他各国禁止传播发布的敏感信息；	严重违规，最高扣除 48 分
3. 涉及种族、性别、宗教、地域等歧视性或侮辱性信息；	一般违规，2 分 / 次
4. 其他含有政治色彩的信息。	一般违规，0.5 分 / 次

禁限售商品及信息	对应违规处理
（十四）烟草：	
1. 成品烟及烟草制品；	一般违规，6分/次
2. 电子烟液；	一般违规，6分/次
3. 制烟材料及烟草专用机械。	一般违规，0.5分/次
（十五）赌博：	
1. 在线赌博信息；	一般违规，2分/次
2. 赌博工具。	一般违规，2分/次
（十六）制裁及其他管制商品：	
1. 禁运物；	一般违规，2分/次
2. 其他制裁商品；	一般违规，2分/次
（十七）违反目的国产品质量技术法规/法令/标准的、劣质的、存在风险的商品：	
1. 经权威质检部门或生产商认定、公布或召回的商品；各国明令淘汰或停止销售的商品；过期、失效、变质的商品、无生产日期、无保质期、无生产厂家的商品；	一般违规，2分/次
2. 高风险及安全隐患类商品。	一般违规，1分/次

（二）违法禁限售商品目录处罚标准

速卖通卖家如果违反《阿里巴巴速卖通的禁限售规则》，将会受到以下处罚。

1. 一般违规：一天内（即首次违规处罚时间起24小时内）累计扣分不超过12分；严重违规，每次扣48分，关闭帐号。

2. 全部在线商品及下架商品均在"平台抽样检查"范围之内，如有违规行为会按照相关规定处罚。如果核查到订单中涉及禁限售商品，平台将会立即关闭该订单；如果卖家已经付款，无论物流出于什么状态，卖家都必须全额退款给买家，并承担全部责任。

3. 针对恶意规避等情节特别严重行为（包括但不限于采用对商品信息隐藏、遮挡、模糊处理等隐匿的手段规避平台管理，经平台合理判断账号使用人本人或其控制的其他账号已因严重违规事件被处罚，账号使用人本人或其控制的其他账号被国内外监管部门立案调查、或虽未立案但平台有理由认为有重大嫌疑等严重影响平台管理秩序或造成一定负面影响的情况），平台保留直接扣除48分，关闭账号的权利。

4. 根据全球速卖通的处罚规定，每项扣分都将按行为年累计计算。例如，如果2016年12月25日卖家被处罚扣除12分，将会受到被冻结账户7天的处罚；而被扣除的12分，需要在2017年12月25日才会被清零。如果卖家的处罚分数不断增加，那么整个店铺在搜索排序中的排名也会不断靠后。当累计扣分达到48分或者其他严重违规行为时，该卖家的账户将会被关闭。具体的处罚方式见表4-2。

表4-2 违规行为处罚方式

处罚依据	行为类型	违规行为情节频次	其他处罚
《禁限售规则》	发布禁限售商品	严重违规：48分／次（关闭账户）	1. 退回／删除违规信息。2. 若核查到订单中涉及禁限售商品，速卖通将关闭订单，如买家已付款，无论物流状况均全额退款给买家，卖家承担全部责任。
		一般违规：0.5—6分／次（1天内累计不超过12分）	

二、侵犯知识产权商品

2016年速卖通平台转型升级，希望成为广大卖家品牌出海的首选平台，让更多中国优质的好货品好品牌真正的货通天下，实现品牌国际化。同时2016年以来平台进一步加大知识产权侵权的处罚和监控力度，以打击恶意钻空子兜售侵权产品行为。

（一）知识产权违规类型

全球速卖通平台严禁用户未经授权发布、销售涉嫌侵犯第三方知识产权的商品。如果发布、销售涉嫌侵犯第三方知识产权的商品，则有可能被知识产权所有人或者买家投诉，平台也会随机对商品（包含下架商品）信息进行抽查，若涉嫌侵权，则信息会被退回或删除。根据侵权类型执行处罚。

速卖通平台知识产权侵权行为主要包括但不局限于以下三类。

1. 商标侵权。商标侵权指的是未经商标权人的许可，在商标权核定的同一或类似的商品上使用与核准注册的商标相同或相近的商标的行为，以及其他法律规定的损害商标权人合法权益的行为。

2. 专利侵权。专利侵权指的是未经专利权人许可，以生产经营为目的，实施了依法受保护的有效专利的违法行为。

3. 著作权侵权。著作权侵权指的是未经著作权人同意，又无法律上的依据，使用他人作品或行使著作权人专有权的行为，以及其他法律规定的损害著作权人合法权益的行为。

（二）侵犯知识产权处罚标准

全球速卖通一直重视对于知识产权的保护，出台了很多政策保护和规则，平台将为权利人提供维权投诉、品牌合作、知识产权投诉等提供一站式服务。自2017年4月12日起，速卖通平台将全面执行新规，针对侵权行为将不再区分是否投诉或是否被平台抽查，侵权严重违规行为也将不再以分数累计，并实行三次违规成立者关闭账号（侵权情节特别严重者直接关闭账号）。具体的惩罚措施详见表4-3。

表4-3 违规行为处罚规则

侵权类里	定义	处罚规则
商标侵权	严重违规：未经注册商标权人许可，在同一种商品上使用与其注册商标相同或相似的商标	1）三次违规者关闭账号 2）侵权情节特别严重者，直接关闭账号
	一般违规：其他未经权利人许可使用他人商标的情况	1）首次违规扣0分 2）其后每次重复违规扣6分 3）累计达48分者关闭账号
著作权侵权	严重违规，未经著作权人许可复制图书、电子书、音像作品或软件	1）三次违规者关闭账号 2）侵权情节特别严重者，直接关闭账号
	一般违规：其他未经权利人许可使用他人著作权的情况	1）首次违规扣0分 2）其后每次重复违规扣6分 3）累计达48分者关闭账号
专利侵权	外观专利、实用新型专利、发明专利的侵权情况	1）首次违规扣0分 2）其后每次重复违规扣6分 3）累计达48分者关闭账号（严重违规情况，三次违规者关闭账号）

备注：
1. 速卖通会按照侵权商品投诉被处理或速卖通平台抽样检查时的状态，根据相关规定对相关卖家实施适用处罚；
2. 同一天内所有一般违规，包括所有投诉及速卖通平台抽样检查，扣分累计不超过6分；
3. 同一天内所有严重违规，包括所有投诉及速卖通平台抽样检查，只会作一次违规计算；三次严重违规者关闭账号，严重违规次数记录累计不区分侵权类型；
4. 违规处罚包括但不限于退回商品，信息及/或删除商品信息；
5. 每项违规行为由处罚之日起有效365天；
6. 针对会员侵公情节特别严重的行为，速卖通除直接关闭账号外，还将在关闭账号之日起，冻结关联支付宝账户资金，其中原因包括以确保消费者或权利人在行使投诉、举报、诉讼等救济权利时，其合法权益得以保障；
7. 会员因涉侵权行为被司法执法机关案或调查，速卖通有权配合司法执法机关对会员账号采取管理措施，包括但不限于关闭账号及其关联账号、冻结关联支付宝账户资金、其他速卖通认为合适的措施等，直至案件办理终结及/或速卖通认为合适为止；
8. 速卖通保留以上处理措施等的最终解释权及决定权，也会保留与之相关的一切权利。

【即问即答】

罗伯特先生在速卖通平台上经营一家专门销售孕婴童产品的店铺，最近他发现有一款童装上面印有米老鼠的图案，于是就在自己产品的标题撰写中使用了 Mickey mouse 的字眼，撰写的标题如 Military uniform mickey and minnie mouse mascot costume Free Shipping。结果这款产品的曝光量和浏览量大增，销售量也随之增加。

1. 你觉得罗伯特先生的产品有没有侵犯知识产权？

2. 如果有侵犯知识产权行为，速卖通平台应该会给予什么样的处罚？

（三）对平台卖家的建议

1. 尊重知识产权。平台卖家要严格排查店铺的在线商品，若存在侵权行为，应立即将侵权商品删除。同时，严格把控进货来源，杜绝来源不明的产品，建议实拍图片，提高图片质量，让买家更直观地了解商品，获得更多订单。

2.发展有品质的自营品牌。尽量选择有品质的商品，并注册自有品牌，跟平台一起，扩大自营品牌影响力，让自己的品牌商品出海，不断增加附加值。

3.完成品牌准入流程。完成品牌准入再发布品牌商品，不要发布未获得发布权限的品牌商品。

第三节　跨境电商选品的方法

一、站内选品

跨境电商的火爆吸引了众多人群涌入跨境电商平台，而对于跨境电商选品的方法和技巧却给许多人带来难题，跨境电商正处于逐渐摆脱价格战和同质化的初级阶段，朝着品牌化和移动端的成熟方向发展。这样的趋势让大家更加注重选品的方法和技巧，注重商品的质量和品牌的打造。本节站内选品的内容主要是以阿里巴巴全球速卖通为例，针对行业选品、产品选品、国家站选品以及直通车选品展开，围绕市场和行业进行介绍。

（一）行业选品

行业选品，就是卖家选择从事什么样的经营行业。

登录"我的速卖通"—"数据纵横"—"行业情报"页面，卖家可以选择自己想了解、进入的行业。如果婴儿活动用品行业，可得到如图 4-1 所示的页面。

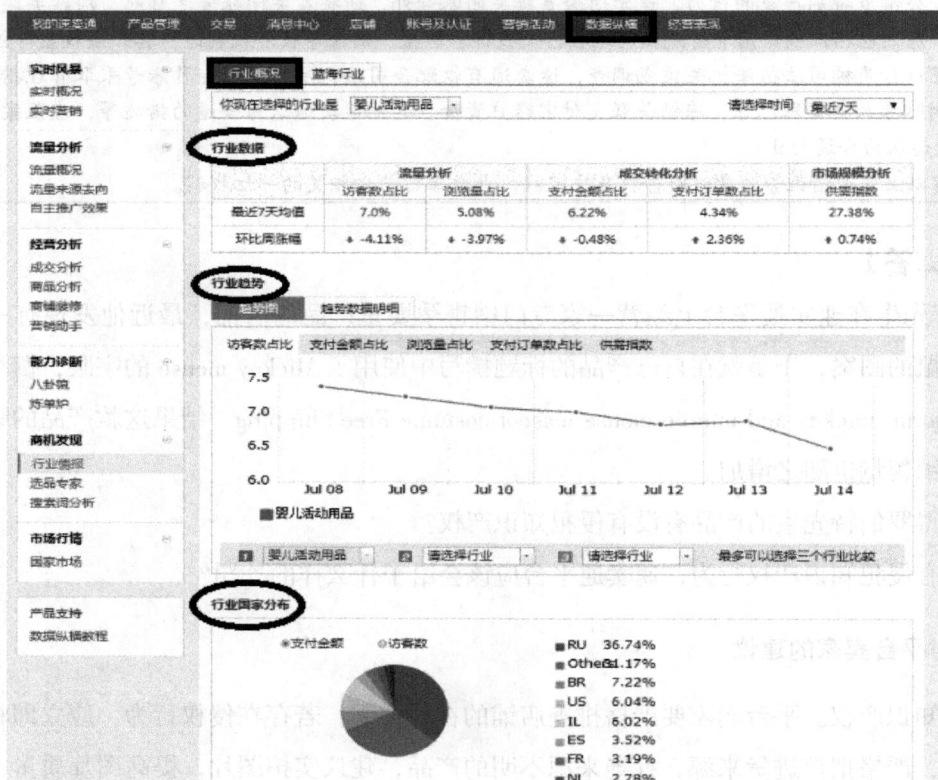

图 4-1　"数据纵横"—"行业情报"—"行业概况"页面

从图 4-1 中可知，行业概况从上到下依次分为三个部分，即行业数据、行业趋势、行业国家分布。在这其中，"行业数据"和"行业趋势"中的"访客数占比"是指该行业访客数占上级行业访客数的比例；"浏览量占比"是指该行业浏览量占上级行业浏览量的比例；"支付于金额占比"是指该行业支付成功（排除"风险控制"因素）的金额占上级行业支付成功（排除"风险控制"因素）金额的比例；"支付订单数占比"是指该行业内支付成功的订单数（排除"风险控制"因素）占上级行业支付成功的订单数（排除"风险控制"因素）的比例；"供需指数"是指该行业中的商品指数与流量指数之比，供需指数越小说明该行业竞争越少。

以行业数据为例，其中的数字是 7 天之内的访客数占比，包括流量分析、成交转化分析、市场规模分析等各个方面。因为 7 天是一个星期，所以还有本周与上周的涨跌幅比较。

通过行业发展趋势，既可以看到趋势图，还可以查阅具体数据，点击图 4-2 中的"趋势数据明细"按钮，可以看到所示的页面。

	流量分析		成交转化分析		市场规模分析
	访客数占比	浏览量占比	支付金额占比	支付订单占比	供需指数
2017-07-08	7.4%	5.58%	7.01%	4.41%	25.9%
2017-07-09	7.25%	5.54%	6.14%	4.13%	25.97%
2017-07-10	7.1%	5.14%	6.7%	4.46%	27.15%
2017-07-11	7.03%	5.03%	6.19%	4.29%	27.63%
2017-07-12	6.85%	4.9%	6.3%	4.43%	27.75%
2017-07-13	6.89%	4.8%	5.48%	4.22%	27.87%
2017-07-14	6.49%	4.66%	5.78%	4.38%	29.47%

图 4-2　"婴儿活动用品"趋势数据明细

除此以外，我们还能从图 4-1 中了解这个行业（婴儿活动用品）在不同国家的分布。就婴儿活动用品行业而言，具体到某一国家，能够看到全球速卖通上访客数最多的前两位分别是俄罗斯和巴西，比重分别高达 36.78% 和 7.22%。

卖家用这样的方法，对自己所关心的行业一个个进行研究比较，就一定会帮助自己作出有利的判断。所要注意的是，在进行行业比较时，要注意级类目与同一级类目相比才有可比性，跨级比较则没有意义。

如果卖家对所从事的行业不了解，可以登录"我的速卖通"—"数据纵横"—"行业情报"页面，看看哪些是蓝海行业，所谓蓝海行业，是指尚待开发的、未知的市场空间。这些行业充满市场需求，可是竞争却不激烈，所以商业机会更多。相对而言，红海行业就是指那些竞争已经处于白热化的行业，如饰品行业、婚纱、服饰行业等，具体如图 4-3 所示。

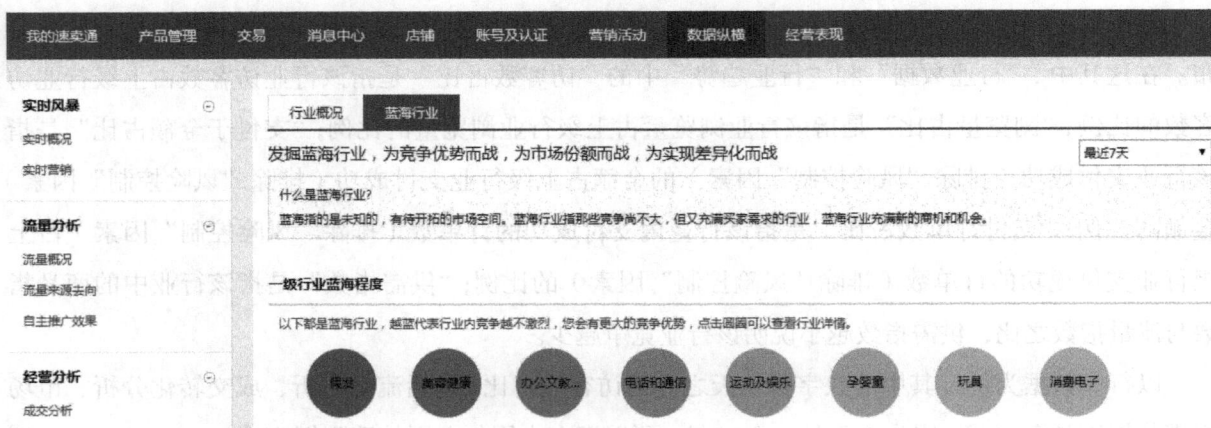

图4-3 "数据纵横"—"行业情报"—"蓝海行业"

图4-3中每个圆圈代表2个一级行业蓝海，蓝色依次变淡，表明行业竞争越来越激烈、竞争优势越来越少，依次分别为假发、美容健康、办公文教用品、电话和通信、运动及娱乐用品、孕婴童用品、玩具、消费电子。

点击任何一个圆圈，可以查看该行业的具体详情。例如，点开第一个圆圈"假发"，可以看到如图4-4所示的页面。

叶子行业名称	供需指数	操作
白人假发类 > 真人发接发 > 拉环接发	48.56%	查看行业详情
白人假发类 > 真人发接发 > 单片卡子发	41.7%	查看行业详情
白人假发类 > 真人发接发 > 皮条发	75.9%	查看行业详情
化纤发 > 化纤接发 > 单片卡子发	58.91%	查看行业详情
白人假发类 > 真人发接发 > 整头卡子发	132.47%	查看行业详情
化纤发 > 化纤接发 > 整头卡子发	63.84%	查看行业详情
化纤发 > 化纤接发 > 挂胶发束	130.18%	查看行业详情

图4-4 蓝海假发行业细分

继续点击"白人假发类 > 真人发接发 > 拉环接发"后面的"查看行业详情"，可以看到如图4-5所示的页面。

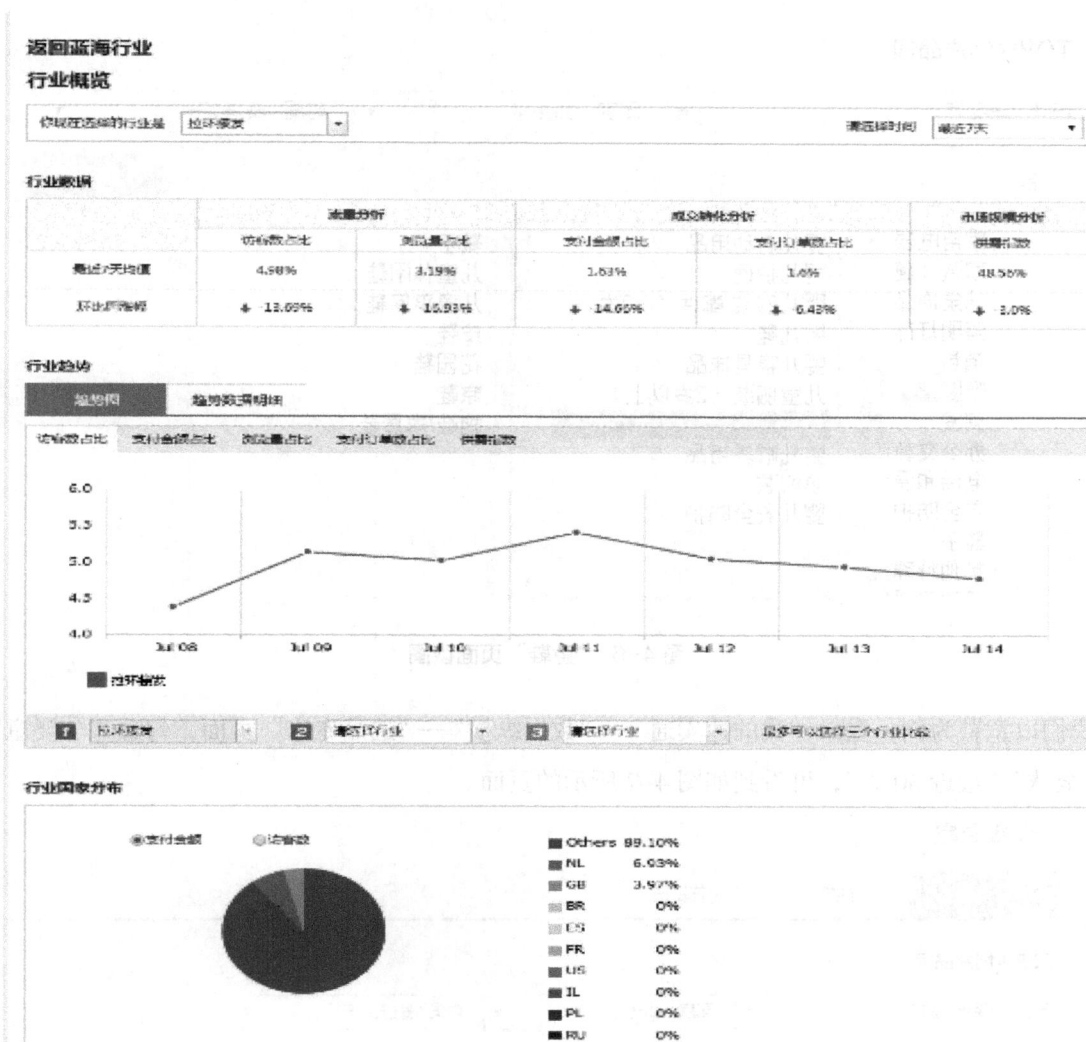

图 4-5　"白人假发类 > 真人发接发 > 拉环接发"行业详情

从图 4-5 中我们可以看出，卖家可以从各个角度来分析"白人假发类 > 真人发接发 > 拉环接发"行业销售的具体现状，看自己是否具有这方面的优势，然后作出产品选品抉择。

（二）产品选品

确定了要进入的行业之后，下面就要准备选择什么样的产品了。

产品选品首先要了解自己想从事的行业究竟有哪些产品。例如，如果卖家想卖童鞋，就要了解童鞋都有哪些细分类目，具体方法是：登录"我的速卖通"—"数据纵横—选品专家"页面，勾选"孕婴童"—"童鞋"，可以看到如图 4-6 所示的页面。从图 4-6 中，我们可以看出，童鞋的类目共分为"靴子""儿童休闲鞋""儿童平底鞋""皮鞋""花园鞋""凉鞋""拖鞋 / 家居鞋"七大类。采用同样的方法，可以查询其他类目。

TOP热销产品词

行业 [孕婴童 ▼] 国家 [Global ▼] 时间 [最近1天 ▼]

[确定]

家用电器 ▲	婴儿活动用品 ▲	靴子
家装（硬	婴儿护理	儿童休闲鞋
珠宝饰品	婴儿服装/配件（0-2岁）	儿童平底鞋
照明灯饰	婴儿鞋	皮鞋
箱包	婴儿寝具床品	花园鞋
孕婴童	儿童服装（2岁以上）	凉鞋
假发	童鞋	拖鞋/家居鞋
办公文教	婴儿喂养用品	
电话和通	孕妇装	
安全防护	婴儿安全防护	
鞋子		
其他特殊 ▼	▼	▼

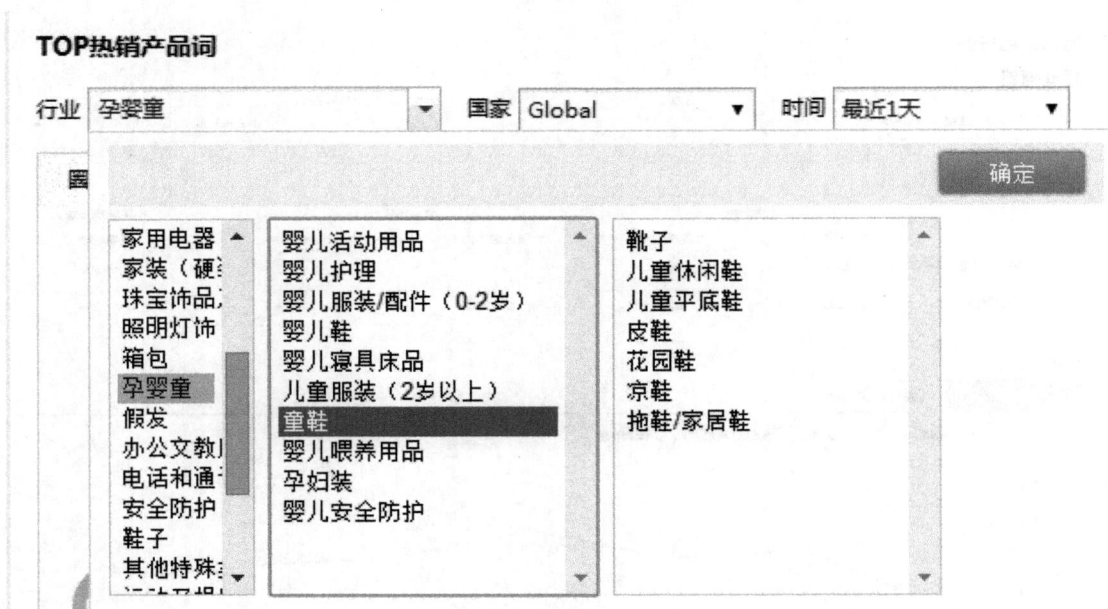

图 4-6 "童鞋"页面截图

我们以童鞋为例，登录"我的速卖通"—"数据纵横"—"选品专家"页面，勾选"孕婴童""童鞋""全球""最近 30 天"，可看到如图 4-7 所示的页面。

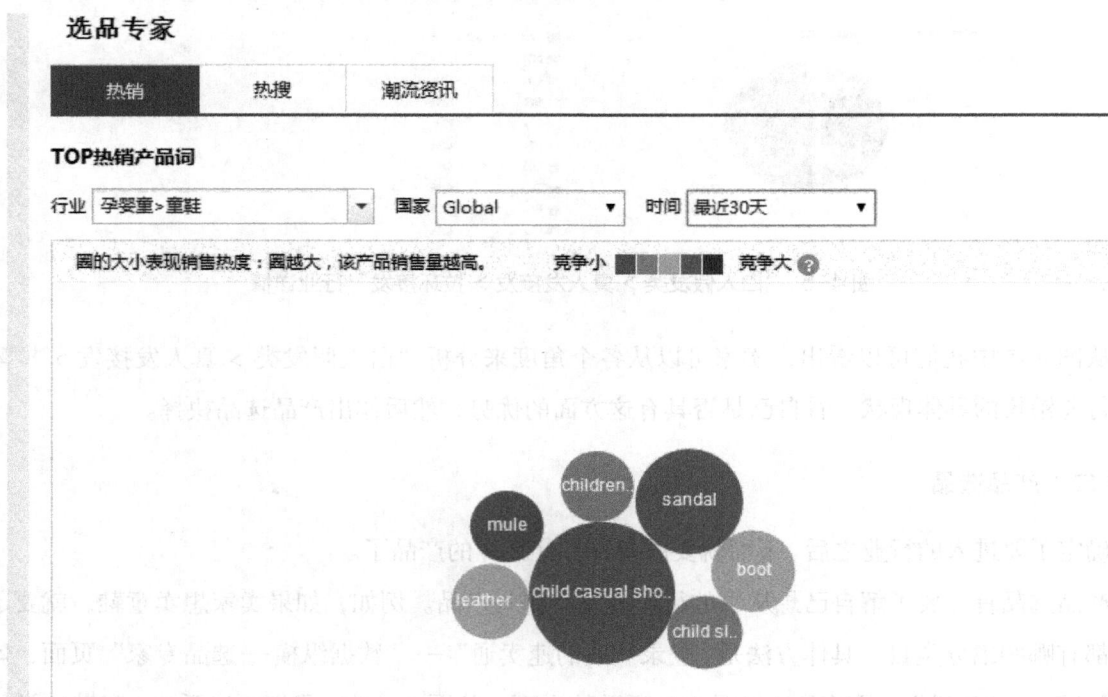

选品专家

| **热销** | 热搜 | 潮流资讯 |

TOP热销产品词

行业 [孕婴童>童鞋 ▼] 国家 [Global ▼] 时间 [最近30天 ▼]

圈的大小表现销售热度：圈越大，该产品销售量越高。　　竞争小 ▨▨▨▨ 竞争大 ⑦

图 4-7 "选品专家"页面截图

下载原始数据，可看到如图 4-8 所示的页面。

图 4-8　下载最近 30 天的数据页面截图

从图 4-8 中，我们可看出其中成交指数最高的商品是 child casual shoe。同样要注意的是，这仅仅是单独从成交指数角度而言的，所以还不够全面，只能作为卖家的一种参考而已。

（三）直通车选品

所谓直通车选品，是指利用全球速卖通直通车选品工具和关键词工具来进行选品。登录"我的速卖通"—"数据纵横"—"选品专家"页面，我们可看到"热销"和"热搜"两大类别，这就是可以用来作为直通车推广商品引流测品的工具。这里的"热销"是从卖家角度而言的，以方便卖家寻找爆品、畅销商品；而"热搜"是从买家角度而言的，当然同样也可以帮助卖家寻找商机、开发新品，具体如图 4-9 所示。

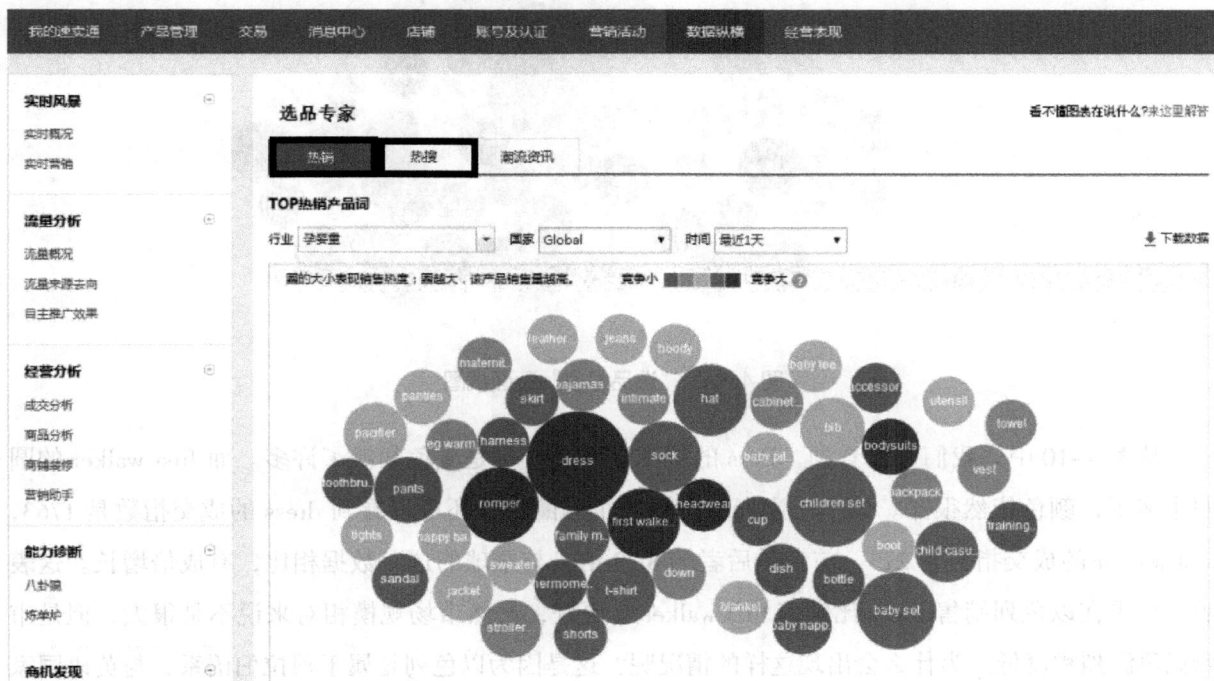

图 4-9　"选品专家"页面截图

图 4-9 反映的是"最近 1 天"内"全球"最热销的"孕婴童""热销"商品类目，卖家还可以分别选择"最近 7 天""最近 30 天"的原始数据以供参考和分析。在这其中，圆圈规模越大，代表市场份额越大；圆圈颜色越深，代表竞争越激烈。

（四）国家站选品

所谓国家站选品，是指卖家针对不同语种（主要是小语种国家）有针对性地选择供应商品。下面通过一个实例来介绍国家站选品的方法。登录"我的速卖通"—"数据纵横"—"选品专家"页面，勾选"孕婴童""全球""最近 30 天"，可看到如图 4-9 所示的页面。从图 4-9 中，我们可以看到，图中圆圈最大的是 dress（连衣裙）和 first walker（学步鞋）。根据前面介绍的颜色识别方法，能看到这两种商品的销售量最高，竞争也最激烈。如果把光标放在该圆圈上，还可以看到它们的成交指数分别为 36071 和 15172，前者是后者的 2.38 倍。那么，上面选择的全球各国中有没有竞争不激烈或者相对不那么激烈的国家呢？如果有，就是卖家最乐意看到的了。

如果勾选"孕婴童""最近 30 天"，把"全球"改为"以色列"我们可看到如图 4-10 所示的页面。

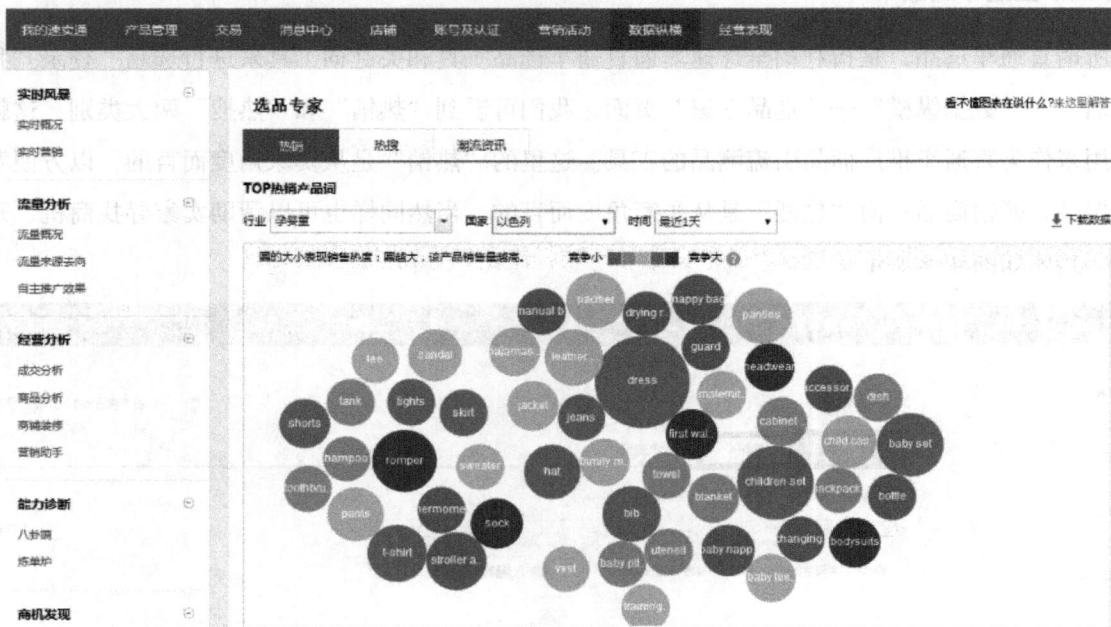

图 4-10 "选品专家"页面截图

从图 4-10 中，我们可以看到，dress 的圆圈并不小，可是颜色却淡了许多。而 first walker 的圆圈小多了，颜色依然很深。如果把光标放在这两个圆圈上，还可以看到 dress 的成交指数是 1763，first walker 的成交指数是 213，前者是后者的 8.28 倍，与全球的这一数据相比，有成倍增长。这表明，如果在以色列销售 dress 比销售 first walker 会更好，虽然市场规模相对来说不是很大，但是市场竞争激烈程度低。为什么会出现这样的情况呢？这是因为以色列是属于阿拉伯语系，与英语国家市场不同。因此，卖家应当多关注这种小语种国家的市场特点，从而从不同国家站来选品。

除此以外，我们还可以采取另外一种从热搜词角度出发的选品方法。登录"数据纵横"—"搜索词分析"—"热搜词"页面，勾选"孕婴童""以色列""dress"，我们可看到如图 4-11 所示的页面。

图 4-11　"搜索词分析"页面截图

通过图 4-11，我们就可以整理出与 dress 有关的阿拉伯语搜索词了。

【技能提示】

数据纵横的选品功能

　　数据纵横是速卖通基于平台海量数据打造的一款数据产品，卖家可以根据数据纵横提供的数据，为卖家的店铺选品、产品营销指导方向，做出正确决策。通过数据纵横可以了解到目前平台卖家都在卖什么产品，也可以知道平台买家想要什么。数据纵横里的选品专家功能是以行业为维度，提供行业下热卖商品和热门搜索关键词的数据，让卖家能够查看海量丰富的热卖商品资讯并多角度分析买家搜索关键词，卖家可以根据选品专家提供的内容进行选品、调整产品、优化关键词设置。掌握如何利用数据纵横来选品是一项很重要的技能。

二、站外数据选品方法

（一）分析思路

通过分析各种搜索引擎或网络销售平台的数据，从不同的角度和视角，综合运用各种分析工具，全面掌握选择适合该市场、该目标客户的数据依据。

（二）数据来源

1. 直接去国外进行实地调研。看看他们当地的客户在主要的采购场地购买哪些产品，价位如何，购买频率如何，等等，然后拿来跟国内相关产品进行比较分析。这种方法切实可行，获得数据较真实、直接，但是成本较高、耗时长、不是一般的跨境电商可以做到的。

2. 跟国外客户进行交流。多结交不同层次的国外人士，多跟他们交流，看看他们平时在线上、线下买些什么，价格怎么样等情况，得到数据后同样与国内相关产品进行比较分析。

3. 浏览国外相关零售网站。看看他们哪些产品销售情况更好，受到哪些人群光顾多，等等。

4. 浏览国外品牌产品旗舰店。看看国外有关品牌产品的销售情况，为我们的品牌和特色产品定位寻找数据。

5. 平时于生活的积累。想要开展跨境电商工作，就必须了解外国人的生活习性、兴趣、爱好。想要了解这些信息，最基本最直接的办法就是看该国电影、电视等，或许这些电影正在引领该国消费潮流。

6. 各种平台的数据分析。从这些数据平台上，我们可以看到该国客户主要搜索产品所属行业、国家、时间等，通过这些数据反过来可以看到他们的需求。

【技能提示】

紧跟潮流选品

跨境电商选品可以参考一些国际潮流网站及社交网站（Facebook、Twitter、SNS、Instagram等），在这个网络时代，老外喜欢用一些社交网站分享一些奇闻趣事，也有一些博主和网红会推荐给大家一些时尚潮流的新品，这些都可以成为卖家参考或开发的新商品。爱上这些社交网站的肯定看到过那款由独角兽开发的一系列游泳水上浮排以及沙滩巾、防水音箱等。选品还可以参考明星及影视作品，比如说像魔兽、忍者神龟等电影上映时衍生出来的一系列产品。

（三）分析方法

1. 通过 Google trends 工具分析品类的周期性特点，把握产品开发先机。

Google trends 类似于国内的百度指数，工具地址为 http://www.google.com/trends。可以通过行业或产品关键词、国家、时间等作为查询条件。例如以关键词泳装 Swimwear 为例，选择国家分别为美国和澳大利亚。我们可看到如图 4–12 和图 4–13 所示的页面。

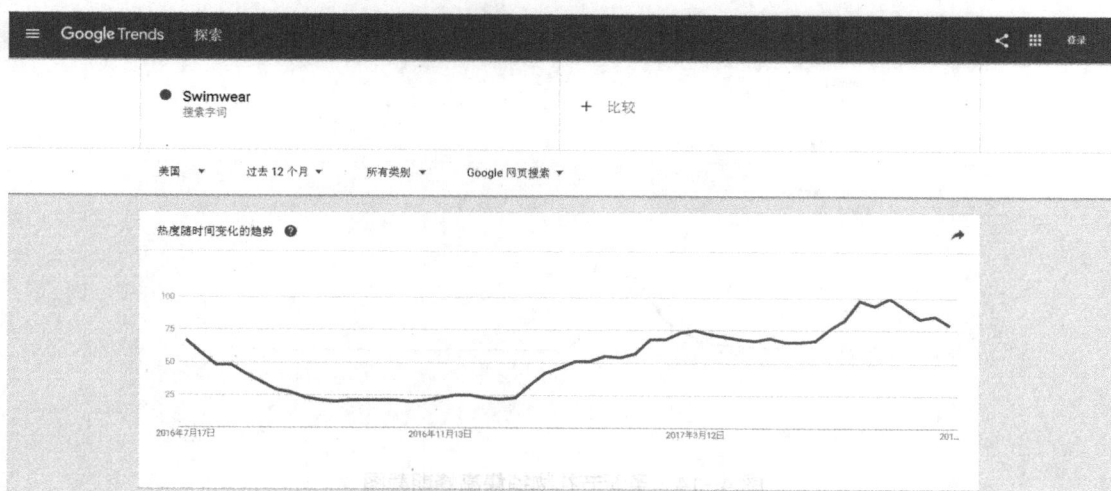

图 4-12　在美国的泳装搜索页面

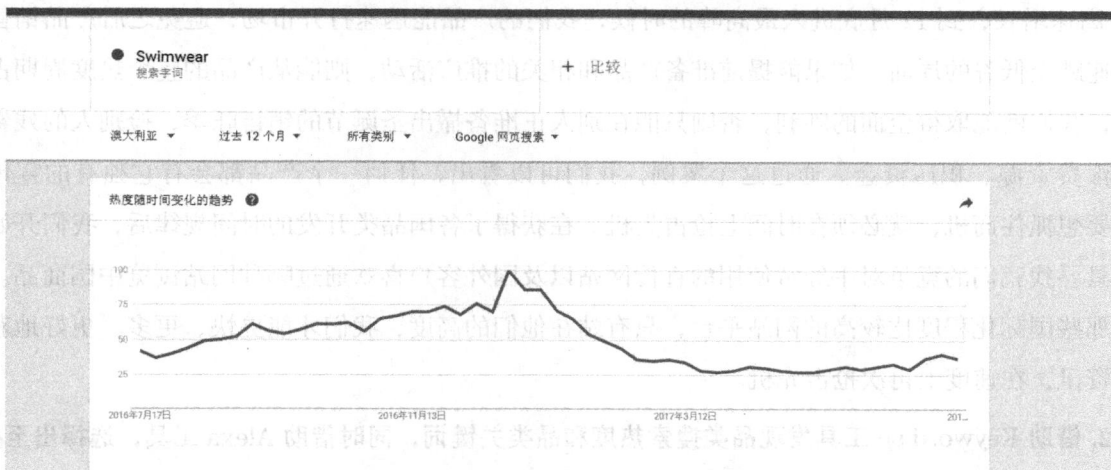

图 4-13　在澳大利亚的泳装搜索页面

　　搜索结果显示：在北半球的美国，5—7月为泳装搜索的高峰期，而在南半球的澳大利亚，9月—次年1月为泳装高峰期。因此，对于美国市场的产品开发，我们要在3—4月就要完成；而对于澳大利亚市场的产品开发，则需要在8—9月内完成。如果不知道目标市场品类热度的周期规律，则肯定会错过在这个目标市场开展工作高峰。

　　再如：要想抓住中国有关礼物在国外 Christmas 圣诞节的销售高峰时期。我们就要掌握圣诞礼物在世界范围内的关注热度和时间分配情况，在全球范围内：圣诞节在一年之中只有一次最热的宣传点和销售时期。通过在 Google trends 上的搜索，我们可看到如图 4-14 所示的页面。

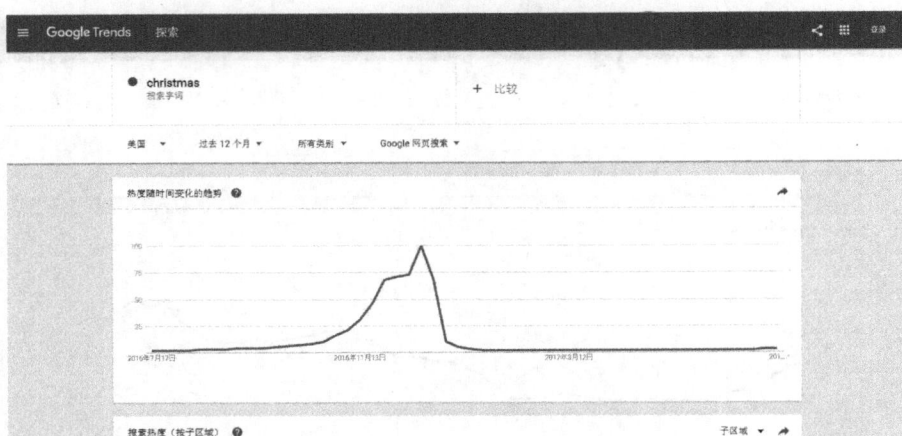

图4-14　圣诞节礼物销售高峰期截图

在每年9月份市场关注度逐渐提升，这就要求我们在这之前就做好各方面准备，等到10月、11月高速增长，到12月底进入最高峰的时候，我们的产品能迅速打开市场，避免之后产品销售情况迅速跌至低谷的局面。如果能提前准备产品和相关的推广活动，则能从产品的整个热度周期占领市场，我们就能取得全面的胜利，否则只能在别人正准备撤出圣诞节的销售旺季，捡别人的残羹剩饭，浪费资源、积压资金。通过这个案例，我们可以看出，任何一个产品都会有它独有的宣传时机，要想抓住商机，就必须在时间上抢占先机。在获得了各国品类开发的时间规律后，我们开始通过工具寻找我们的竞争对手经常使用的宣传网站以及国外客户喜欢通过哪种网站浏览中国商品。特别是那些国际化程度比较高的网站平台，只有站在他们的高度，我们才能更快、更多、更好地获得相关资讯，在速度上再次抢占先机。

2. 借助Keyword sp工具发现品类搜索热度和品类关键词，同时借助Alexa工具，选择出至少3家该品类中把该市场作为主要目标市场的竞争对手网站，作为对目标市场产品品相分析和选择的参考。

Keyword spy，工具地址为http://www.keywords.com。可以通过关键词、站点、国家等作为查询条件。例如还是以swimwear为例，选择美国为分析市场，查询条件选择Keywords。我们可看到如图4-15所示的页面。

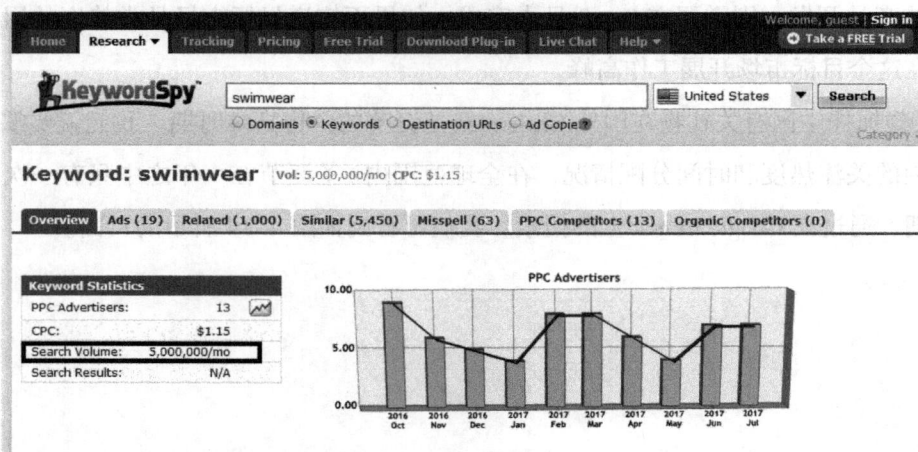

图4-15　泳装在美国的月点击量截图

搜索结果表明：在美国市场，Swimwear 月搜索量达到约 500 万次，市场热度较高。同时我们还可看到如图 4-16 所示的页面。

Related Keyword Overview					
Related (1,000)	**Search Volume**	**CPC**	**Related**	**Search Volume**	**CPC**
swimsuits	5,000,000/mo	$1.12	tankini top	27,100/mo	$1.38
swim suits	3,350,000/mo	$1.19	ladies swimwear	33,100/mo	$1.53
swimsuit	11,100,000/mo	$1.12	one piece bathing suits	110,000/mo	$1.27
swim wear	1,220,000/mo	$1.13	man swimwear	18,100/mo	$1.07
womens swimwear	90,500/mo	$1.64	sexy swimware	480/mo	$0.93
large cup size swimwear	390/mo	$1.30	string bikinis	135,000/mo	$0.64
large bust swimwear	22,200/mo	$1.09	bathing suit	4,090,000/mo	$1.11
brazilian swimwear	18,100/mo	$0.64	designer swimwear	49,500/mo	$1.15
bathing suits	4,090,000/mo	$1.09	bandeau swimsuit	60,500/mo	$1.22
women's swimwear	110,000/mo	$1.52	swimwear for women	301,000/mo	$1.51
					View More »

图 4-16　泳装在美国的主关键词截图页面

从图中我们可以看出搜索量最大的几个关键词是泳装的主关键词，如 Swimsuits，Swim suits，Swimsuit，Swim wear，Swim wear，Bathing suits 等，当然还有有关颜色、尺寸、材料、款式等关键词，而这些关键词一般是用来作为长尾关键词。这些关键词用于产品搜索、产品信息加工中的命名及描述中，会大大提升 SEO 的优化水平。

同时搜索结果页面也会显示 Swimwear 这个关键词所对应的主要竞争对手网站的站点列表，特别是一些做得比较早、比较成功的竞争对手。

Competitors Overview			
PPC Competitors (13)	**Keywords**	**Organic Competitors (0)**	**Keywords**
ae.com	6,278		
hollisterco.com	1,126		
NeimanMarcus.com	13,645		
BareNecessities.com	5,424		
nastygal.com	903		
gosummersalt.com	14		
doll.com	242		
SwimsuitsForAll.com	2,562		
Zappos.com	50,234		
LandsEnd.com	4,779		
	View More »		View More »

图 4-17　泳装在美国市场主要竞争对手网站的站点列表截图

我们可以对其中重点关注原始关键词较多的网站进行了解，反向确定我们的关键词和热销产品。以通过 keywordspy 发现的某个竞争对手网站为例，利用 Alexa 工具对该网站进行进一步分析，以确定是否可以将他们的作品，作为我们选择有自己特色产品进行宣传的参考网站，缩短我们摸索的过程。

3. 通过 Alexa 功能来进行分析等。Alexa，工具地址为 http://alexa.chinaz.com/. 我们以 www.landsend.com 为例。通过查询，页面如图 4-18 所示。

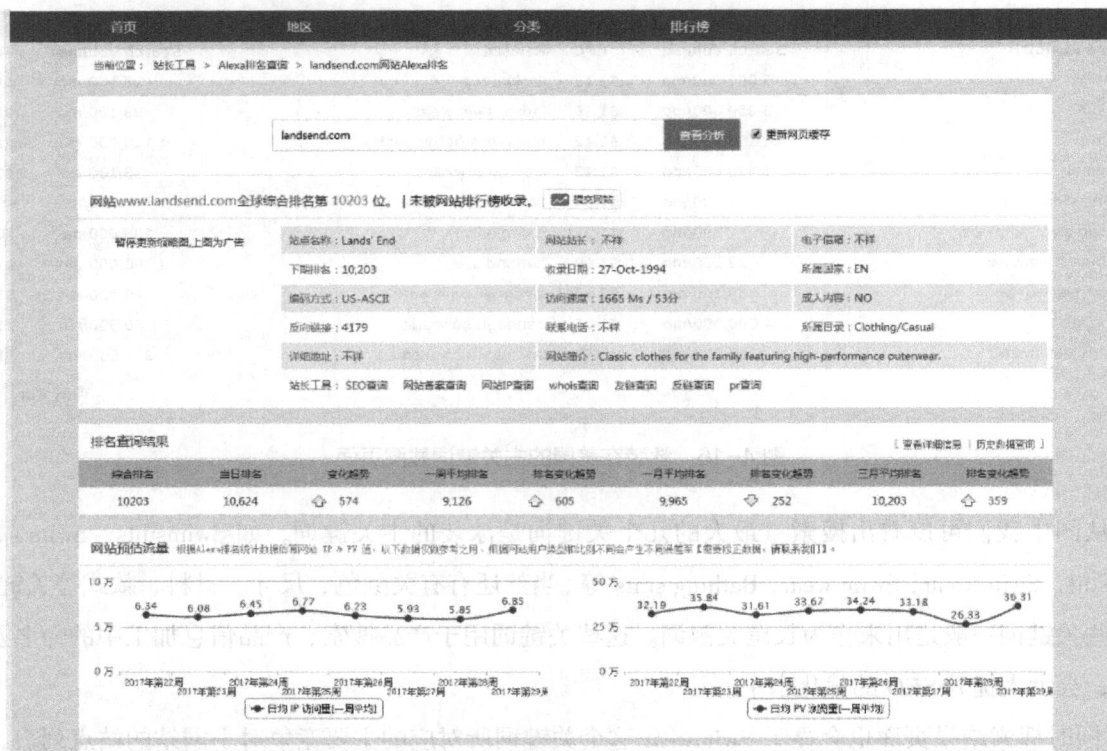

图 4-18　www.landsend.com 网站的排名查询页面截图

可以看到 www.landsend.com 网站的日均 IP 流量（代表网站的整体知名度）及该网站在各个地区的排名情况（代表网站在各个地区的知名度）。

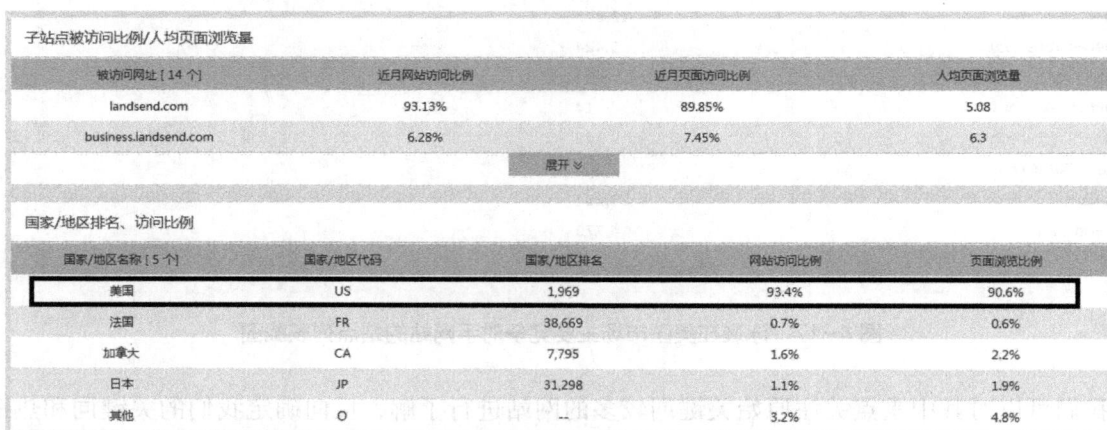

图 4-19　www.landsend.com 网站国家 / 地区、访问比例页面截图

仔细分析搜索结果，我们可以得出结论：这个网站是以美国为主要目标市场，以北美为基础推销我国产品的综合性宣传平台，且在美国有较高知名度。结合 Keyword spy 工具的分析，我们可以确定：要想打开美国或北美市场，特别是泳装市场，此站完全可以用于研究适合美国市场泳装产品

的消费人群、消费能力、品相及价格定位的一个窗口，作为我们在美国乃至北美市场的泳装类别的参考网站。

4. 通过 excel 软件中的 VLOOKUP 功能来进行分析等。

VLOOKUP 函数是 excel 等电子表格中的横向查找函数，它与 LOOKUP 函数和 HLOOKUP 函数属于同一类函数，VLOOKUP 是按行查找，而 HLOOKUP 是按列查找。关于该数据分析，请详见该函数的详细运用，在此不做详解。通过这种方式的分析，我们可以得到你想得到的所有数据比较，为你的选品提供直接的数据说明。

本章小结

选品是跨境电商实际运营过程中对于新手卖家和中小卖家至关重要的环节。本章详细介绍了跨境电商产品的基本特征和选品原则，分析了跨境电商平台的选品禁忌与处罚方式，梳理了跨境电商选品常用的站内选品方法和站外选品方法，并指出了主流跨境电商平台爆款产品开发和打造的策略。

自我测试

简答题

1. 跨境电商产品的基本特点有哪些？

2. 跨境电商产品的选品原则具体是什么？

3. 常见的跨境电商平台知识产权违规类型有哪些？

4. 速卖通站内选品的方法中直通车选品的操作方法是什么？

5. 站外选品方法的基本分析思路是什么？常用的数据来源和分析工具有哪些？

思考题

1. 根据本章的内容，你认为跨境电商平台的处罚方式对卖家选品有什么启示？中小卖家未来的发展出路在哪里？

2. 根据本章介绍的跨境电商平台选品方法，假设你作为一个新手卖家，请采取一种选品方式或者结合多种选品方式选择你要销售的新产品，并详细阐述理由。

【实训参考方案】

跨境电商选品和产品开发

·实训目标

了解跨境电商产品的基本特征，掌握跨境电商的选品原则；熟悉跨境电商平台的选品禁忌及处罚方式；掌握跨境电商选品的基本方法；掌握主流跨境电商平台爆款产品开发和打造的策略。

·实训方式

学习者根据速卖通平台情况，结合一定的数据分析及自身情况来选择要经营的行业及类目下的产品，并参考其他跨境电商平台进行选品。

·实训步骤

1. 利用数据纵横——行业情报进行分析（行业数据、行业趋势），并下载平台30天内行业趋势数据分析数据，确定打算进入的行业；

2. 利用数据纵横——选品专家进行分析，并下载平台30天TOP热销、热搜产品词数据和30天TOP热销、热搜属性数据，使用Excel进行分析（综合指数、数据透视表）；

3. 确定将进入的行业及产品类目，并写一份分析报告，包括图表和数据分析；

4. 制作PPT与同学们分享和讨论。

·实训评价

主要从以下两个方面评价学习者的实训成果：

1. 数据纵横——行业情报、选品专家的数据分析的正确性；

2. 结合每个学生的实际情况和数据分析结果，评价学生的选品结果是否合理。

第五章

产品的上传与店铺优化

【学习目标】

本章旨在让学习者了解和熟悉跨境电商产品上传的流程和详细步骤；掌握关键词的设置方法，了解标题撰写的要求和标题撰写时应避免的问题；掌握影响产品定价的因素，学会产品定价的方法；掌握店铺优化和推广的方法。

【知识要点】

1. 跨境电商产品上传的流程和详细步骤；
2. 关键词的设置方法和标题撰写的要求；
3. 产品定价的影响因素和产品的定价方法；
4. 店铺优化和推广的方法。

【核心概念】

1. 标题关键词的设置和优化
2. 产品标题的撰写和优化
3. 关联营销

【情境导入】

小皮成功选择目标产品之后，在阿里巴巴速卖通平台开启了自己的创业之路，因为相对于其他平台，速卖通平台拥有巨大的潜力和发展空间，还是有很大的优势，但平台上数量众多的卖家无疑会增加很多竞争对手。这时，增加产品的曝光率就成了一个很有必要的问题。速卖通平台发布一款产品，需要填写产品标题、关键词、属性及产品上传数量，这些会直接影响产品的曝光率，进而影响销售业绩。最近小皮新店铺的曝光量和访客数都有所上升，不过比较郁闷的是没有订单。于是他开始给自己的速卖通店铺来个全方位的分析与改进，在产品关键词、标题的撰写、价格的定位等方面进行全面优化。

【引导案例】

跨境电商日渐火爆，早期加入跨境电商行业的卖家已经慢慢寻求到最适合自身的平台，深圳万方网络有限公司就是早期卖家的一个代表。深圳万方网络有限公司从 2005 年开始从事跨境电商行业，主要经营品牌平板电脑、智能手机及周边产品，在 eBay、亚马逊、敦煌网以及独立网站都有运营。万方之所以选择速卖通平台，一方面是看到了它有着巨大的潜力和发展空间；另一方面是速卖通面对 220 多个国家市场和小批量买家，可以填补其他平台的缺陷，不同平台结合起来，可以形成互补。事实也证明了选择速卖通的正确性。

据介绍，公司的速卖通团队从 2014 年 9 月开始组建，主要以品牌平板电脑，品牌智能手机以及品牌 3C 周边产品为主要经营方向。目前团队有 5 人，销售业绩单月销售额超 10 万美金。

看到这里，不少人都在思考为何销售业绩提升如此之快。据其负责人介绍，公司在初期加入了助力计划，配合平台的政策，常与速卖通运营团队沟通合作；先后对店铺进行可优化，包括商品标题、商品详情和店铺装修等，以打造成精品店为宗旨。

公司在产品发布时坚持商品信息的如实描述的原则。这是最基本的要求，销售的是什么样的商品，在商品描述的时候一定要真实、准确地告诉买家，帮助买家快速地做出购买决策。由虚假描述引起的纠纷会严重影响卖家的排名情况甚至平台网规的处罚。

商品描述信息尽量准确完整。商品的标题、发布类目、属性、图片、详细描述对买家快速做出购买决策来说都非常重要，务必准确、详细地填写。

同时商品的主图是商品的一个不可或缺的部分，买家更加喜欢实物拍摄的高质量、多角度的图片，因为这些能够帮助他们清楚了解公司销售的商品，从而做出购买决策。

详情页描述的信息一定要真实、准确，图文并茂地向买家介绍公司商品的功能、特点、质量、优势，帮助买家快速地理解。商品图片实物拍摄美观、整洁、大方的页面排版设计，会吸引买家的眼球，提升商品成交的机会。

现在，团队正在不断发展，但是跨境电商行业的竞争也再不断加大，他们认为还是要走自己品牌化道路。首先，针对市场调研做出最佳决策，把握正确的产品定位，跟忠实买家常互动，了解并做出大众喜爱的产品；其次，做好产品的多样化，满足不同客服群体的需求；最后，控制品质是关键，他们表示有专业的研发团队和工程部，所有产品通过许多国际品质认证，这是未来品牌化发展趋势必经之路。

请思考：

1. 你是否了解速卖通平台商品发布的规则？

2. 如何选择标题的关键词？是否了解标题制作的方法和流程？

3. 如何成功发布一件产品？

第一节　产品的上传

一、跨境电商产品上传的一般流程

跨境电子商务是以网络上的虚拟店铺为媒介，让买卖双方在其中达成交易。因此运营跨境电子商务网店的首要内容，也是最重要的工作内容就是上传、发布产品。

（一）产品发布的流程

不同的跨境电子商务平台的产品上传方式和流程不尽相同，但都需要涵盖设置产品标题、放置产品图片、计算产品价格、填写商品属性信息等环节。国外的一些跨境电子商务网站如亚马逊等则在上传产品的时候制作表格。

由于上架的产品数量不断增多，为了便于管理，还需要填制产品信息表格，涵盖产品的编号、成本、重量、不同利润率下的价格等。以速卖通平台为例，产品上传的流程如图5-1所示。

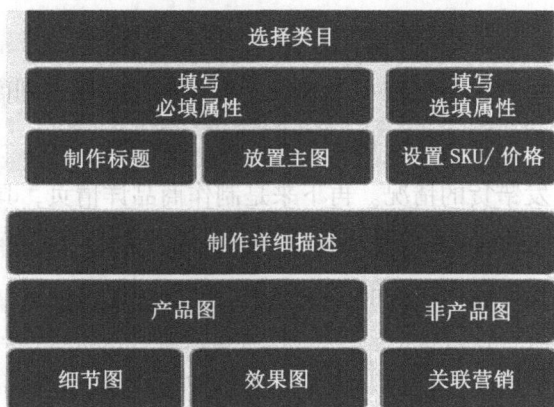

图5-1　产品发布的流程

（二）产品上传的步骤

首先，要制作上架产品信息。在实际操作之前，应该制作出一系列的产品信息文件，包括：

主图、详情页图 .jpg	价格 xls
标题	属性填写 .doc

其次，准备好产品信息后，就开始上传产品。首先是选择产品所属类目，这部分要求掌握产品的英文名，只有对行业有比较准确的认识，才能把产品传到正确的所属类目。如果传错了产品类目，将会影响买家的搜索。有些跨境电子商务平台会对放错类目的产品进行诊断，并打击恶意放错骗取曝光的行为。

那么如何在发布过程中避免类目错放呢？

1. 要对平台的各个行业、各层类目有所了解，知道自己所售商品从物理属性上来讲应该放到哪个大类目下，如准备销售手机壳，应知道是属于手机大类下的。

2. 可在线上通过商品关键词查看此类商品的展示类目，作为参考。

3. 根据自己所要发布的商品逐层查看推荐类目层级，也可以参考使用商品关键词搜索推荐类目，从而在类目推荐列表中选择最准确的类目，发布时要注意正确填写商品的重要属性。

有些平台对部分商品制定了准入门槛，对于这样的商品，需要按照准入类目的提示信息联系行业经理，提交准入资料，通过审核后，平台才会给予产品上传资格。如果在取得上传资格之前，将准入类目的产品上传到其他类目，则属于乱放类目，这属于违规行为，会遭到平台的处罚。

再次，选择好商品所属类目之后，需要在产品发布页面填写产品属性。产品属性是指产品各方面的信息。在网上交易时，买家无法看到产品的真实信息，只能根据产品的图片、描述来进行判断，因此真实准确的属性信息对一个产品尤其重要。在发布产品时，属性填写应尽量准确，因为如果属性填写不准确，将会使买家在搜索时不能准确得到自己想要的商品。

然后是商品的标题拟定和选择关键词，以及放置产品主图，这部分在后面的章节里讲述。

接下来是设置 SKU 和设置产品价格。SKU= Stock keeping unit（库存量单位），即库存进出计量的单位，定义为保存库存控制的最小可用单位，可以是以件、盒、托盘等为单位。针对跨境电商而言，SKU 还有另外的注解：

1. SKU 是指一款商品，每款都会出现一个 SKU，便于电商品牌识别商品。

2. 一款商品多色，则是有多个 SKU，例：一件衣服，有红色、白色、蓝色，则 SKU 编码也不相同，如相同则会出现混淆、发错货的情况。再下来是制作商品详情页，具体在后续章节展开。

最后，设置产品包装信息和选择物流模板。产品的包装信息要填准确，避免产品不必要的纠纷。物流模板制作好之后，在发布产品的时候选择相应的物流模板即可。

（三）产品发布的详细步骤

我们以阿里巴巴全球速卖通为例，在速卖通上传一个好的产品信息，能够更加好地提升产品的可成交性，加快买家的下单决定。因此一个好的产品描述应该做到标题撰写专业、图片设置丰富、详情页描述详尽、属性填写完整、价格合理、免运费和备货及时等。接下来我们一起来看一下如何在速卖通发布产品吧。

在网上交易，买家无法看到卖家产品的真实信息，只能根据产品的图片、描述来进行判断，因此真实准确地描述一个产品尤其重要。在速卖通发布一个产品主要包含以下几个步骤：

　　登录速卖通账号，进入"我的速卖通"页面，点击左侧的"发布产品"按钮，进入产品发布页面，可以看到如图 5-2 所示。

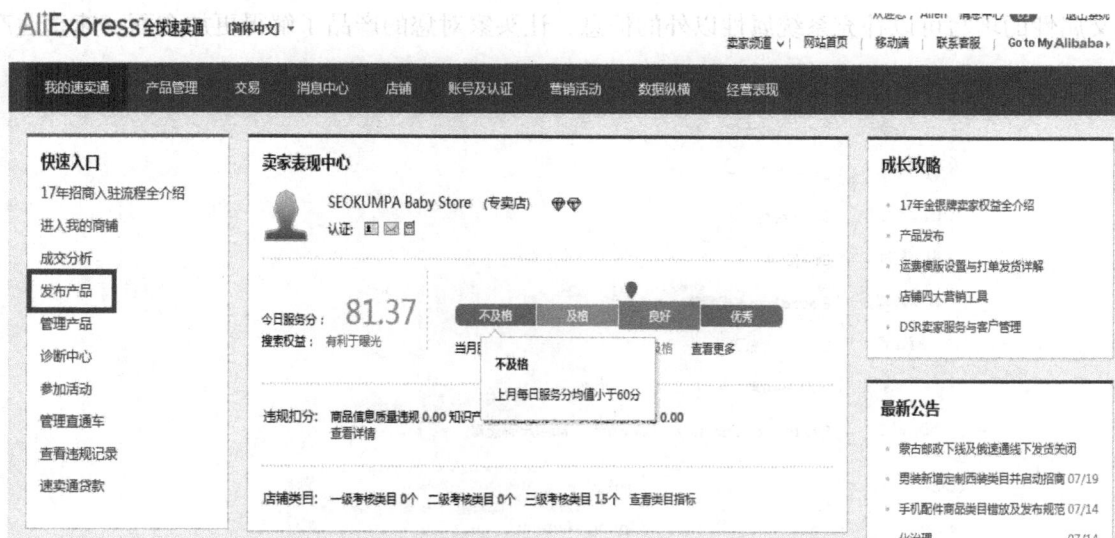

图 5-2　"我的速卖通"页面截图

　　1.类目选择。请注意一定要根据自己产品所属的实际类目进行选择，方便买家更加快速地找到销售的产品。避免选错类目，一旦错放类目的产品，曝光会受到影响甚至会受到平台的处罚。从 2016 年起，速卖通把各行业划分为八大经营范围，每个经营范围分设不同经营大类。而每个速卖通店铺只准选取一个经营范围进行经营，并可在该经营范围下跨经营大类经营。只要产品类目在同一经营范围内，店铺卖家可以发布多个类目的产品。在发布产品时，产品要正确放置在各经营大类二级或三级类目下。如果在经营大类下发布非该经营大类所属商品，规避速卖通类目准入政策的，或卖家通过作弊手段进行年销售额作假等，速卖通将依据严重扰乱平台秩序等规则执行账号处罚。选择类目如图 5-3 所示。

图 5-3　"类目选择"页面截图

2.产品基本属性的填写。产品属性包含两个方面：系统定义的属性和自定义属性。产品属性是买家选择商品的重要依据。一定要详细、准确地填写系统推荐属性和自定义属性，提高曝光机会。自定义属性的填写可以补充系统属性以外的信息，让买家对您的产品了解得更加全面。速卖通产品属性填写如图5-4所示：

图5-4 "产品属性"页面截图

3.标题填写。产品标题是买家搜索到所销售的产品并吸引买家点击进入商品详情页面的重要因素。字数不应太多，一般各平台都有字数限定，要尽量准确、完整、简洁。一个好的标题中可以包含产品的名称，核心词和重要属性。不要在标题中罗列，堆砌相同意思的词，否则会被判定为标题堆砌。

例如：Girls Newborn Baby Prewalker Princess Shoes Infant Toddler Butterfly Flower Bow Soft Soled First Walkers Shoes 0–1 Year

这样的标题就属于关键词堆砌，会受到平台的处罚。

4.产品图片设置。在选择产品图片时，可以选择发布多图产品。多图产品的图片能够全方位、多角度展示卖家的商品，大大提高买家对商品的兴趣。建议卖家上传不同角度的商品图片。多图产品最多可以展示6张图片。速卖通产品产品图片设置如图5-5所示。

图 5-5　"产品图片设置"页面截图

5. 同一款产品不同属性的设置。同一款产品，因为颜色不同，产品的价格也会不同，所备的库存也是不同的，可以分别进行设置：

（1）针对不同颜色进行设置价格时，一定要注意产品是按照打包进行收入的还是按照单个销售的；

（2）对于每个颜色的产品，可以上传本产品的缩小图，也可以选择系统定义的色卡；

（3）对于同一款产品，不同颜色的可以按照每种不同的颜色设置是否有库存。如图 5-6 所示。

图 5-6　"不同属性的设置"页面截图

127

6. 产品详情页描述。尽量简洁清晰地介绍商品的主要优势和特点，不要将产品标题复制到详情页中。产品的详细描述是让买家全方面了解商品并有意向下单的重要因素。优秀的产品描述能增强买家的购买欲望，加快买家下单速度。一个好的详细描述主要包含以下三个方面：

（1）商品重要的指标参数和功能（例如服装的尺码表、电子产品的型号及配置参数）；

（2）5 张及以上详细描述图片；

（3）售后服务条款。如图 5–7 所示：

US SIZE	5.5	6.5	7.5	8	9	10	10.5	11	11.5	12
EUR(CN) SIZE	21	22	23	24	25	26	27	28	29	30
Inner Length(cm) Внутренняя длина	13.6	14.2	14.7	15.2	15.8	16.5	17	17.8	18.5	19

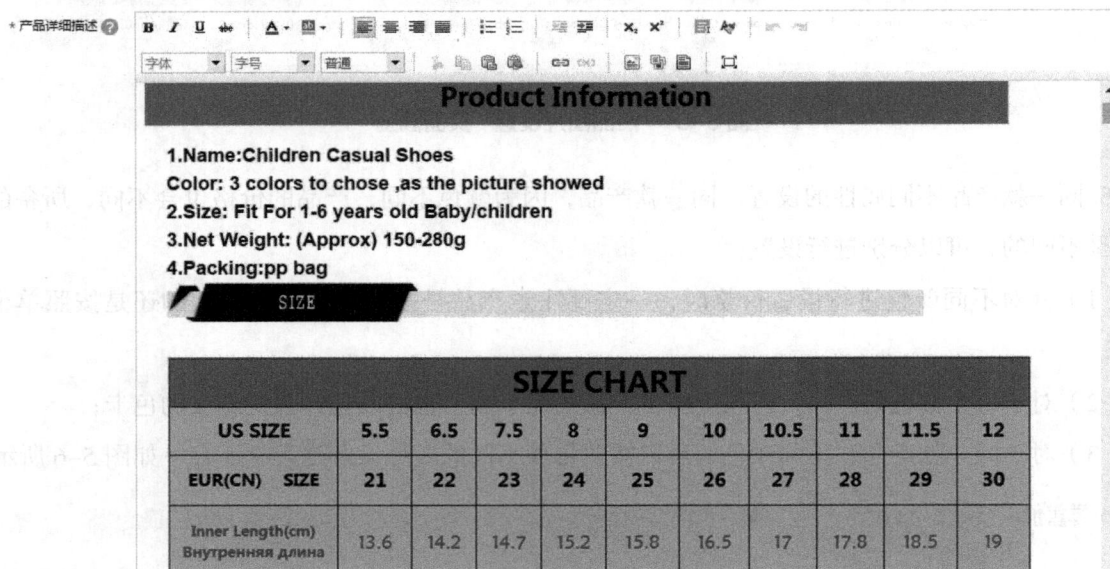

图 5–7 “产品详情页描述”页面截图

7. 包装设置：在填写包装设置时，一定要填写产品包装后的重量和体积，这会直接跟运费价格相关，请一定要准确填写。速卖通产品包装设置如图 5–8 所示。

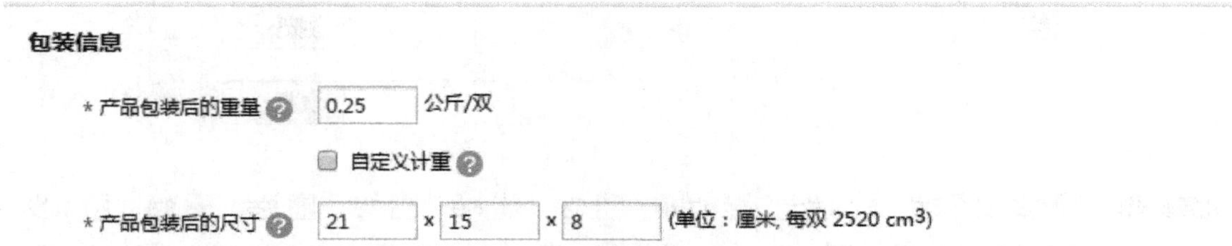

图 5–8 “包装设置”页面截图

8. 运费设置。合理的运费设置可以大大降低产品的成本，因此在设置之前，一定要先跟物流公司确认好物流的价格和折扣，然后再定义运费。目前有两种方式可供选择：

（1）直接选择完整提供的新手运费模板，后期可以选择采用速卖通合作的物流服务商或者自己联系货代公司发货。如图 5–9 所示。

物流设置

* 产品运费模板 新手运费模板 (Location: CN) ▾ 不熟悉国际物流可选择此模版。该模版已设置运费折扣信息，买家支付后您可直接发货。

发货运费参考: 以 1 双 为例

从 China ▾ 发往国家/地区 United States ▾

物流公司	设置	价格	运达时间
Russian Air	不支持向该国家或地区发货	-	-
ePacket	自定义	US $4.85	27 天
China Post Registered Air Mail	自定义	US $5.15	39 天
EMS	自定义	US $16.06	27 天

查看该运费模板详细设置

图 5–9 “新手运费模板”页面截图

（2）自定义运费模板：根据自己的经验和与快递公司协商好的物流折扣，设置合理的运输方式及价格。如图 5–10 所示：

物流设置

* 产品运费模板 copy dayu7 (Location: CN) ▾

发货运费参考: 以 1 双 为例

从 China ▾ 发往国家/地区 United States ▾

物流公司	设置	价格	运达时间
DPEX	不支持向该国家或地区发货	-	-
ePacket	自定义	-	20 天
China Post Registered Air Mail	自定义	-	39 天
AliExpress Standard Shipping	不支持向该国家或地区发货	-	-
EMS	标准运费（减免50.0%）	US $20.08	27 天
Fedex IE	标准运费（减免0.0%）	US $62.61	23 天
UPS Expedited	标准运费（减免0.0%）	US $64.15	23 天
DHL	自定义	US $76.66	23 天
UPS Express Saver	标准运费（减免0.0%）	US $76.77	23 天
Fedex IP	标准运费（减免0.0%）	US $78.44	23 天

图 5–10 “自定义运费模板”页面截图

【即问即答】

阿里巴巴的全球化逐渐展现出来，在全球化中速卖通作为把中国商品推向国外的重要渠道之一，越来越多的外贸开始投入速卖通。在开店做速卖通的时候有一个重要的环节就是速卖通运费设置。

1. 速卖通运费模板有哪几种方式？

2.各自的定义分别是什么？

9.其他信息。

（1）选择正确的产品分组，方便后期买家在您店铺中查找产品，同时也便于您后期对产品的管理；

（2）产品有效期指产品在审核成功后展示的时间。如图5-11所示：

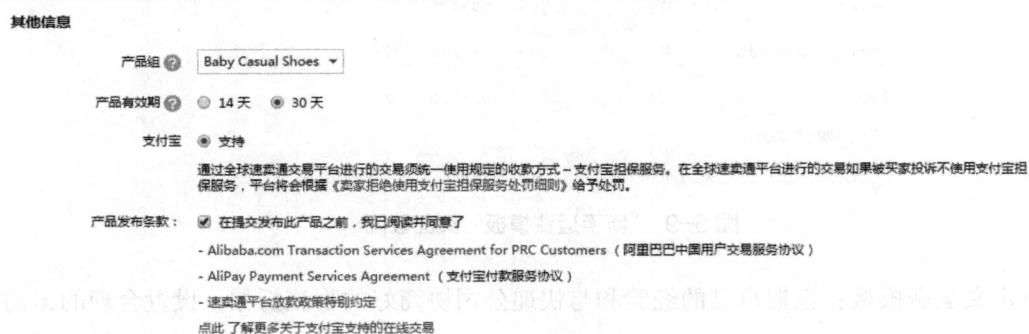

图5-11 "其他信息"页面截图

在编辑完产品之后，点击提交，就可以看到产品会进入审核，24小时后可以去检查一下产品的审核情况，审核通过后，买家就可以找到上传的相关产品。审核页面如图5-12所示：

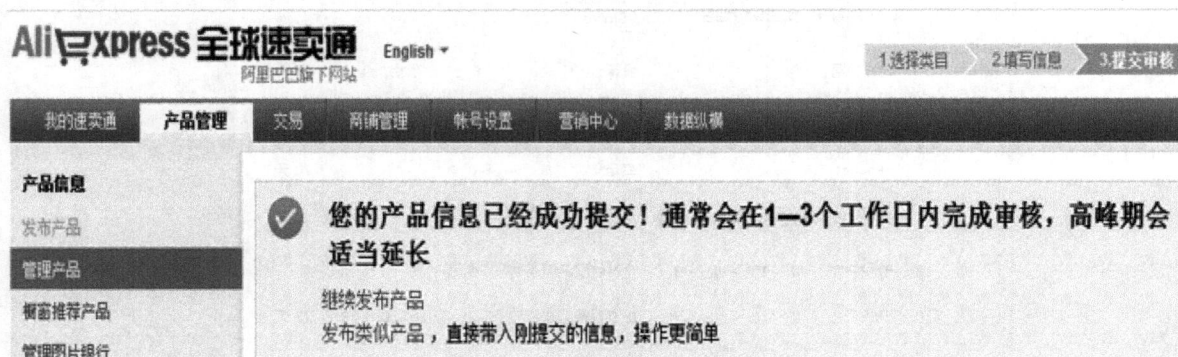

图5-12 "产品审核"页面截图

二、产品关键词的设置和产品标题的撰写

跨境电商很多平台的产品主要依靠关键词和产品标题的自然排名来排序，重中之重的自然是产品的关键词了，一般平台都会设置三个关键词进行匹配，每个平台都有每个平台的排序组合规则，大致都是相通的，前提是要获取足够多的产品关键词。

产品标题和关键词支持站内、外关键字搜索。产品标题、关键词的匹配度，直接影响产品在搜索结果页面的排序曝光。

同时，一个专业的产品标题能让你从搜索页面上万的优质产品中脱颖而出，吸引买家进入产品详情页。

（一）关键词的设置

1. 透过买家需求查询关键词

想要制作一个优质标题，首先必须知道热搜关键词有哪些。那么如何通过搜索词分析，找到符合自己的关键词，我们来看一下。

一般情况下，买家心理存在一定的共性，从搜索关键词的搜索热度，我们可以分析买家市场的心态，判断出买家想买什么产品，以及期望获得的服务。

通常情况下，买家搜索的关键词有以下三个共同特征：

（1）搜产品名。产品名最好与产品类目词相同，而且要将产品的特征体现出来，与其他卖家的同类产品也不要相差太远。

非标类产品如服装、珠宝一般是产品属性＋产品类目词，如买家想买一件大码的婚纱，就会使用 plus size wedding dress 这个关键词。

标类产品如 3C，买家一般会直接搜索型号或使用型号 / 属性＋产品类目词的组合，如 unlocked phones，a5000。

（2）搜特色服务（营销词）或特性词。下面列出买家经常使用的特性词：

特色服务词：free shipping，wholesale，sale，promotion 等。

特性词：hot，fashion，designer，cheap，2011，men，women，kids 等。

（3）搜品牌名称。买家在搜索时也常使用品牌，其中既有 LV，NIKE 这样的国际品牌，也有中国的 huawei，ramos，yoobao 等品牌。使用这些搜索词的卖家往往带着很强的目的性。需要注意的是，很多品牌没有获得授权是不能发布的，违规发布会受到跨境电商平台的惩罚。

除了以上提到的三个特征，我们还可以从关键词的搜索热度变化来判断某一产品的需求走势。例如，夏天来了，sunglasses 的搜索量已经连续几周稳步上升，运动用品中与渔具有关的关键词如 fishing，fishing equipment 也会持上升趋势。

2. 利用数据纵横，查看平台搜索词

在全球速卖通平台上，速卖通的数据产品—数据纵横拥有关键词查询功能。使用路径为"卖家后台"—"数据纵横"—"选品专家"—"热门关键词"。如图 5-13 所示。

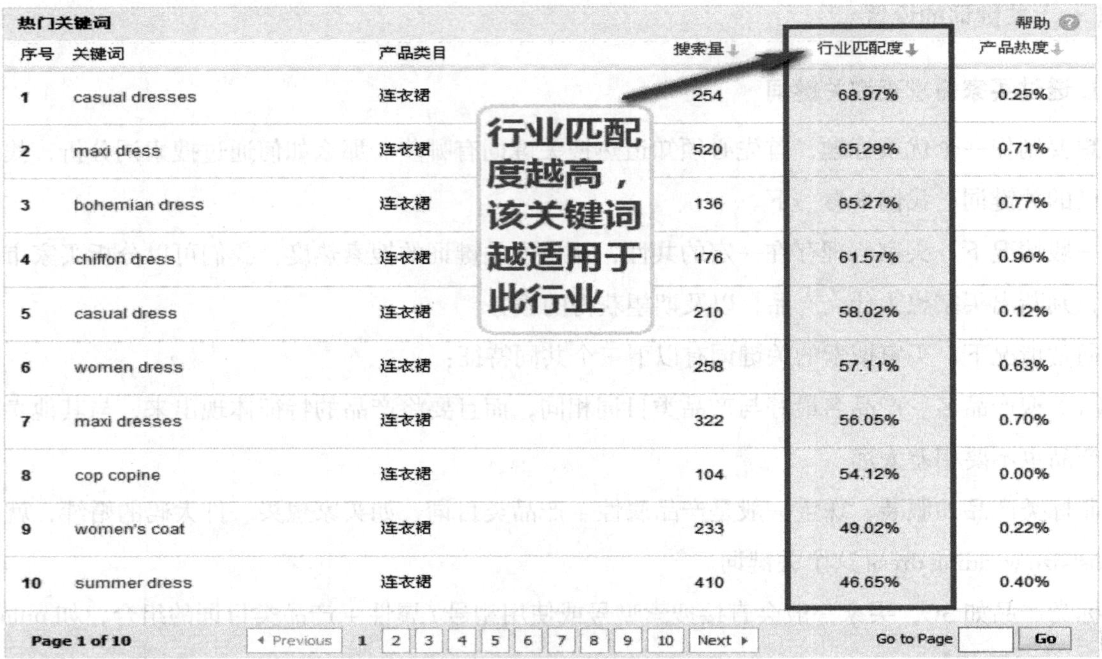

热门关键词　　帮助

序号	关键词	产品类目	搜索量	行业匹配度	产品热度
1	casual dresses	连衣裙	254	68.97%	0.25%
2	maxi dress	连衣裙	520	65.29%	0.71%
3	bohemian dress	连衣裙	136	65.27%	0.77%
4	chiffon dress	连衣裙	176	61.57%	0.96%
5	casual dress	连衣裙	210	58.02%	0.12%
6	women dress	连衣裙	258	57.11%	0.63%
7	maxi dresses	连衣裙	322	56.05%	0.70%
8	cop copine	连衣裙	104	54.12%	0.00%
9	women's coat	连衣裙	233	49.02%	0.22%
10	summer dress	连衣裙	410	46.65%	0.40%

Page 1 of 10　◂ Previous　1　2　3　4　5　6　7　8　9　10　Next ▸　Go to Page　Go

图 5-13 “热门关键词”页面截图

3. 通过站外工具设置更多关键词

（1）Google insight for search

可以查询产品关键字的海外搜索量排序，产品在不同地区、季节的热度分布及趋势。网站地址为 http://www.google.com/insights/search/ 。通过搜索可以发现某关键词的区域关注度，如图 5-14 所示。

图 5-14 “区域关注度”页面截图

（2）google adwords

通过此工具可以查询关键字和相关关键词的海外搜索量，找到热卖的品类。网站地址为 https://adwords.google.com/，查询结果如图 5-15 所示。

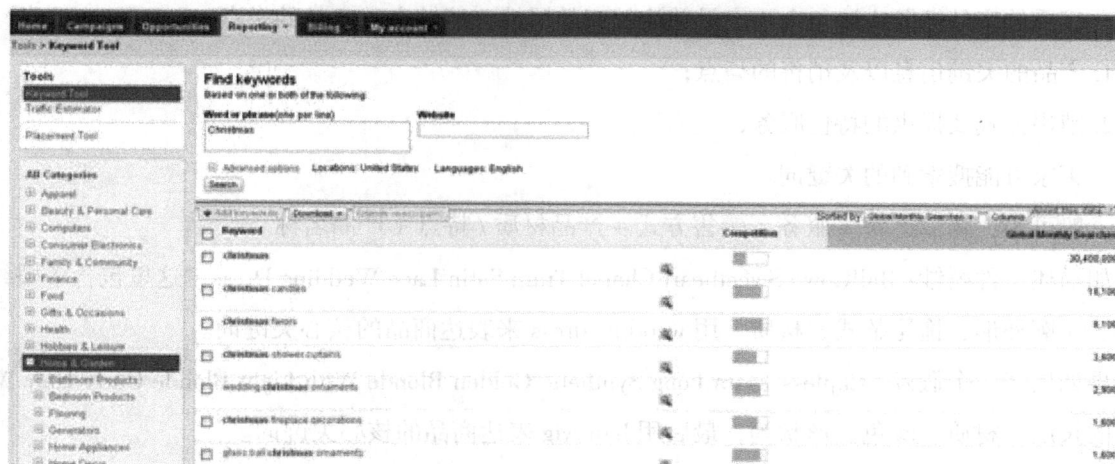

图 5-15　"关键词海外搜索量"页面截图

（3）eBay Pluse

此工具方便查看美国 eBay 35 个大类目下被买家搜索次数最多的前 10 关键字，同理进入某个大类目下可以查看二级、三级、四级……，类目下被买家搜索次数最多的前 10 关键字。

地址为 http://pulse.eBay.com/，如图 5-16 所示：

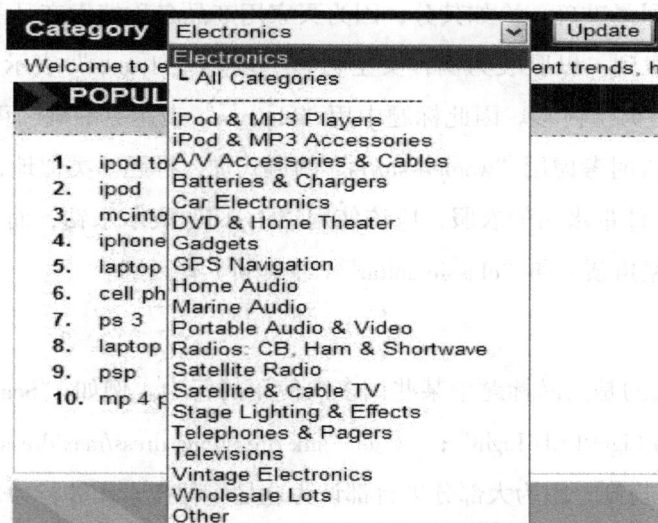

图 5-16　eBay Pluse 搜索页面截图

（二）产品标题的撰写要求

产品标题是搜索上面非常关键的一个因素，卖家务必在标题中清楚地描述产品的名称、型号以及关键的一些特征和特性，帮助买家一看就清楚地知道卖家卖的商品是什么，从而吸引买家进入详情页进一步查看。产品标题是吸引买家进入商品详情页的重要因素。字数不应太多，每个跨境电商平台对产品标题的撰写都有字数限制，卖家应尽量准确、完整、简洁，用一句完整语句描述商品。

产品标题支持站内、外关键字搜索，一个专业的产品标题能让你从搜索页面上万的优质产品中脱颖而出。优质的产品标题应该包含买家最关注的产品属性，能够突出产品的卖点：

1. 产品的关键信息以及销售的亮点；

2. 销售方式及提供的特色服务；

3. 买家可能搜索到的关键词。

一般可为：物流运费 + 服务 + 销售方式 + 产品材质 / 特点 + 产品名称。

如描述一件婚纱：BallGown Sweetheart Chapel Train Satin Lace Wedding Dress，这里包含了婚纱的领型、轮廓外形、拖尾款式、材质，用 wedding dress 来表达商品的核心关键词。

再如描述一个假发：Capless Extra Long Synthetic Golden Blonde With Light Blonde Curly Hair Wig，假发的长度、材质、颜色、形状等，最后用 hair wig 表达商品的核心关键词。

（三）产品标题撰写时应避免出现的问题

1. 信息词外语表达不准确

目前国内卖家在主流跨境电商平台（如 Amazon，eBay，Aliexpress，Wish，Dhgate 等）销售产品时主要使用英文完成产品页面编辑。少量使用其他语言，如在亚马逊日本站用日语编辑产品。无论是用何种语言，"核心词、修饰词、其他词"这些信息词的外语表达很重要，尤其是表达产品"是什么"的核心词要尽量准确，恰如其分，因为买家用产品名称搜索产品的频率很高，若表达不准确就很难被用户搜索到。以服装为例，女士衬衫一般用"blouses"表示，而不是"shirts"，因为"shirts"通常指的是男士衬衫。因此标题中用"blouses"表达更准确，更容易被买家搜索，而"shirts"仅在字符数允许时考虑用"women shirts"的形式加入标题。类似地，其他信息词的表达也要尽量准确。例如，一件带水钻的衣服，应该使用"crystal"表示水钻，而不是用"diamond"（钻石）；"spread collar"（宽角领）和"classic collar"（经典领）有区别。

2. 标题内词汇堆砌

标题内词汇堆砌指的是商品标题中某些词多次使用的行为。例如："Scan LED Laser Light/Light Laser/Stage Lighting/Disco Light/LED Light"；又如"silk dress/long dress/maxidress/beaded dress"；等等。这一方面会违反了平台规则，因为大部分平台都认为这是一种搜索作弊行为，会给予搜索排名靠后的处罚，也就是说这对产品排名有负面影响；另一方面这也占用了有限的标题字符，从而不得不舍弃其他可能更有用的信息词。因此需要避免此类情况，如可以将"silk dress/long dress/maxi dress/beaded dress"改为"silk maxi beaded long dress"，这样买家搜索"silk dress""long dress""maxi dress""beaded dress"等同样有可能搜索到这款产品。

3. 盲目模仿

目前跨境电商卖家外语能力参差不齐，标题设置有时力不从心。他们有的利用百度翻译等工具完成翻译，可能出现前述的外语表达不准确的情况；有的则自作聪明地模仿，甚至直接盗用搜索排名靠前的标题。而盲目模仿却不一定能带来同样好的流量。首先，若是一个新店铺，在没有销量支撑的情况下，雷同率高的热词并不能帮助产品靠前出现；其次，若产品目标市场不一样，同样的词也会带来不一样的效果，如美国买家习惯用"facial cleansing""cleansing brush""facial cleansing brush"等搜索我们卖的洁面刷，但其他区域的买家在搜索同类产品时，用词也许会有差别，如他们可能更习惯使用"face brush"来搜索，也就是说标题设置需符合我们主攻的目标市场买家的搜索习惯，而不是盲目模仿他人。

4. 标题与产品不匹配

标题与产品不匹配主要有两种情况：一是卖家为引流在标题中加入了与产品不符的词，例如产品明明是"one piece dress"（连衣裙），却在标题里加进了"mini skirt"（迷你半身短裙），甚至加上了一些知名品牌的名字，以增加流量；二是标题与产品上传时的属性选择或页面详情描述信息不匹配，例如标题写了"plastic sheets"（塑料板），但产品详情中却在描述塑料管或其他相关性不大的商品。卖家这样做的原因大多是引流，但这样的引流往往是无效的。因为一个想买迷你裙的买家，点进你的产品后看到的却是连衣裙；明明看到你的标题写了塑料板，但详情却描述了一个完全不相关的产品。这些情况下买家的购买可能性可想而知，他们甚至会对卖家的错误设置反感。同时，这可能也违反了平台规则，会被平台强制下架。

5. 标题中出现不必要的非引流词

有些卖家为符合语法习惯，在标题中添加诸如"to、the、and"之类的词。这些词对搜索排名无影响，却占用了有限的标题字符，如无特殊用途，则可考虑删去。例如，一件适合春秋的服装，可以在标题中写入"spring and autumn"，但如果改成"spring autumn"则更好，因为"and"是个对搜索引流没什么影响的词，去掉则可以节省4个字符，用于放其他更有用的词。

6. 标题设置不符合平台规则

跨境电商平台各有规则，标题设置需注意不能违反其规则。例如，跨境平台对标题大都有"不能出现堆砌词、侵权词，不能滥用品牌词"等规则，文章前述内容中也有提到其中的部分规则。此外有些平台还规定标题中不能包含"!, *, $, ?"等字符，不能使用不正确的英文拼写，等等。同时，还需要注意的是，若卖家同时在好几个跨境平台出售产品，则尤其要注意平台间的规则差异，如上文中提到的标题中可考虑将"包邮"等物流信息放入标题，这在速卖通平台是被允许的，但亚马逊却规定不允许出现如"DHL、Free shipping"之类的物流信息。再例如，有些平台信息词的排列顺序对搜索排名有影响，有的则不尽然。

（四）产品标题的优化

根据上述方法设置的标题经过实践检验后，若发现搜索排名表现不理想，可以对已撰写好的标题进行优化，以获得更高的搜索排名或更好的客户体验。

1. 利用平台内数据分析工具优化

跨境电商平台内都设有一些数据分析工具，可以帮助关键词的优化。以速卖通为例，卖家主要可以利用后台的"数据纵横—商机发现—搜索词分析"栏目，获得近一周或近一个月的特定国家买家针对某类产品的热搜词、飙升词、零少词的信息。其中，热搜词可以按搜索人气、搜索指数、点击率、浏览–支付转化率、竞争指数排名，还可以知道特定热搜词排名前三的热搜国家是哪几个。飙升词可以按搜索指数、搜索指数飙升幅度、曝光商品数增长幅度、曝光卖家增幅排名。零少词则可以按曝光商品数增长幅度、搜索指数、搜索人气等排名。这些数据均可下载到 excel 中做具体分析。例如，该数据分析工具可以告诉我们，近一周美国客户对"服装 / 服饰配件"类产品的热搜词按搜索人气排名依次为：summer dress, dress, swimsuit, maxi dress, jumpsuit, sunglasses 等。我们可以参考这些信息对标题进行优化。

2. 利用第三方关键词挖掘工具优化

标题搜索排名表现不好很重要的一个原因可能是卖家并没有发现客户最主要搜索的词是哪些。一个简单的例子是：中山装也许有人只知道叫"Zhongshan Suit"，却不知道我们的客户却更多地称之为"Mao Suit"，我们在标题中设置了"Zhongshan Suit"，却一直错过了用"Mao Suit"来搜索的客户。而一些第三方关键词挖掘工具可以帮助卖家解决这个难题，例如 Google Trends、Google AdWords、Keyword Discovery 以及目前仅支持 aliexpress 和 eBay 的蚂蚁提名等第三方工具。以 Google AdWords 为例，其主页上"工具与分析"下的"关键词规划师"可以帮助卖家获取针对不同目标市场客户群或不同跨境电商平台的关键词参考信息。例如，某卖家做的产品品类为"necklace"（项链），其目标市场为美国、英国、法国、西班牙，那么可以在"关键词规划师"中的"定位"栏对地理位置及语言进行设置，从而获得目标市场客户群的关键词参考信息，这些信息可按相关性、月搜索量、竞争度排名；若该企业仅想知道敦煌网对"necklace"这类产品的关键词提示，那么可以在"关键词规划师"中的"目标网页"中输入敦煌网的网址即可。当然，这些工具给的一些热搜关键词提示并不一定适用于所有卖家，首先要结合经验选择相对适合的词，然后拿这些词到 google、到跨境平台搜索，查看有多少同行在用。若碰到一个词，它的搜索量不小，但同行用的却不多，甚至没有人用，那就试着把这个词加到标题里，也许它将给搜索排名带来惊人的变化。

3. 借鉴优秀卖家产品标题做优化

除了利用平台内、外工具优化标题，卖家还可以通过访问买家页面，发现并借鉴同类产品优秀卖家设置的产品标题，来优化自己的标题。这里的优秀卖家包括两类：一是同一跨境平台上的优秀竞争对手。例如，在速卖通平台上，可以通过买家页面的"Hot Products"（热销产品）"Weekly Bestselling"（一周内销量领先产品）上找到销量表现好的同类产品标题，学习并借鉴。或者通过买家页面的 Categories（品类选择）中看到"Hot Categories"（热门种类），在各品类下可以看到"Best Match"（最佳匹配产品）以及"Hot Now"（热门词）等信息。例如，"dresses"（连衣裙）品类下，目前提示的热门词包括"Sexy、Slim、Sleeveless、Lace Black、Vintage、Chiffon、Maxi、Beach"等，这一方面有助于标题优化，同时对卖家选品也是一个不错的参考提示。另一类优秀卖家是目标市场当地知名电商平台上的优秀卖家。例如，目标市场为美国时，可以参看美国亚马逊上同类产品销量表现不错的卖家产品标题。在那里我们可以发现更符合目标市场消费者习惯的英语表达方式。

4. 优化排版以提高标准视化效果

除了标题内容的优化，我们还可以优化标题排版，以提高标题可视化效果，提高用户体验。一个一长串、不分割的标题，虽然给客户带来了大量信息，但同时有一种令人眼花缭乱的感觉。例如：标题单词不要全小写，建议单词首字母大写，介词连词小写，特别重要或想突出的词全部大写。如"YiChen Beaded Straps Bridesmaid Prom Dresses with Sparkling Embellished Waist"；帮助用户快速定位产品的一些关键信息。但是成功优化的标题并不是一劳永逸的。例如，服饰类产品对季节变化很敏感，当季节变换的时候，用户搜索内容会发生较大的变化；或当热门事件发生、新产品发布之后，热门搜索词也会发生变化；抑或是当卖家参与平台某个活动时，标题内容也需要做相应的优化调整。因此，我们需要时刻关注产品搜索排名变化，并根据情况不断优化产品标题。

5. 结合平台或客户端差异做优化

有的卖家同时在不同跨境电商平台售卖同一产品，这时会发现同一标题在不同平台的搜索排名表现会有差异。例如，从标题简洁性看，Wish 和 Amazon 在设置标题要求简洁明了，速卖通相对复杂很多。如果你同时做速卖通和亚马逊，那么速卖通上设置的复杂标题也许可以获得较好的排名表现，但在亚马逊上未必有同样的效果。也就是说，标题的设置与优化不能一概而论，需结合平台各自的规则与特点，区别设置与优化各平台的产品标题。

【技能提示】

产品标题在搜索排名中的重要作用

大家都知道，速卖通平台搜索的整体目标是帮助买家快速找到想要的商品，而搜索的排名将决定谁的商品排序在前，那么买家就会优先看到，自然也就会给卖家带来极大的客户订单的可能性。速卖通的排名是一个综合的计量，除了产品的标题，关键属性、标题字数、关键词重复与否都会计算评分。那么怎样才能将自己商品的排序提升呢？在速卖通评分计算里的要素提到了两次标题，这就告诉我们速卖通的标题撰写的技巧显得尤其重要。

三、主图的制作与选择

（一）主图的作用

跨境电商网店的图片可以分为主图、细节图和颜色图几种。主图是客户最先看到的图片，主图可以有多张，其中第一张叫首图。

无论买家是通过关键词搜索还是通过类目搜索，展现在消费者眼前的第一张图片都是商品主图。因此，商品主图的优劣是影响买家关注及买家点击的重要因素。主图有 6 张，要完全合理地利用起来。好的主图能增加点击率，减少不必要的花费。6张主图就是一个产品描述的缩影，能提高手机端的客户的转化率。主图第一张放最佳视角镜头，清晰明白地展示产品。主图能够极大地影响客户在产品页面的停留时间，也极大地影响了店铺的转化率。通过一张优秀的主图，可以在店铺没有做任何付费推广的情况下，依然吸引很多流量为卖家节省一大笔推广费用。

（二）主图的标准

首先，在主图的选择中，需要一张清晰度高的图片。图片的清晰度是一张主图的首要条件，模糊的主图不仅影响消费者的视觉体验，还会严重地影响商品的价值体现。所以，在选择商品的主图时，首先要考虑图片的清晰度问题。

对于商品主图来说，合理的商品展示角度不仅能增强商品的立体感，还可以让买家更加清晰地看到商品的全貌，并且一个好的商品角度可以让商品更加灵动。在确保商品角度合理的情况下，还需要注意商品的完整性。对于静物来说，商品尽量展现出多个侧面，这样可以让买家通过一张图片获取更多的商品信息。

许多店铺为了防止其他店铺盗用自家的图片，在产品图片中添加文字或水印，很容易影响产品的美观度，让消费者对这款产品失去信心。

其次，需要选取一张曝光正确的商品图片。光线的色温及明暗会造成商品的色差问题，如果采用了一张曝光有问题的图片，就容易引起售后纠纷。因此，在图片的选择上，对于图片的正确曝光也需要考虑和筛选。比如，采用逆光拍摄的角度，正面光线不足，就无法辨别衣服的实际颜色，这样就容易让消费者对颜色产生理解误差。

很大部分消费者习惯用放大功能查看商品情况，由于主图支持放大功能，为了让消费者可以更加清晰地查看商品主图的细节情况，商品主图尽量选择800×800像素以上的图片。在保证清晰度的同时也要考虑图片的大小，因为有些平台设有图片大小的限制，比如速卖通平台规定单张图片大小不能超过500KB。

所以说产品主图就像人的一张脸，干净、美观、漂亮的脸蛋才能在第一眼吸引人的注意。优秀的主图的作用包括以下几点：①凸显自己的产品；②提高自己店铺的辨识度；③提高曝光量；④提高单击率；⑤提高店铺转换率。那么什么样的主图才是优秀的呢？总体上来讲，做到图片背景色单一简洁、主体商品突出（占图片60%以上）、画面清晰（推荐尺寸800*800p）、文字数量适中等即可。主图应该避免：主体很多，没有重点，或是画面杂乱，主体不突出；背景昏暗，颜色低沉；图片长宽比例不一致，非正方形；文字过多，或产品细节过多，遮盖主体；与平台风格不一样各产品主图不统一、不规范；等等。

以阿里巴巴全球速卖通为例，平台对于某些商品的主图有明确的要求，这些产品包括女装、童装、婚纱礼服、鞋等行业，下面我们做一下简单的介绍。

1.女装行业：图片无杂乱背景，统一背景颜色，最好是白色或者浅色底，（注：除有统一背景的品牌店铺，且整个店铺的商品有定位，呈现出一定的调性）。图片上除了英文logo统一放在左上角，不允许放置任何尺码、促销、水印，文本等信息。图片主体比例要求占整个图片 70% 以上，禁止出现任何形式的拼图，尤其是商品多色使用多宫格的展示方式（注：多 sku 商品平台会通过另外的方式实现买家端的展示）。上传四张图片，顺序依次为：模特或实物正面图、侧面、细节图。如图 5-17 所示。

图 5-17 女装主图的正确范例

2. 童装行业：主图图片背景要求白底或纯色背景，也要求店铺统一背景风格，模特居中展示需要占主体 70% 以上，不允许有杂乱背景展示，不允许加边框和中文水印，logo 统一放在左上角。允许两张拼图，左图模特右图实物图，但不允许三张以上的拼图。实特图可以平铺，但背景色和风格必须统一，且主图中只能出现一张主体图片。主图建议为正方形、800*800，建议上传四张图片，第一张为正面图，第二张侧面图，第三张背面图，第四至第五张产品的细节图，第六张实物图。如图 5-18 所示：

图 5-18 童装主图的正确范例

3. 婚纱礼服：主图像素必须大于等于 800*800，主图背景建议为浅色、纯色或是白色。主图须达到四张，第一张为正面全身图，第二张为背面全身图，且不得少于 3 张细节图；主图中的真人模特必须露出头和脸，禁止将头剪裁掉或是在脸部出现马赛克。主图不得拼接，不得添加边框，不得出现除店铺编号以外的水印（水印必须是浅色），不得包含促销、夸大描述等文字说明，该文字说明包括但不限于秒杀、限时折扣、包邮、满立减等。品牌 logo 放置于主图左上角。产品大小占图片比例 80% 以上，多色产品主图禁止出现九宫格。如图 5-19 所示：

| Real Photo Sexy V-neck Mermaid Wedding Dres | Classic Real Sample picture Tulle Long Sleeve | Vintage Long Sleeves Lace Wedding Dress 201 | Real photo Mermaid Prom Dresses 2017 Sexy B |
| USD 222.00/piece | USD 325.00/piece | USD 229.99/piece | USD 129.00/piece |

图 5-19　婚纱礼服行业主图的正确范例

4.鞋子：图片背差简单（自然场景）或者纯白底，以不妨碍商品主体为唯一原则；建议不要用深色背景及光线较暗的实拍图片；重点展示单只或者一双鞋子（占据图片60%以上的地方）。Logo固定在图片左上角，且Logo不宜过大，最好整店保持统一，鞋子上不能出现水印。图片上不能出现多余文字，严禁出现汉字，不能出现任何促销信息。图片不要自己打图标或者加边框；图片尺寸800*800及其以上，图片长宽比例保持1∶1，图片数量必须5张以上；不要用拼接的图片；多颜色展示（每张只展示1种颜色，我们会上线List页面展示SKU颜色的功能，不需要在一张图片上展示多种颜色）。如图5-20所示：

图 5-20　鞋子主图的正确范例

四、产品详情页的描述

在速卖通平台，真正影响产品转化率最重要的因素之一就是产品详情页的编辑，一个好的、高转化的详情页除需要包含产品规格详情、产品图片、售后模板之外，还应设置关联营销、店铺优势说明和公司资质补充等。一个详尽的、新颖的详情页介绍会不断吸引买家的眼球，为店铺带来源源不断的流量，从而提高店铺商品的销售量。

（一）产品规格详情

产品规格详情就是参考自己产品的规格表，比如产品的各项参数、颜色和样式等，尽可能多给买家展示自己产品的外观、品质和功能。如果是外购的产品，需要供应商提供产品规格，用英文进行说明。也可以参考产品说明书制作产品规格详情模板。产品规格描述越具体越好，这样留给买家对产品的想象空间就越少，可以有效地降低后期的订单纠纷率。尤其是电子产品，可以细分为几个小版块的：产品规格、产品特性、系统支持、产品包装等，产品规格参数一定要和产品本身一致，另外与基本属性填写也要一致。如图 5-21 所示：

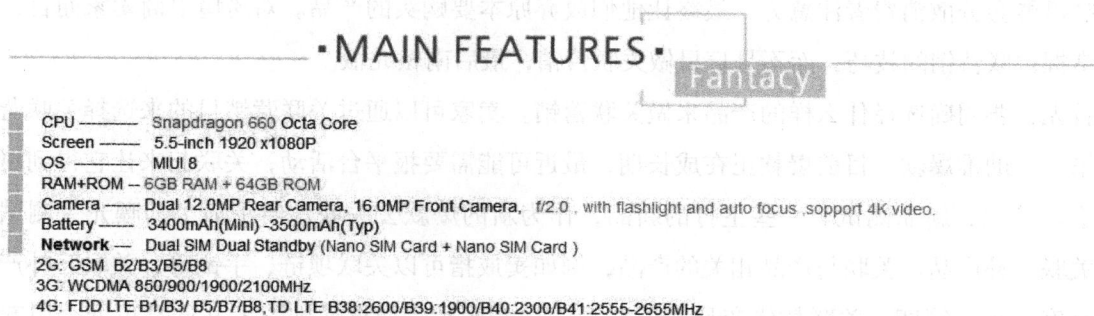

图 5-21　电子产品的产品规格详情

（二）产品实拍图片

商品图片最大的作用就是吸引眼球，图片直接决定买家是否会点击，同时还能展示产品的主要信息，更加决定了部分买家会不会直接购买，能刺激卖家的购买欲望，提高产品的转化率。所以，在详情页的描述中，图片也是至关重要的。对于大部分卖家还是建议实拍产品图片，如果是消费电子产品的话，实拍图片还应包括场景图、功能图、细节图、包装图等。如图 5-22 所示：

图 5-22　详情页描述的手机实拍图

图片侵权是平台严厉打击的，相信有不少卖家因为这个吃过不少亏，速卖通平台之前就有过这样的例子，一个卖家大促活动已经审核通过，因为图片被举报侵权，产品直接被平台下架，这样会给卖家造成很大的经济损失。

（三）关联营销

详情页的关联营销可以提高买家的访问深度，提高转化率和客单价，也是影响店铺的权重、排名和流量的一个重要因素。所以各卖家都应该给予关联营销足够重视。在产品详情页面，展示同品类相关产品，而不是随机展示不相关的产品，将有机会促进产品的销售。展示相同类别的产品，可以让买家更明确自己要把钱花在什么产品上。展示相似的产品会让买家更加坚定购买此类产品的决心，从心理上让买家认为需要买这种产品。如果在详情页展示与消费者目标产品无关的产品，那么新产品可能会分散消费者注意力，最终让他们放弃原本要购买的产品。对跨境电商卖家而言，也就是要掌握关联营销的技巧，而不是盲目做关联营销，最后南辕北辙。

首先，要明确选择什么样的产品来做关联营销。卖家可以通过关联营销目的来选择关联营销产品。第一，助推爆款。目前爆款正在成长期，最近可能需要报平台活动，关联起来让它得到更多曝光机会。第二，新品测试。一些主打的新品，作为新的爆款去关联，给予最多的曝光去测试。第三，关联互补产品。关联与产品相关的产品，例如卖戒指可以关联项链、手镯等，关联互补产品可以提高客单价。第四，关联替代产品，买家不喜欢 A 产品，如果你推荐了 B 产品可能会引起买家的兴趣，这样可以提高店铺的转化率。通过产品定位来选择。

其次，关联营销要合理布局。第一，详情页上方，这里是曝光最多的入口，适合爆款、引流款、新品测试，不能做的太多，建议最多不能超过 8 个。第二，详情页的中部，适合利润款和互补产品，通过不同的产品去搭配营销，例如服装搭配、饰品搭配。第三，详情页下方，适合替代产品。

最后，关联营销的注意事项。关联产品的价格最好不要与被关联产品的价格相差太多，否则会适得其反。另外就是店铺关联一定要讲究美观，排版合理，重点突出。详情页的关联营销如图 5-23 所示：

图 5-23　详情页描述的关联营销页面截图

（四）售后模板展示

售后模板展示内容包括支付方式、物流时效、售后保证、五星好评及一些注意事项提醒等。卖家需要根据实际情况做出自己店铺的特色来，如果拥有产品品牌的话，售后模板上最好突出这个产品的品牌和基调，在整个详情页的导航条上设置品牌，这样会给买家一种专业店铺的感觉，能够吸引买家的眼球，延长买家在店铺的停留时间，提高买家购买产品的概率。售后模板展示如图5-24所示：

图5-24　详情页描述的售后模板展示页面截图

（五）店铺优势说明

店铺优势说明其实就是一个店铺亮点说明。比如有展会工厂、物流模式等，也可以放到产品详情页的描述中。主要是突出跟别的卖家或者店铺不一样的东西，或者本身店铺的优势所在，作为打动客户购买的亮点。比如俄罗斯海外仓，并且海外仓在莫斯科，那么莫斯科附近地区3—5天即可确认收货，海外仓解决跨境电商的物流时效问题，会提高客户的下单转化率，以及重复购买率。这就是店铺的优势，卖家可以做个海外仓模板，吸引俄罗斯买家的购买。

（六）公司资质补充

如果公司资源比较多的话，比如有自己的工厂、仓库、各种展会，包括香港地区展、美国展、德国展、中国台湾地区展等，具体展会名称每个行业不一样，强烈建议把这些亮点放在一张图上，这个就是你们的公司实力展示，特别是有展会和自己工厂的。另外再放一些相关的认证图片，这些也P在一张图上。比如CE、ROSH等，这些证明都是代表你们公司实力，也是提高转化率的重要因素。

【技能提示】

无线端的详情页描述技巧

速卖通无线端虽然比PC端上线晚很多，但是无线端的增长节奏快于速卖通整体增长节奏。速卖通无线端的重要性可想而知。尽管卖家的产品没有设置无线端的详情页，客户用手机依然能显示，但是如果设置了无线端详情页，那么产品显示的质量会更好、更稳定，加载速度会更快。此外，设置速卖通详情页的产品会获得更多的权重。商品详情页是最重要的流量承接页面，想要提升无线端的转化率，卖家要掌握4个无线端详情页描述的技能。一是无线端详情页的多语言化。二是无线端详情页的重要内容前置。三是无线端详情页的图文分离。四是无线端详情页的关联推荐内容设置。

第二节　产品定价

产品定价对跨境电商销售的作用非常大，它关系到点击率、搜索排序有时甚至会直接决定购买转化率的高低。产品价格不是影响海外买家购买产品的唯一因素，但绝对是一个至关重要的关键点。合理的产品定价可以帮助卖家迎合国外买家的需求，从而赢得更多的订单；不合理的产品定价则可能使卖家和订单失之交臂，甚至是影响卖家的交易信用和利益。

一、影响产品定价的因素

影响产品定价高低的因素主要有产品进价、运费高低、税率、折扣率、目标利润率、市场竞争、活动促销、销售策略等。其中，销售策略和折扣率最为重要。

（一）销售策略

不同的产品定价反映着不同的销售策略，反过来也可以说，不同的销售策略决定着不同的产品定价。

跨境电商的销售策略可以有很多，但主要有两大类：一是以价带量，二是实价销售。

以价带量俗称爆款，就是把价格定得特别低，以此来提高点击率，使排名靠前，从而实现"薄利多销"。实价销售就是老老实实地做生意，"等客上门""千做万做蚀本生意不做"。总体来看，电子商务采取最多的是第一种方法，第二种方法现在已经很少见了。

（二）折扣率

配合销售策略的主要是价格。尤其是在电子商务的庞大平台上，同样的产品当然是"价低者得"。最直观的价格高低，体现在价格折扣率上。卖家可把所有产品分成爆款、引流款、盈利款三大类。设置爆款和引流款的目的是吸引眼球和提高点击率，盈利款则是赚取利润，具体内容详见表 5-1。

表 5-1　爆款、引流款、盈利款折扣率

产品分类	产品数量	折扣率	盈利率	目的
爆款	1 折	5 折	亏 3% 以下	吸引流量
引流款	2—3 折	6—7 折	赚 3% 以下	赚取点击率
盈利款	其余	8—9.5 折	赚 3% 以上	赢取较多利润

需要注意的是，折扣率和盈利率、盈利额是不同概念，并不是说折扣率越高就一定会亏损，这些都要事先做好规划。

二、产品定价方法

（一）精准定价法

所谓精准定价法，是指根据上述影响产品定价高低的各项因素来决定产品售价。其中，最主要的因素有三大项，即成本、费用、利润。次要因素也有三大项，即商品类型（爆款、引流款、盈利款）、产品特质（同质性、异质性、可替代性）、同行竞争（同行价格、店铺策略）。

这时采用的定价方法主要是成本加成法。我们可通过如下例子来了解。

如果卖家从国内采购到一批总价为 300 元的产品，共计 200 条，另付快递费用 15 元，目标利润率为 150%，银行外汇买入价为 6.3263，其他因素忽略不计，那么不考虑跨境物流费用，可定价为：

上架价格 =（成本 + 费用 + 目标利润）÷ 银行外汇买入

$\qquad$ =（300÷200+15÷200+300÷200×150%）÷6.3263

$\qquad$ =0.60（美元 / 条）

在这里，如果采购价中包括增值税，可凭增值税发票享受退税政策。费用除了快递费用之外，一般还包括跨境物流费用、平台交易费用（平台推广及交易佣金等，目前全球速卖通的佣金率为 8%、部分订单会产生联盟费用 5%~8%）、关税（用中国邮政小包等个人物品申报的零售出口一般在目的国不用交关税）及其他费用等。目标利润是指根据卖家需求、市场竞争情况确的合理盈利率。

如果考虑跨境物流运费（即包邮），那么就要先查询不同包裹采用不同方式寄到不同国家的费用是多少。以适合中国邮政挂号小包物流以上例中的产品为例，按照最贵的运费标准计算，具体详见表 5-2。

表 5-2　寄送不同国家的配送服务费和挂号费

国家	配送服务费原价（根据包裹重量按克计费）元（RMB）/kg	挂号服务费元（RMB）/包裹
埃及、阿尔及利亚、古巴、哥伦比亚……	167.20	8

假如该单件商品加上包装的重量为 100 克，那么其运费为 24.72（100/1000×167.20+8）元人民币，或 3.90 美元。

若考虑跨境物流运费，该商品的上架价格为：

0.60+3.90=4.50（美元）

这里的上架价格（List price，LP）是指商品在上传时所填的价格，除此以外还有销售价格和成交价格。销售价格（Discount price，DP）是实际成交价，也称折后价，是指商品在店铺折扣下显示的价格。成交价格（Order Price，OP）是指买家最终下单后所支付的单价。它们之间的关系可用如下公式来表示：

销售价格 = 上架价格 × 折扣率 = 成交价格 + 营销推广成本

全球速卖通平台促销活动的折扣一般要求在 5%~50%，但通常以 15%~30% 的折扣最受买家欢迎。折扣率过高，反而会给买家以虚假折扣的嫌疑。以 30% 折扣为例，这时上例商品的销售价格为 3.15 [4.50（100%-30%）] 美元。

相关数据表明：目前全球速卖通上的平均实际毛利率为 15% 左右。这是大多数卖家的定价策略，遇到促销活动推出 50% 的折扣时，若只卖 1 件商品基本上是平出或会略有亏损，只有卖到 2 件及以上才会有盈利。

【即问即答】

跨境电商兼职从业人员张老师主营时尚配件产品，近日要上架一批项链，这批项链的进价成本是每件 16 元人民币（已包括国内快递成本），该单件商品加上包装的重量为 75 克，目标利润率为 35%，银行外汇买入价为 6.638，平台费用等其他因素忽略不计。那么这批项链在速卖通平台上的定价应为多少比较合适？

（二）竞争定价法

如果卖家觉得上述办法得到的定价缺乏竞争力，或者觉得这种方法过于烦琐，也可采取竞争定价法或叫傻瓜定价法。这种定价方法会更实际一些。

简单地说就是，卖家可以在全球速卖通上参照同类或相仿的商品，搜索下销量排在前 10 位的商品定价情况，然后对它们的价格做加权平均，而作为自己的销售参考定价。

例如，全球速卖通上同类商品"最近 30 天"销售排名前 10 位的销量价格（卖家包邮）详见表 5-3。

表 5-3　同类商品销售排名前 10 位的销量和价格

A	B	C	D	E
店铺	销量	价格	权重	加权价格
1	3250	4.20	0.325 945	1.368 969
2	1980	4.36	0.198 576	0.865 791
3	956	5.15	0.095 879	0.493 777
4	861	4.08	0.086 350	0.352 308
5	733	3.98	0.073 513	0.292 582
6	625	4.69	0.062 682	0.293 979
7	620	5.12	0.062 180	0.318 362
8	415	4.78	0.041 621	0.198 948
9	320	3.20	0.032 093	0.102 698
10	211	3.98	0.021 161	0.084 221
合计	9971	—	1.000 000	4.371 635

在表 5-3 中，我们可把 B 栏销量加总，分别计算权重，具体计算方法如下：

$$权重 = 店铺销量 \div 总销量$$

$$加权价格 = 店铺权重 \times 店铺价格$$

1 号店铺的销量是 3250，除以总销量 9971，就是 D 栏 1 号店的权重 0.325945，该权重乘以 1 号店的单价 4.20，得到 1 号店的加权平均价格 1.368969 美元，把 10 个店铺的加权平均价格相加，即得到总的加权平均价格为 4.371635 美元。

综上，这时卖家就可以把该商品定价为 4.37 美元（包邮）了。需要注意的是，采用这种定价方法，需要每隔一段时间调整一次，以确保具有竞争优势。

第三节　店铺的优化与推广

许多卖家虽然开设了跨境电商平台，可是无论曝光量、浏览量还是访客数等指标都非常不理想，不但无人问津，而且许多店铺的成交量为 0。其原因有很多，主要是店铺优化不力、推广不够。

一、店铺的优化

跨境电商的店铺优化主要体现在以下几个方面：

（一）对商品标题描述的优化

当出现以下三种情形时，卖家就需要对商品标题描述进行优化了：一是商品在档期内滞销，即卖家上传的商品在两周、30天、60天内的浏览量低、访客数少；二是同款商品与其他店铺的价格相差不大，但销量却不如其他店铺；三是曝光量低、跳失率高，这很可能是因为商品标题没有很好挖掘商品属性和卖点。

以速卖通为例，具体操作方法是：卖家可登录"我的速卖通"—"数据纵横"—"搜索词分析"页面，输入原本商品标题中的主要关键词，查看排在前几位的商品标题是否已经包括自己的商品；若不包括，卖家可以换个关键词，重新进行搜索，看哪个关键词搜索人气最高或较高，从而进行修改，以使自己的商品也能被买家搜索到，并排在前两页。

（二）对商品详情描述的优化

对商品详情描述的优化，主要体现在属性、图片、文案3个方面。

1. 对商品描述属性的优化，主要是完善商品属性的填写。因为买家登录商品详情页后，首先看到的是商品属性的部分，尤其是商品使用价值，往往是买家决定是否下单的关键。一般来说，卖家在完善商品属性时，完整度要超过商品发布页面所提示的平均值，这样才能增加被买家搜索到的机会。

2. 对商品展示图片的优化，分为动态图（主图）优化和详情图优化两部分。

全球速卖通上的动态图（主图）可以放六张图片，在这其中尤其要注重首图的展示效果，像素要求是800*800P，然后，要分别从正面、侧面、反面、细节、包装五位一体全面展示商品效果。虽然增加水印有助于保护图片版权但这样做有可能降低买家的体验效果，所以平台一般不主张卖家在主图上加水印。如果能在图片上增加一些简单的促销、打折语，如"hot""10%of"等，会有助于提高点击率。

为了节省买家登录网页的时间和流量，全球速卖通上的商品详情图数量不宜过多，一般以8—12张为好，最多不宜超过15张。目前，许多买家是用手机上网的，并且今后手机上网是发展趋势，所以详情页的优化目标应当追求少而精。

3. 对商品文案的优化，主要是要表达出卖家对商品的熟悉和喜爱程度，以及对买家的理解与尊重，所以主要精力应当放在以下几个方面。

一是设置问候语，对买家的光临和选购表示感谢。

二是优化购物须知，设身处地地为买家着想，解答他们可能会遇到的问题。如果卖家正在开展促销活动，不要忘了提醒买家。

三是优化商品描述，或者展示商品的各个细节，或者展示商品的品牌、信誉等实力，或者展示商品的卖点、买家评价、销售盛况来以情感人，或者在买家购买、付款、验货、退换货、保修等方面加以说明，让买家放心下单，或者展示卖家正在开展的各项优惠活动，让买家感到便宜、实惠。

四是优化卖家承诺，要迎合买家的心理给予承诺，让买家产生更大的信任感。

五是优化购物指南，主要是指导买家如何挑选商品、如何选择物流、如何付款、如何使用优惠券等，拉近彼此之间的距离。

六是引导买家评价，鼓励买家把自己的购物体验写下来。这既是对买家的一种尊重，也是对其他买家的一种指引。

七是提高买家忠诚度，如邀请买家成为本店会员等。

（三）对商品价格的优化

对商品价格优化的目的是要促使卖家的店铺在平台搜索上排名靠前，增加曝光率，提高点击率和转化率。

对商品价格的优化主要体现在以下三个方面。

一是商品的自我优化。

这主要是科学设置商品的零售价格和批发价格。例如，如果同款商品有几个，可以把销量不太好的商品的价格设置得低一些，以此来吸引买家点击。而卖家的真正目的在于，想通过这种方式刺激买家浏览利润相对丰厚的其他商品。对于批发价格设置来说，可以设置成两件起批，给予买家10%~30%的价格折扣，促使买家多买。因为这时的跨国物流费用几乎不变，所以这种折扣销售双方都得益。

二是向竞品价格看齐。

若价格设置不合理则会无人问津，所以卖家应多了解平台上同类竞品的价格情况，以作为一种参考。

三是多采用心理定价法。

国外买家和国内一样，有一种心理定势，那就是常常会以"0"为价格临界点，而这就给心理定价法创造了机会。

具体地说，价格尾数可以取吉利数如"6""8"来激发买家欲望，用"9"来让买家觉得便宜，而且会觉得你的定价很认真、很精确，从而产生一种信任感。例如，一件商品如果定价10.04元就不如定价9.99元，前者会让买家感到已经超过了10元，后者则会令人感到还不到10元，而其实两者之间只不过相差5分钱。

（四）对店铺本身的优化

对店铺本身的优化，主要包括优化装修风格、营销宣传、完善装修、提升买家好评率和降低买家不良体验订单率五个方面。

店面装修布局不好，自然难以引起买家关注，买家好评率低、不良体验订单率高，更不会吸引买家。

优化装修风格主要包括两个方面：一是根据商品优化来统一风格。例如销售男装和销售手表的店铺风格肯定是不同的。二是根据促销活动内容来优化并统一风格，这主要是配合和呼应平台活动的氛围。

优化营销宣传主要是卖家配合平台推出营销活动，如限时限量折扣、全店铺打折，页面上会有醒目的"××off"标记，开展店铺满立减、店铺优惠券活动时，会有图标供买家点击使用。而这时候，营销宣传上就要故意给买家制造一种紧张气氛，促使买家尽快下单，不让他有过多的犹豫和"货比三家"的时间，以至于导致订单流失。如限时限量折扣时间一般不要超过七天，全店铺打折、店铺满立减、店铺优惠券的活动时间不要超过三天，并且店铺优惠券的使用期限不要超过10天。

完善店铺装修的前提条件是，卖家在全球速卖通上发布商品的数量要达到10个，这才具备开通商铺并对店铺进行装修、完善装修的条件。商品数量达不到10个，便不能创建店铺；如果创建后上架商品减少到10个以下全球速卖通也会关闭店铺，只保留商品。

完善店铺装修的具体办法是：首先，登录"我的速卖通"—"店铺"—"商铺管理"—"店铺装修及管理"页面，具体如图5-25所示。

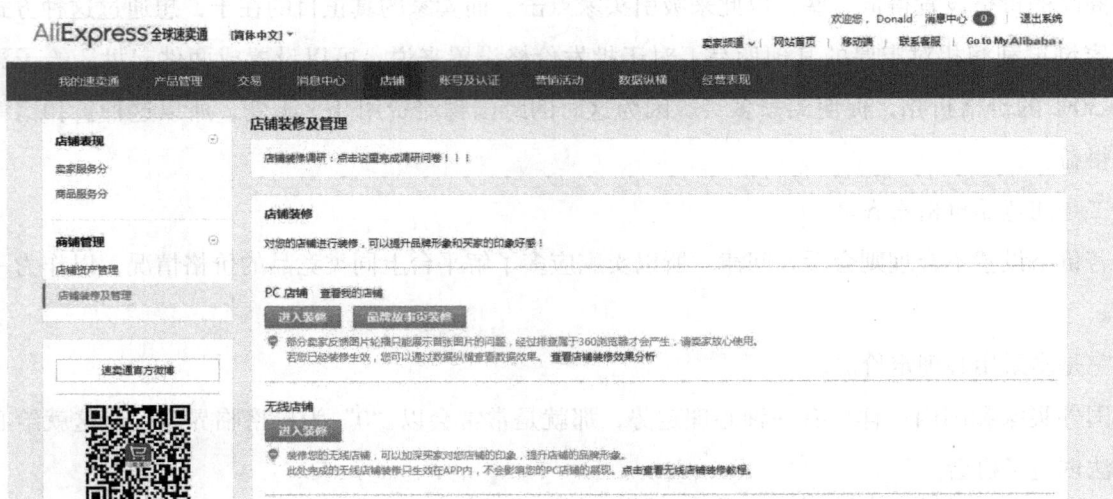

图5-25 "店铺装修及管理"页面截图

其次，要充分运用"店招"模块，完善"图片轮播"模块区域，吸引买家注意，具体示例如图5-26所示。

图5-26 图片轮播页面截图

再次，要充分利用商品推荐模块工具。卖家可登录"我的速卖通"—"产品管理"—"产品管理"—"正在销售"页面，具体如图5-27所示。

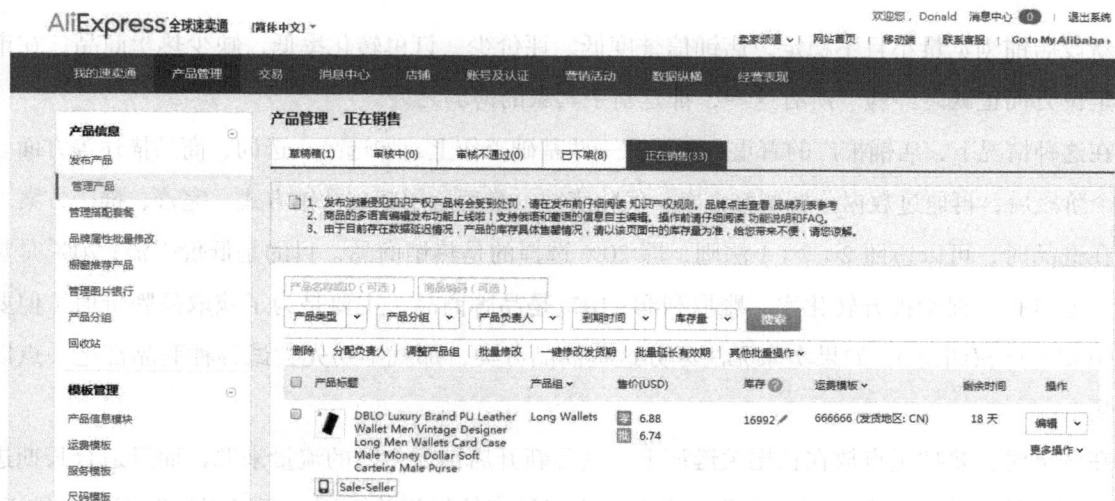

图5-27 "正在销售"页面截图

最后，要巧妙地利用自定义模块工具。因为跨境电商针对的是海外买家，而这些买家分布在全球各国，所以要针对买家所在国语言，通过添加自定义模块，来设置该国语言或多国语言按钮。

提升买家好评率的途径主要有三点：一是商品描述要客观、实际，买家最看重的是商品本身；二是提供的物流方式性价比高、在途时间短，同时尊重买家对物流方式的选择；三是通过赠送小礼物、嘘寒问暖等方式来表达对买家的关心，争取提高回头率。

降低买家不良体验订单率的途径，从计算公式"买家不良体验订单率 = 买家不良体验订单数 / 所有考核订单"中可以看到，主要有两条：一是降低买家不良体验订单数；二是增加考核订单数。降低买家不良体验订单数的办法主要是：耐心解答、主动沟通，加强库存管理、减少发货失误，让买家了解物流进展，提高询问满意程度并及时安抚不满情绪。增加所有考核订单的办法主要是扩大销售，因为只有销售才会带来订单。

【技能提示】

店铺的装修技能

客户对店铺的第一印象直接影响客户的认知度，一定程度上还会影响客户的选择。而店铺漂亮的装修会给客户留下高大上的印象，也能更好地展示产品，这是客户选择我们的第一步。同时高质量的产品图片则会直接影响客户的购买决定。所以，卖家一定要掌握店铺装修的技能，不要忽略了这些最基础的影响客户感官的点，而一味地去打价格战。

二、跨境电商的店铺推广

全球速卖通店铺推广涉及方方面面，所以要有一个系统的营销方案。在这方面新老店铺因其所处不同阶段，所以其侧重点各不相同。

（一）新设店铺的推广

新设店铺浏览量小且不稳定，店铺信誉度低、评价少，订单转化率低，缺少热卖商品，在市场精确定位方面也缺乏经验。所有这些，都是新手卖家的薄弱之处。

在这种情况下，店铺推广的着重点要放在一些基础工作上，如选品、选词、商品描述等方面。过了这个阶段后，再通过数据分析调整方案、优化店铺。最后运用基础营销方式，完善、推广方案。

在选品时，可以遵照 2 : 7 : 1 法则，即 20% 选择的是热销商品，目的是低价引流；70% 是热销商品，通过打折促销提升转化率、赚取利润；10% 是品牌商品，主要是为了获取品牌价值（但要注意避免知识产权纠纷）。如果卖家无法区分这些商品分类，那就不妨先尝试各种商品都进一点以试探市场。

在选词时，要把重点放在长尾关键词上，这是新开店铺最主要的流量来源，而且适合长期进行下去，同时关注搜索排名位置的变化，竞争大、流量高的热门关键词也可以用，但不宜大量添加，而更适合做短期推广。

在商品描述时，标题要突出卖点，如用材、促销、质量等；图片要经过适当加工，以便更好地进行全方位展示。商品详情描述可以从质量证明、认证入手，突出卖家实力、客户好评等。

在调整推广方案时，要根据已有关键词的排名，在保证流量、不超预算的前提下，尽量延长推广时长，及时添加市场上流行的时尚关键词。把曝光率较高的关键词和转化率较高的商品组合起来，调整曝光率较高、点击率较少的商品图片排位，每隔一段时间就加以分析、调整、优化。在完善推广方案时，要特别注重与全球速卖通上的各项促销活动，如限时限量折扣、满立减、全店铺折扣、优惠券、平台大促、品牌馆活动等结合起来。

（二）原有店铺的推广

对于已经经营一段时间的店铺来说，要在巩固自然流量引入的基础上继续选择合适的店铺活动方式来增加流量，在此基础上也可以考虑通过直通车付费推广方式，或委托专业推广公司、社交媒体推广等多种方式进行推广。

直通车付费推广，是按照点击付费方式来帮助卖家进行商品推广，所有卖家都可任意选择。直通车费用初次充值的最低额度是 500 元人民币，一旦充值就不许提现，也不许退出。直通车推广的投入较大，并且其效果好坏很难精确衡量。一般来说，热门关键词如果要想排到第 1 页，每次点击需要耗费几元甚至十几元人民币，费用可谓不低，但卖家可以控制每天的消费金额。例如，如果卖家每天控制消耗金额的上限是 200 元人民币，那么当这 200 元用完后，当天的商品推广便将终止，这样就不会产生无法控制的流量费用了。

委托专业推广公司进行推广的优点是效率高。这一点对全球速卖通卖家来说很重要，因为买家都在国外，所以在选择推广公司时一定要关注该公司是否拥有足够的海外买家资源，这样才能具有明确的针对性。由于卖家店铺中可能拥有成百上千种商品，所以把一两种销售份额最高的（最好是单种商品的销量要能占到总销量一半左右）委托给专业推广公司推广，在打造爆品的同时起到引流作用。这种推广费用并不高，一般 100 元就能买到爆品推套餐了。至于其效果，可登录"我的速卖通"—"数据纵横"网页查看。

对于社交媒体（SNS）推广，卖家要先了解国外买家喜欢上哪些社交网站，这样才能有的放矢。Facebook 是全球大型社交网站，在全球 PV（页面浏览量）指标上仅次于谷歌，但在我国目前还不能访问。Twitter（推特）是微博始祖，国外用户众多，但目前在我国同样无法访问。VK 是俄罗斯最大的社交网站，目前在我国也是无法访问的。Interest 是美国最大的、以图片为主的社交网站，在我国可以访问。卖家运用上述国外 SNS 推广商品时，最大的问题主要有三点：一是这些网站在我国国内无法访问；二是卖家很难用纯正、得体的外语对外推广；三是粉丝数量太少导致推广效果较差。如果这些问题解决了，上述社交媒体推广将是一条非常好的免费推广渠道。

本章小结

在网上交易，买家无法看到卖家产品的真实信息，只能根据卖家产品的图片、描述来进行判断，因此真实准确地描述一个产品尤其重要。一个好的产品信息，能够更加好地提升产品的可成交性，加快买家的下单决定。因此一个好的产品描述应该做到关键词设置准确，标题撰写专业、图片丰富、描述详尽、属性完整、价格合理、店铺装修吸引人。所以要做好产品的上传和店铺装修与优化环节，包括产品标题和关键词选择、产品定价、详情页的描述、运费和服务模板设置等。

自我测试

单项选择

1. 以下是从速卖通平台中某款相机的产品标题里截取的部分词汇，其中属于核心词的是（　　　　）

A. Brand New
B. Camera

C. Nikon
D. 18—55mm

2. 速卖通平台上，产品曝光量不高最有可能是以下哪个原因导致的（　　　　）

A. 图片不具有吸引力
B. 产品标题、关键词不准确

C. 产品详情页不具体
D. 产品物流运输慢

3. 速卖通平台中，在热销词的页面，该词所在圆圈的大小和颜色分别表示（　　　　）

A. 销量，搜索量
B. 销量，竞争度

C. 搜索量，竞争度
D. 搜索量，销量

4. 速卖通平台中，曝光量能反映出卖家发布的产品信息所存在的问题，如果曝光量反映出产品很少被买家搜到，则最大的问题是什么（　　　　）

A. 产品没有细节图

B. 标题里的词都太生僻或不符合买家的语言习惯

C. 标题里的大词比较多缺少属性词和流行词

D. 产品属性太详细

5. 在速卖通平台上某款产品曝光量很少，应该做出怎么样的优化（　　　）

A. 调整价格   B. 优化图片

C. 优化标题   D. 优化标签

简答

1. 请简述如何对商品详情页描述进行优化。

2. 简述一下产品标题撰写时应避免出现哪些问题。

【实训参考方案】

产品的上传与发布

·实训目标

了解跨境电商产品上传的流程，熟悉产品发布的详细步骤；掌握关键词的设置方法和标题撰写的要求；了解影响产品定价的因素，掌握跨境电商产品的定价方法。

·实训方式

学习者运用产品的发布详细步骤和优质标题制作的方法和流程，使用产品定价技巧独立完成一次产品上传和发布业务。

·实训步骤

1. 选择产品标题关键词，撰写好优质的产品标题；

2. 利用 Excel 表格计算产品平台销售价格，设定产品价格区间；

3. 选择合格的产品图片，设置运费模板和服务模板，填写产品的属性、详情页描述，完成产品的上传和发布；

4. 将上述成果撰写成一份实训报告；

5. 制作 PPT 与同学们分享和讨论。

·实训评价

主要从以下两个方面评价学习者的实训成果：

1. 产品上传和发布过程中涉及的内容完整与否；

2. 产品的定价合理与否，运费模板和服务模板的设置是否正确。

第六章

跨境电商的营销与推广

【学习目标】

本章旨在让学习者了解速卖通平台店铺自主营销的方式及具体操作的基本流程和方法；了解联盟营销的概念与规则，掌握联盟营销佣金设置的方法；通过对速卖通直通车推广的学习，了解直通车的概念和规则，加深对直通车后台的认识，掌握直通车推广计划创建的基本流程。

【知识要点】

1. 速卖通平台店铺自主营销的功能；
2. 联盟营销的规则；
3. 直通车推广的要领和技能。

【核心概念】

1. 店铺自主营销的定义和方式
2. 联盟营销的含义
3. 直通车推广的概念

【情境导入】

小皮成功上传了产品，在对产品标题、关键词、属性及对店铺进行装修和优化推广后，店铺的曝光量有了一定的提升。但是光有曝光量却迟迟出不了单，对速卖通新手的小皮来说，很想知道速卖通快速出单技巧，速卖通新店铺如何短时间内引流？使用什么样的推广手段才能提高出单量和转化率呢？其实现在是一个全民营销的年代，单单开店已经远远不够，不会做营销和推广就意味着你已out了，跨境电商的运营原理也是如此，平时要多利用平台的工具来进行营销。比如限时限量折扣、全店铺满立减、店铺优惠券、全店铺打折等，还有平台活动、联盟营销和直通车推广等无疑都是很有效的方法。在明白了这些道理之后，小皮走上了速卖通营销与推广的学习之路。

【引导案例】

我是营销达人，"它"引我走上成功之路！

王老板是浙江温州一家生产小家电的传统企业主，在传统外贸越来越难做的当下，公司今年正式组建了跨境电商团队重点发展跨境B2C零售市场，刚刚入驻了阿里巴巴速卖通平台。店铺刚开始第一个星期，几乎没有订单，可怜的是连看的人都是如此的寥寥无几，王老板心烦为什么没人看他的商品，看他的店铺呢？难道是公司制作的商品图片不够美观？还是公司定的价格不够吸引人？于是王老板拼命地找原因。

直到有一天他发现后台有一个营销中心，里面可以参加好多营销活动，难道要参加营销活动，才能更吸引买家的眼球？心想试试吧，于是一次性就全都参加了，什么限时限量折扣、全店铺满立减、全店铺打折、店铺优惠券等，只要能参加的都参加了。

第二天起来，王老板首先打开电脑上速卖通的后台查看，真的是万分惊喜，来了一单也付过款了，于是他打开数据纵横，看到曝光量有大幅度地提升。

但是平台的营销活动也需要技巧。王老板介绍说："就说限时限量折扣吧，需要懂得什么是限时限量，设置活动的时间，我们可以只限时2个小时，3个小时，设置的越短越容易给客户一种紧迫感，客人看到就会越经不住诱惑，价格随我们自己定，要记住薄利多销；数量也是关键，不要写的太多，那样会显得很假。"

王先生现在除了通过限时限量活动、全店铺打折、店铺优惠券和全店铺满立减等店铺营销手段外，还用联盟营销和直通车推广等付费营销方式。经过一段时间的推广后，王先生目前的月营业额大概在3万美金。在速卖通平台实现了华丽转身。

"感谢速卖通平台，更感谢营销活动，是它引我走上成功之路，是它引我店铺充满流量，是它让我获得大量订单，非常感谢。"王老板说。

请思考：

1. 速卖通店铺的自主营销有哪些工具？

2. 联盟营销的佣金一般如何来设置？

3. 速卖通直通车付费推广的规则有哪些？

第一节 店铺自主营销

店铺自主营销是指在店铺内通过自己组织活动、打折优惠等行为促进销售。店铺自主营销包括五大营销工具:"限时限量折扣""满立减""全店铺打折""优惠券"和"购物券"。如图6-1所示。下面我们依次介绍这五个工具的设置和使用方法。

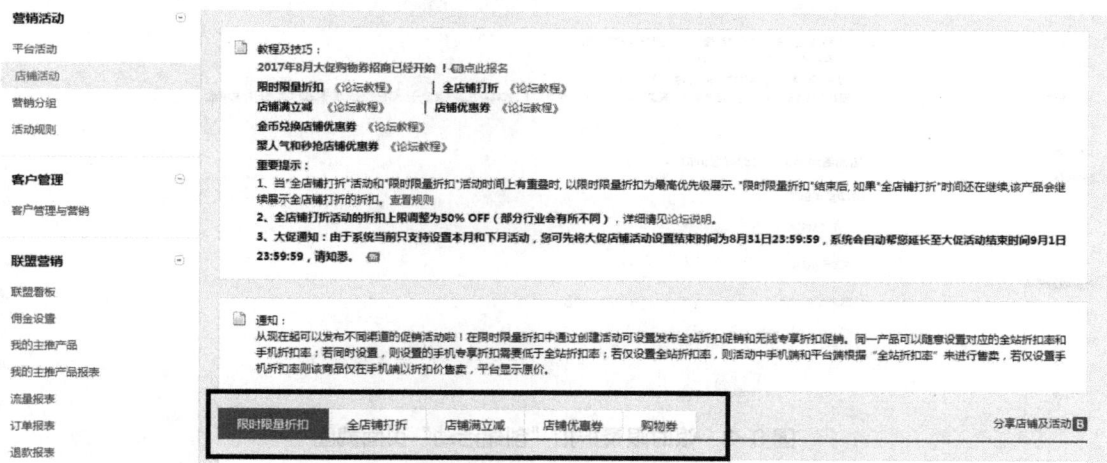

图6-1 店铺活动页面截图

一、店铺自主营销方式

(一)限时限量折扣

利用限时限量折扣工具,可以获得额外曝光,所以限时限量折扣营销活动的开展主要是帮助卖家清库存、打造店铺爆款、推新款和优化店铺排名。限时限量折扣的活动开始时间是美国太平洋时间,创建后12小时生效,活动生效6小时前可以修改。

首先进入"营销活动",点击"店铺活动"后,选择对应的"限时限量折扣"。如图6-2所示。

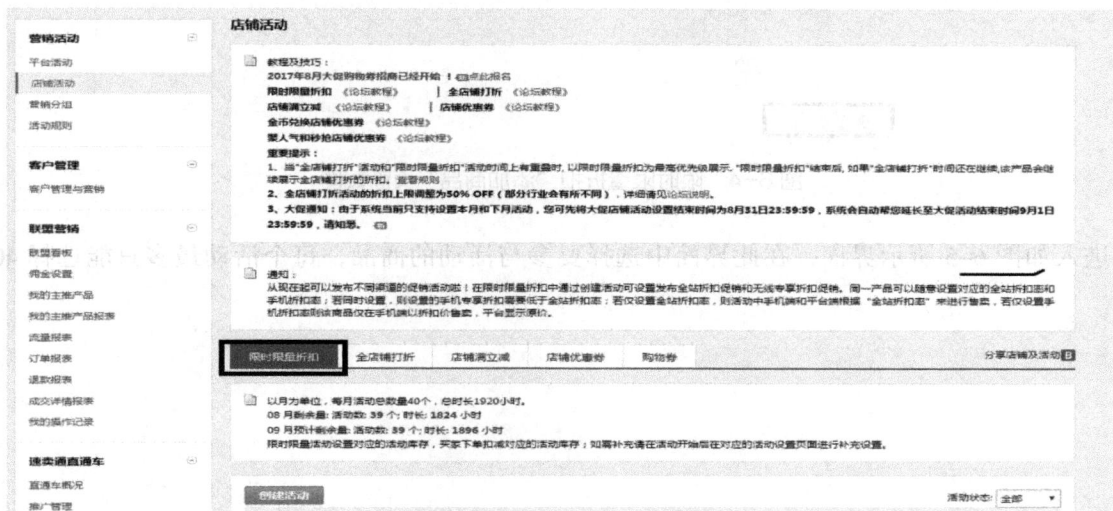

图6-2 限时限量折扣页面截图

点击图 6-2 "创建活动"按钮进入创建店铺活动页面。进入如图 6-3 所示的设置页面，限时限量折扣活动的设置包括活动名称、活动开始时间和活动结束时间。

图 6-3　限时限量折扣"创建活动"页面截图

设置好后，点击"确定"按钮，进入如图 6-4 所示页面，点击"添加商品"按钮。

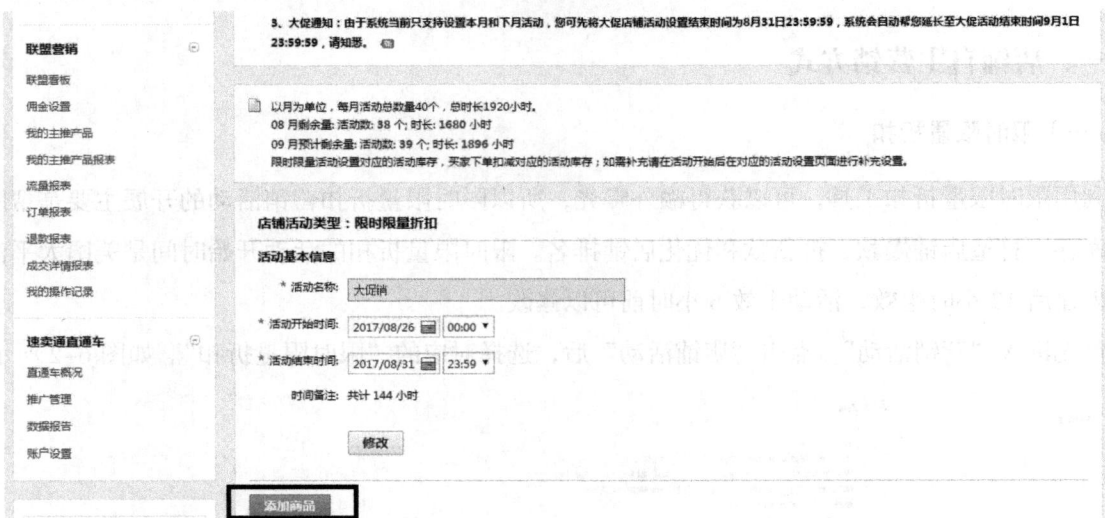

图 6-4　限时限量折扣"添加商品"页面截图

进入如图 6-5 所示界面，在此界面中选择要参与活动的商品，每个活动最多只能选择 40 个商品。

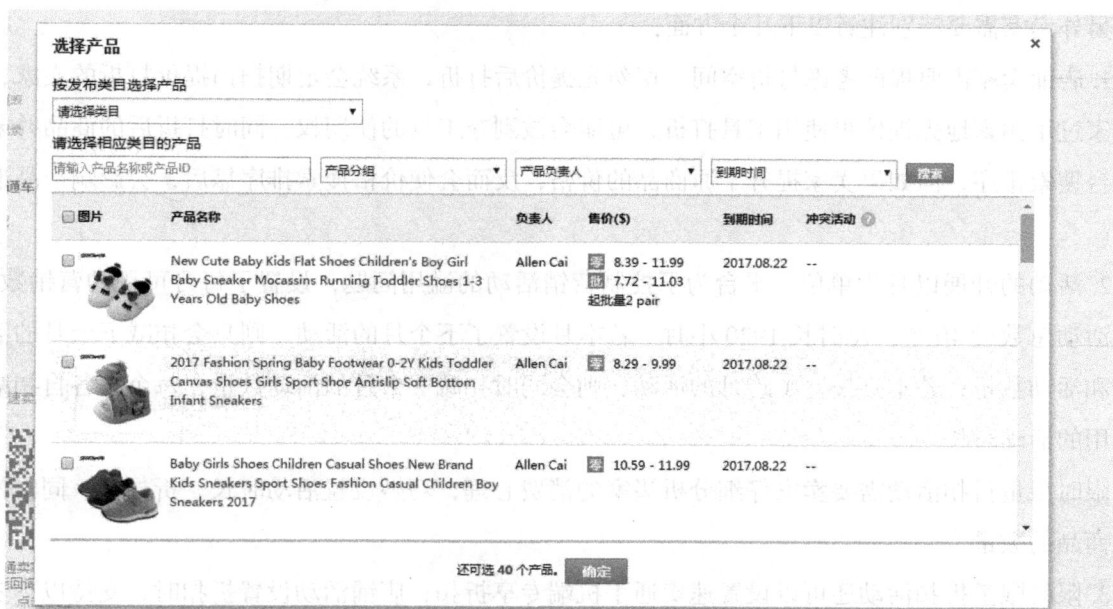

图6-5　限时限量折扣"产品选择"页面截图

　　点击"确定"按钮，设置商品折扣率和促销数量。可批量设置折扣库存，也可单独设置。如图6-6所示。

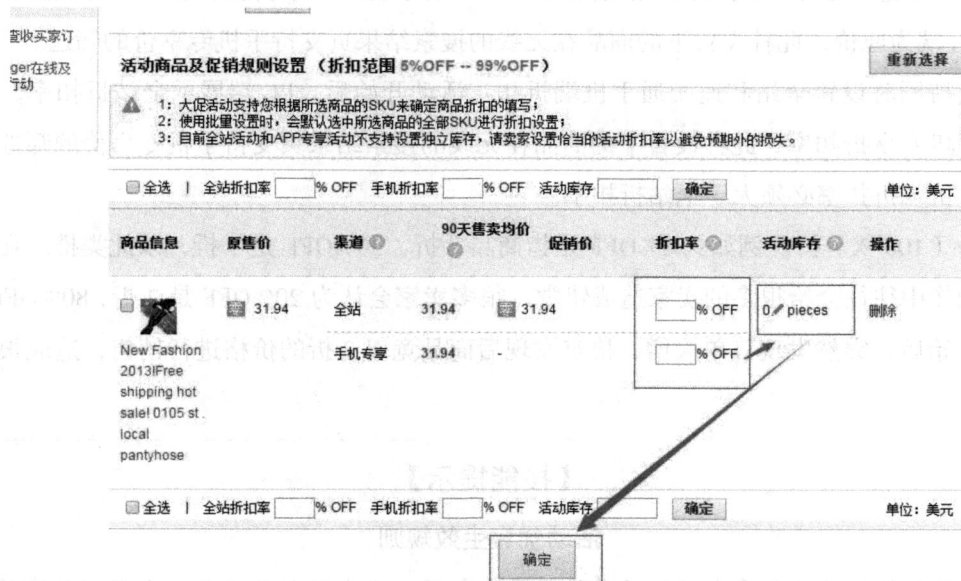

图6-6　限时限量折扣"促销折扣"页面截图

　　点击如图6-6中的"确定"按钮后即完成设置，活动将处于"未开始"状态，此时可以进行修改活动时间，增加和减少活动商品等操作。活动开始前6小时将进入锁定状态，活动状态将变成"等待展示"，活动开始后将处于"展示中"状态。"等待展示"和"展示中"就不可编辑，也不可停止，卖家需要谨慎设置。限时限量折扣活动一旦创建，商品即被锁定，目前只支持部分属性的编辑功能，若价格设置错误只能下架操作。

另外卖家需要特别注意以下几个方面：

1.店铺卖家需要提前考虑打折空间，切勿先提价后打折，系统会定期扫描提价打折的卖家，一旦卖家过于频繁地先提价再使用工具打折，可能会被剥夺工具的使用权。同时打折后的商品并未进入平台搜索排序，但如果卖家提升了原商品的价格，反而会使价格搜索排序靠后，会影响产品搜索排名。

2.活动的开展以月为单位，平台为了控制营销活动的滥用问题，设置了每月可用的营销数量，每月活动总数量40个，总时长1920小时。若本月设置了下个月的活动，则只会扣减下个月的活动时长和活动数量；若本月设置了跨月的活动，则会同时扣减2个月的活动数量，每个月各自扣减各自占用的活动时长。

限时限量折扣活动需要卖家仔细分析买家的消费心理，巧妙设置活动时长、折扣率，同时控制打折商品的数量。

3.限时限量折扣活动还可以设置速卖通手机端专享折扣，店铺活动设置折扣时，支持以下三种类型的折扣方式：

（1）只设置全站折扣：活动开始后，PC端和手机端展示一样的折扣，折扣为设置的全站折扣率。

（2）只设置速卖通手机端折扣：活动开始后，只有手机端展示折扣，折扣率为设置的手机专享折扣率，PC端为原价，此种设置下的商品在无线的搜索结果页支持手机专享价的筛选。

（3）支持同时设置全站和速卖通手机端折扣：活动开始后，PC端展示全站折扣率，速卖通无线端展示手机专享折扣率，此种设置下的商品在无线的搜索结果页支持手机专享价的筛选，设置要求速卖通手机端折扣率必须大于全站折扣率。

4.X%=（100-X）折。例如：20%OFF是指商品8折，30%OFF是7折，以此类推。在折扣问题上，实践操作中往往会给很多的卖家造成错觉，很多卖家会认为20%OFF是2折，80%OFF是8折，结果活动开始后，突然发现订单大增，检查发现后商品竟以2折的价格进行销售，造成很大的经济损失。

【技能提示】

活动优惠生效规则

限时限量折扣活动与平台常规活动的优先级相同，正在进行其中任一个活动的商品不能参加另一个活动。限时限量折扣和平台活动的优先级高于全店铺打折活动，如果有商品同时参加了限时限量折扣（或平台活动）和全店铺打折活动，则该商品的在买家页面展示时以限时限量折扣活动（或平台活动）的设置为准，两者的折扣不会叠加。

（二）店铺满立减

店铺满立减是指卖家全店铺的商品，在买家的一个订单中，若订单金额超过了卖家设置的优惠条件（满 X 元），在其支付时系统会自动减去优惠金额（减 Y 元）。既让买家感觉到实惠，又能刺激买家为了达到优惠条件而多买，买卖双方互利双赢。优惠规则（满 X 元减 Y 元）由卖家根据自身交易情况设置，正确使用满立减工具可以刺激买家多买，从而提升销售额，拉高平均订单金额和客单价。

满立减每月数量 10 个，总时长 720 小时，既可以设置隔月活动，也可以叠加使用，一般活动设置后 24 小时生效。设置如图 6-7 所示，首先输入活动名称及开始时间、结束时间。注意：同一个时间内（活动开始时间到活动结束时间）只能设置一个满立减活动（含全店铺满立减、商品满立减）。

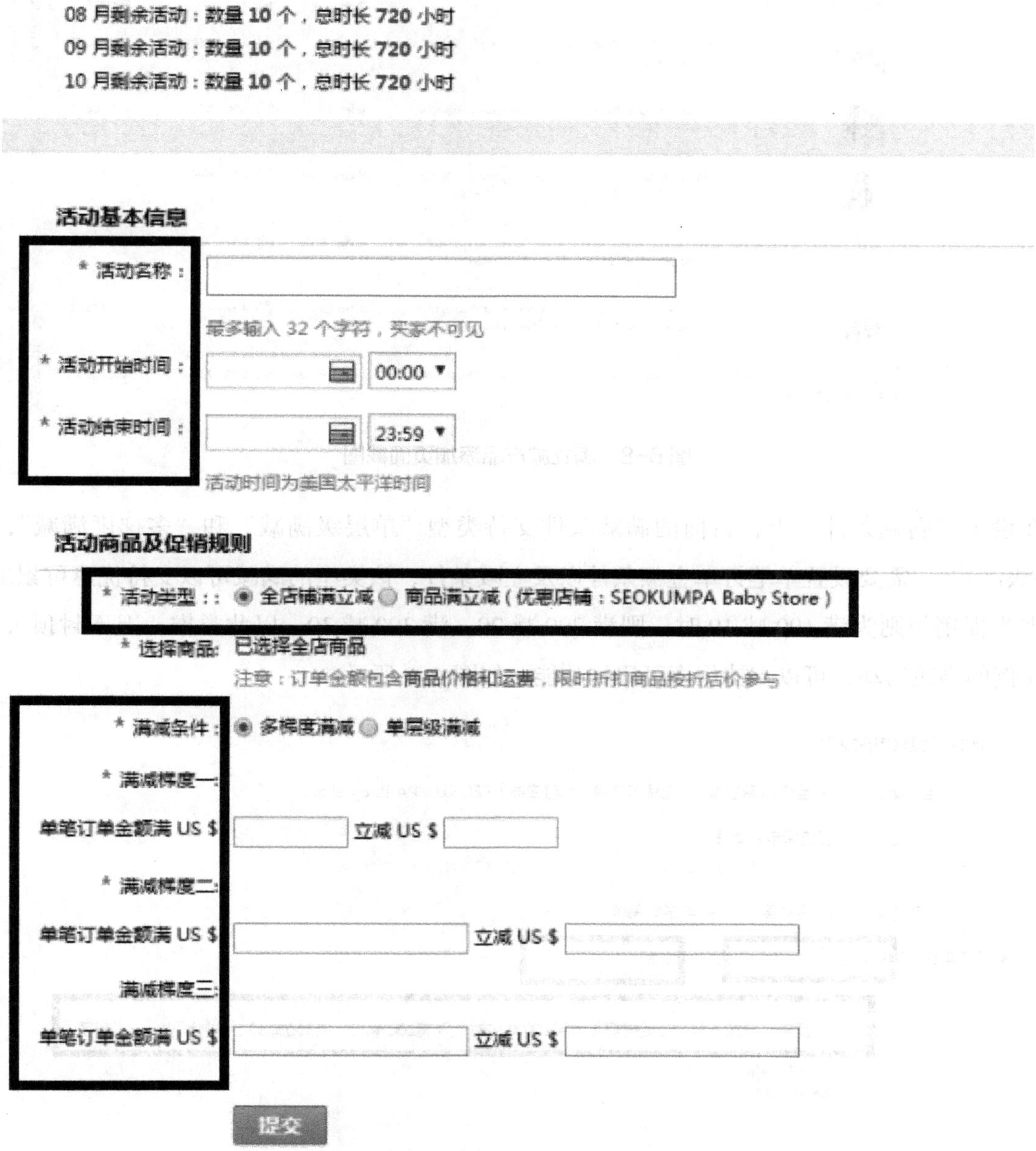

08 月剩余活动：数量 10 个，总时长 720 小时
09 月剩余活动：数量 10 个，总时长 720 小时
10 月剩余活动：数量 10 个，总时长 720 小时

图 6-7 店铺满立减的设置页面截图

在设置"活动类型"时，可以选择"全店铺满立减"和"商品满立减"中的一个。如果选择"全店铺满立减"，该类型的活动和全店铺满立减活动类型一致，订单金额包含商品价格和运费，限

时折扣商品按折后价参与；选择"商品满立减"，即为设置了活动的部分商品的满立减活动，订单金额包含商品价格（不包含运费），限时折扣商品按折后价参与。

针对"商品满立减"活动需要"添加商品"，每次活动最多可以选择200商品；选择商品页面如图6-8所示。卖家通过产品名称，产品分组，产品负责人，到期时间搜索对应的产品；选择产品后，产品数会在选择栏的右下角进行展示。

图6-8　满立减产品添加页面截图

在设置"满减条件"上，目前的满减条件支持类型"单层级满减"和"多梯度满减"，选择"单层级满减"，需要设置单笔订单金额条件以及立减条件，该类型的满减可以支持优惠可累加的功能（即当促销规则为满100减10时，则满200减20，满300减30，以此类推，上不封顶），同一优惠比例的满减活动，可以支持优惠可累加功能。如图6-9所示。

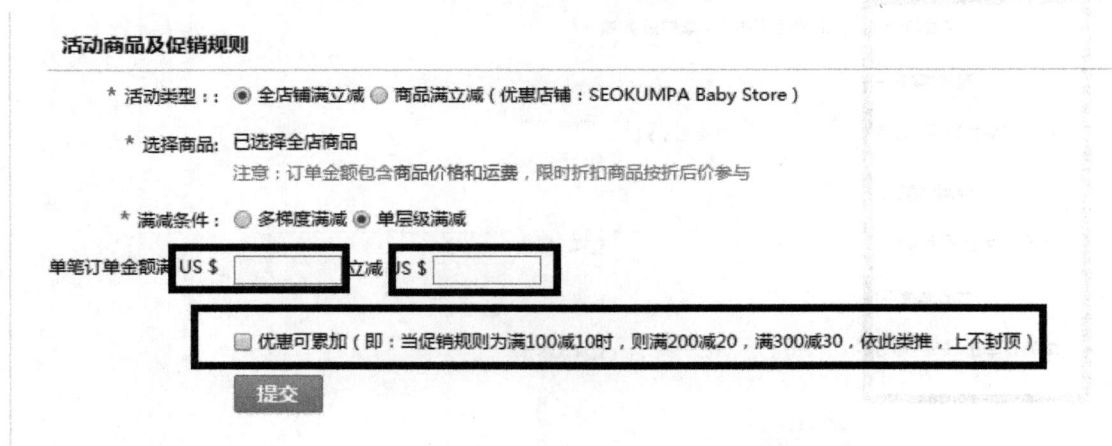

图6-9　满立减单层级满减页面截图

多梯度满减指的是不同优惠比例的阶段性满减活动，即设置时需要满足以下2个要求：①后一梯度的订单金额必须要大于前一梯度的订单金额；②后一梯度的优惠力度必须要大于前一梯度。举例说明：满减梯度一设置的为：满100美金立减10美金（即9折）；则满减梯度二设置的单笔订单金额必须大于100美金，假设设置为200美金时，则设置对应的立减金额必须大于等于21美金（即最大为8.95折）。选择"多梯度满减"，需要至少设置2梯度的满立减优惠条件，最多可以设置3梯度的满立减优惠条件。如图6-10所示。

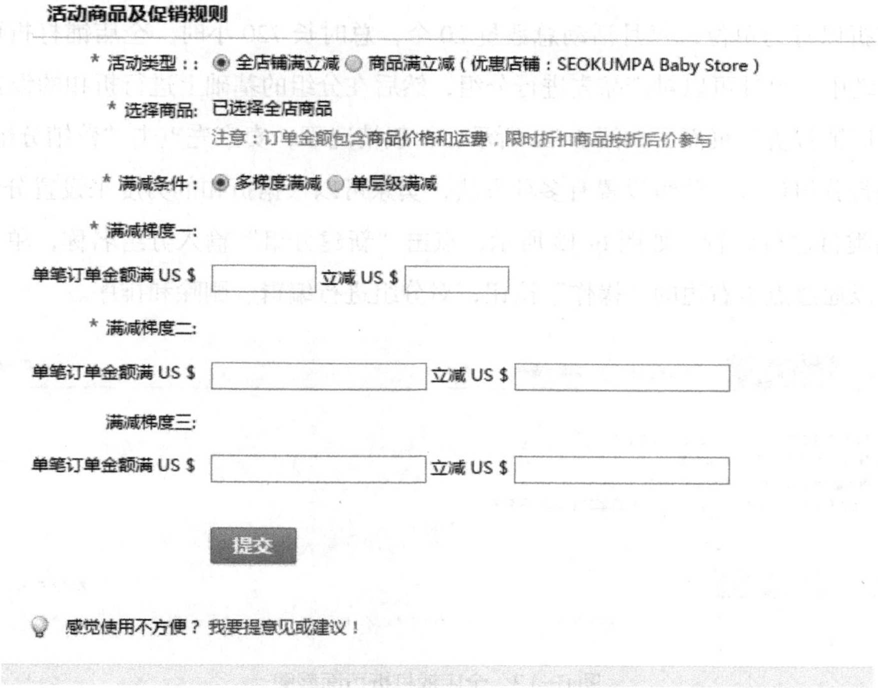

图6-10　满立减多梯度满减页面截图

设置好金额后点击"提交"按钮，确认提交活动。

满立减展示条的展示位有：Store Home页面，Products页面，Sale Items页面，以及Sale Items页面下的seller discount页面和产品的详情信息中（此展示只针对系统模板，如果是购买的装修模板以装修模板的设计为准）。店铺满立减活动在商品的详情页展示如图6-11所示。

图6-11　满立减展示页面截图

（三）全店铺打折

全店铺打折工具是速卖通推出的第三款店铺自主营销工具，卖家可以根据不同类目商品的利润率，对全店铺的商品按照商品分组设置不同的促销折扣，吸引更多眼球，刺激买家下单，累积客户和销量。

全店铺打折以月为单位，每月活动总数量 20 个，总时长 720 小时。全店铺打折可以让所有的产品参加到活动中，另外可以对产品先进行分组，然后在分组的基础上进行折扣的设置。

进入"全店铺打折"页面，如图 6-12 所示，一般情况下，卖家先点击"营销分组设置"，对全店铺的商品进行分组设置。分组设置有多种方法，卖家可以根据折扣的力度来设置分组，也可以通过电脑铺产品类目进行设置，如图 6-13 所示，点击"新建分组"输入分组名称，单击"保存"按钮即可。也可以通过点击右边的"操作"按钮，对分组进行编辑、删除和排序。

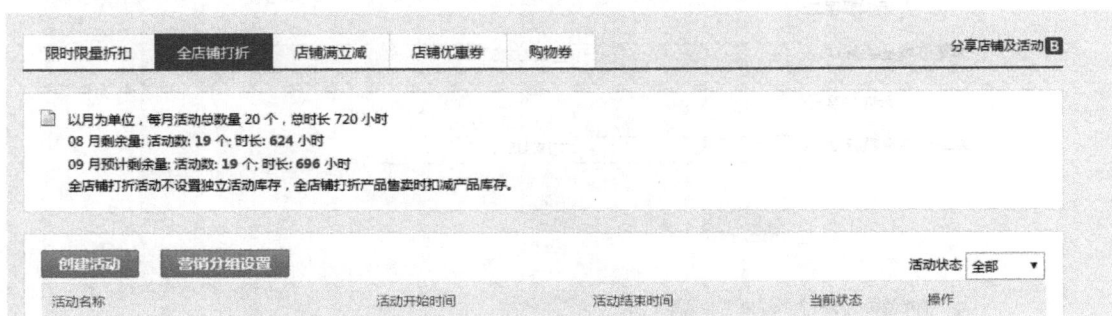

图 6-12　全店铺打折页面截图

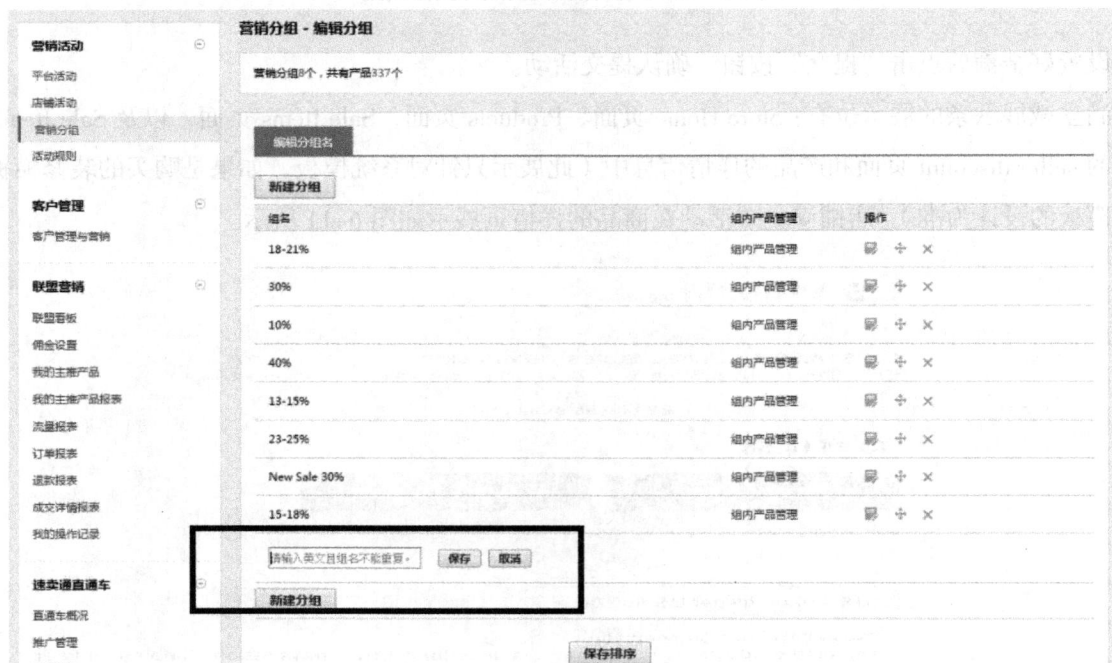

图 6-13　营销分组页面截图

点击如图 6-13 中的"组内产品管理"，可以添加、移出或者是"调整"相关产品，如图 6-14 所示。

图 6-14 "组内产品管理"页面截图

点击如图 6-12 中的"创建活动",如图 6-15 所示,输入活动名称、开始时间和结束时间,然后对不同分组设置不同的折扣,包括全站折扣率和无线折扣率。最后点击"提交"按钮即可。

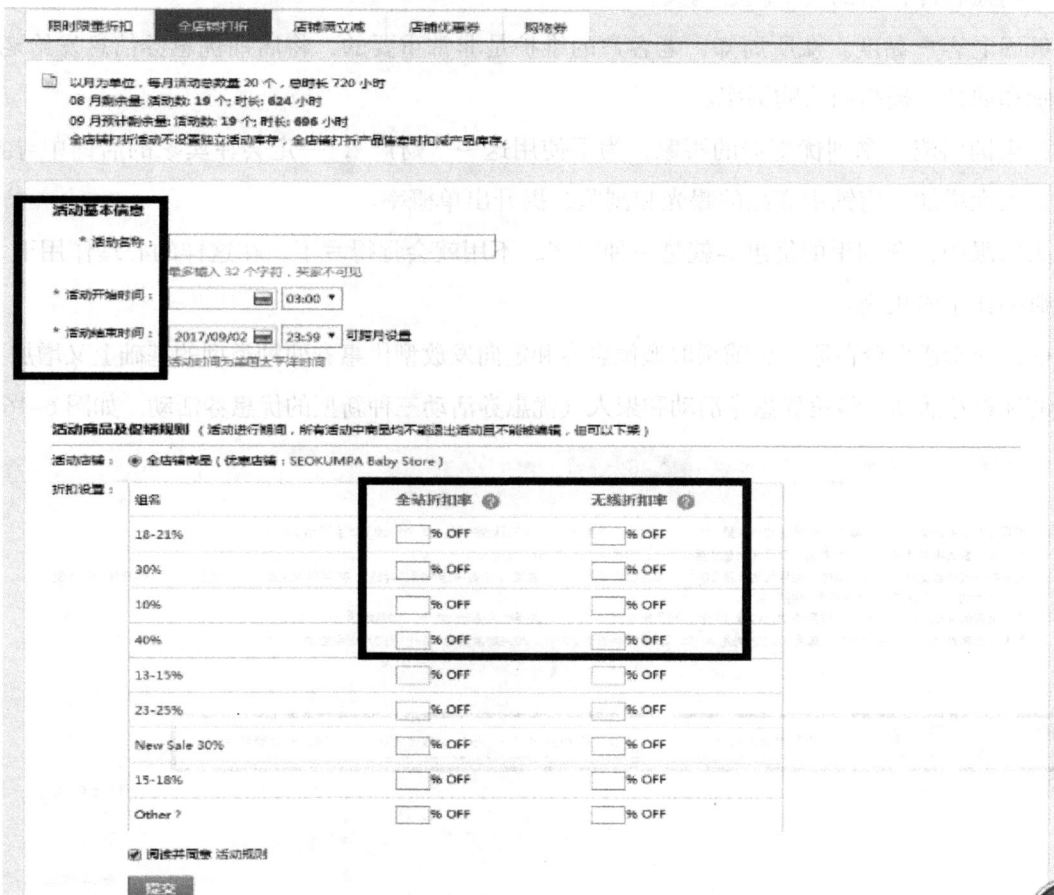

图 6-15 "创建活动"页面截图

由于速卖通平台存在卖家提高原价，虚假打折的情况，为了更好地提升买家购物感受，平台针对各行业设置适合行业情况的全店铺活动打折上限。根据速卖通的最新规定，全店铺打折根据不同商品类目设置不同的折扣上限，有 22 个一级类目下的产品对应设置的折扣区间为 5%~50%，其余类目相对应设置的折扣上限，按照三级类目设置，各类目折扣上限会有所不一致。由于每个行业的折扣上限都不一样，所以在以营销分组参加活动时，请尽量按照类目进行分组来提高设置的成功率。

需要卖家注意的是，由于"店铺限时限量"活动（或者平台活动）优先级高于"全店铺打折"活动，当"全店铺打折"活动和"店铺限时限量"活动（或者平台活动）时间上有重叠时，优先展示"店铺限时限量"活动（或者平台活动）的折扣，"店铺限时限量"活动（或者平台活动）结束后且"全店铺打折"活动还未结束的情况下，产品会回转到全店铺打折活动中，展示全店铺打折活动的折扣。

（四）店铺优惠券

店铺优惠券是速卖通推出的第四款店铺自主营销工具，卖家可以设置让自然买家流入自己领取的领取性店铺优惠券，也可以为了提升店铺的二次购买率给予买家定向发放店铺优惠券，让买家先领券再下单，提升购买转化率。店铺优惠券的基本作用如下：

1. 促进本次消费。让买家先领券再下单，这是非常直接的一种刺激消费的方式。对于新买家下单就是一剂强心针，帮助其下决心购买。

2. 巩固老客户黏度。众所周知，老客户的维护是非常重要的，将店铺优惠券信息发给老客户，作为奖励和回馈，提高回头购买率。

3. 为店铺引流。拿到优惠券的买家，为了使用这一"财产"，一定会在卖家的店铺中寻找合适的商品，大大增加了店铺中商品的曝光和浏览，提升出单概率。

在买家眼中，拿到手的优惠券就是一种财产，不用就会觉得亏了，在这样的心理作用下，买家下单的概率比平时更高。

目前，速卖通平台在原先店铺领取型优惠券和定向发放型优惠券两种类型的基础上又增加了金币兑换店铺优惠券活动、秒抢优惠券活动和聚人气优惠券活动三种新型的优惠券活动。如图 6-16 所示。

图 6-16　店铺优惠券发放类型页面截图

1. 店铺领取型优惠券

店铺领取型优惠券活动，以月为单位，每月活动总数量 10 个。活动开始后，卖家设置的优惠券信息会在店铺内、商品详情页、买家购物车等地方展示，买家可通过"领取按钮"领取优惠券。其设置路径为：点击如图 6-16"领取型优惠券活动"中的"添加优惠券"活动进行活动的创建。进入如图 6-17 所示页面，输入活动名称，设置活动开始和结束时间，然后设置优惠券领取规则和优惠券使用规则。设置完之后点击"确认创建"按钮即可，完成优惠券的设置。

图 6-17 领取型优惠券"活动创建"页面截图

平台数据显示，在使用条件设置上，最好是无使用条件和有使用条件的优惠券结合发放，这样效果最佳。

（1）买家无使用条件限制的优惠券，即只要订单金额大于优惠券面值，买家就可以使用该优惠券。例如优惠券面值为 $5，则当订单金额大于或等于 $5.01 即可使用。这样做的优势是：使用门槛低，能提高用户黏性和回头率。买家领券后使用率高，特别是吸引新买家下单，卖家的订单转化率可以得到显著提升。买家无使用条件限制的优惠券一般要根据店内商品价格和利润空间设置，例如店内部分小商品价格为 $5.5，如果发放 $5 的优惠券就不太合适了，因为买家极有可能只需花 $0.5 就购得商品，并不会多买。

（2）有使用条件的优惠券是指买家订单金额达到一定要求才可使用的优惠券。例如卖家发放的优惠券面值 $5，使用条件是订单金额满 $30 才可使用，这样可以避免低价商品让利过多的现象发生，也可以提升卖家的客单价，刺激买家多买。这样做的优势是：避免低价商品让利过多，还可刺激买家多买。

客单价 = 销售额 / 买家数，例如近 30 天销售额为 $400,买家数 20 个，则客单价为 $400/20=$20。使用条件需要根据客单价设置，在客单价基础上提升一定金额，例如客单价为 $20,可设置使用条件为满 $30，或满 $40 才可使用的优惠券都比较合理。如果此时设置满 $100 才能使用的优惠券，买家就很少会买账了，你的优惠券活动就没有意义了。

优惠券有效期不宜过长或者过短，一般 7—30 天比较合适。有效期过长的优惠券，很难刺激买家尽快使用，也极有可能被买家遗忘。有效期过短（1 天），除非是故意刺激买家当天消费，否则买家极有可能还没选中你店里的商品，优惠券就已过期，优惠券活动就失去提升订单量的效果了。

2. 定向发放型优惠券

定向发放型店铺优惠券是由卖家自主设置优惠金额和使用条件，并且由卖家自己发放给与自己有过互动的买家（有过交易、买家加了其产品到购物车且未下单、买家加了其产品到 Wish List 且未删除），买家可以在有效期内使用，且只能在该店铺使用的优惠券。

定向发放型店铺优惠券不是给买家一个折扣那么简单，最主要的是能帮助卖家提升营销精准度。领取型优惠券适合广撒网大量发放，领取对象未知，因此通常灵活性较低。而定向发放型优惠券，可挑选添加购物车和 Wish List 的个别潜力买家或新买家做精准营销，对象明确，预算灵活。

定向发放型优惠券分为"选择客户线上发放"和"二维码发放型"两种类型的发放形式。需要卖家在选择好活动类型再进行设置。如图 6-18 所示。

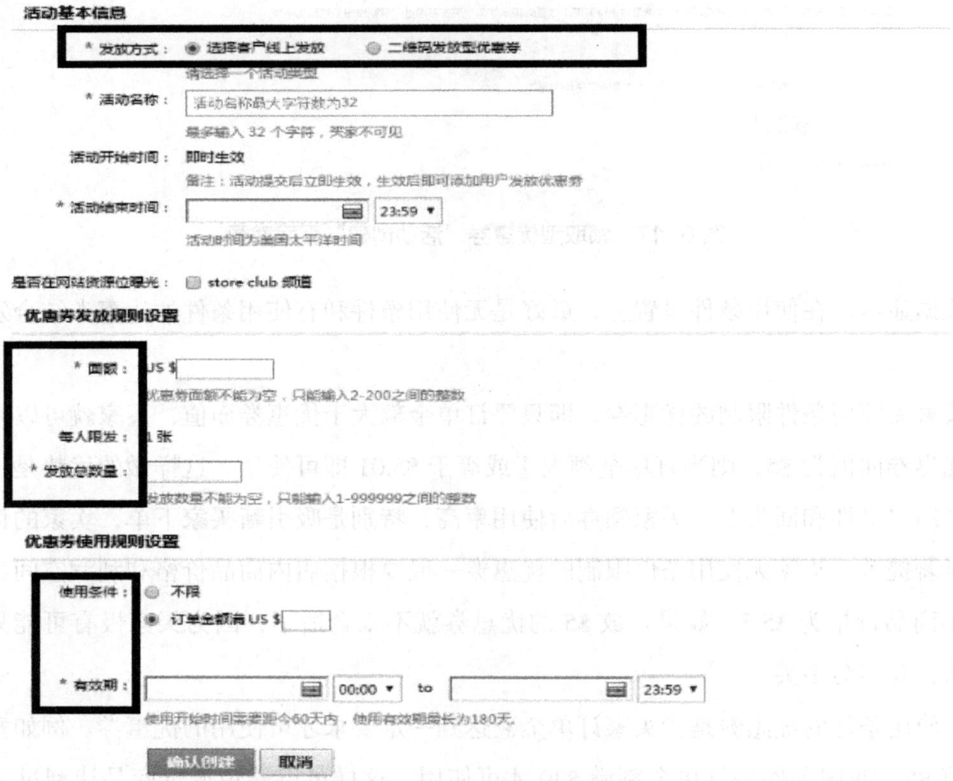

图 6-18 定向型优惠券"活动创建"页面截图

下面一起来看一下如何使用"选择客户线上发放"方式。在如图 6-18 中点击"选择客户线上发放"，输入活动名称和活动结束时间，设置好优惠券的发放规则和使用规则。单击"确认创建"即可，活动在创建后即时生效。选择客户线上发放即直接给客户发放店铺优惠券，由卖家直接触发给予客户，这样可以配合客户营销邮件一起给予买家进行优惠券的营销，刺激买家前来下单。

"二维码发放型优惠券"的创建与"选择客户线上发放"相类似，在这里就不再详述了。创建后如图 6-19 所示。

保存并下载二维码

保存并下载二维码

建议使用官方下载的二维码打印使用，若编辑则最终打印尺寸不得小于2*2厘米，否则难以读取

活动基本信息

发放方式： 二维码发放优惠券

活动名称： qrcode001

活动开始时间： 即时生效

活动结束时间： 2015/04/30 23:59:00

优惠券发放规则设置

面额： US $2.00

每人限发： 1张

发放总数量： 22张

优惠券使用规则设置

使用条件： 不限（即：订单金额只要满足US $2.01即可使用）

有效期： 开始时间 2015/04/24 00:00

结束时间 2015/04/30 23:59

返回

💡 感觉使用不方便？我要提意见或建议！

图 6-19　"二维码发放型优惠券"页面截图

"二维码发放型优惠券"主要有两种营销方式：

（1）卖家可以在包裹中放置优惠券的二维码图片，在买家收到包裹后，可通过扫描二维码的方式领取该类型的店铺优惠券，且领取优惠券之后，买家可以直接看到卖家的无线店铺的首页，帮助卖家进行无线端引流。

（2）卖家可以将发放型优惠券的二维码投放在买家营销邮件、旺旺或者 SNS 等渠道进行二次营销。

通过以上两种类型的营销方式，可以为卖家增加店铺流量，更能提升客户的二次购买率。

3. 金币兑换优惠券活动

速卖通金币兑换优惠券活动是一种很好的营销方式，很多卖家通过金币兑换优惠券活动来提升销量。

卖家在后台设置无门槛的店铺优惠券，优惠券面额从 1 美金到 200 美金，每个面额至少设置 50 张发放量，且每个月最多只能创建 10 个活动，有使用条件的最多 3 个，无使用条件是 10 减去有使用条件的个数，对应的有使用条件的店铺优惠券设置比例必须为 1∶3 以下，即优惠券订单金额 / 优惠券面额 ≤ 3；设置完成后，后台会结合买家的行业偏好，展示在金币频道上，且只会展示在金币频道上，供用户兑换，同时后台会拉去 6 个卖家热销的商品和店铺优惠券一同展示。兑换比例是 1∶50，比如 50 个金币可以兑换 1 美金优惠券，100 个金币可以兑换 2 美金优惠券。

具体设置流程如下：点击"店铺优惠券"下的"金币兑换优惠券活动"，点击"添加优惠券"，进入如图 6-20 所示页面，按照要求设置完优惠券的信息，点击"确定创建"即可。

图 6-20　金币兑换优惠券"活动创建"页面截图

设置完成后，店铺的信息会在活动开始时同步到手机金币频道（根据不同的买家偏好展示不同的店铺）。

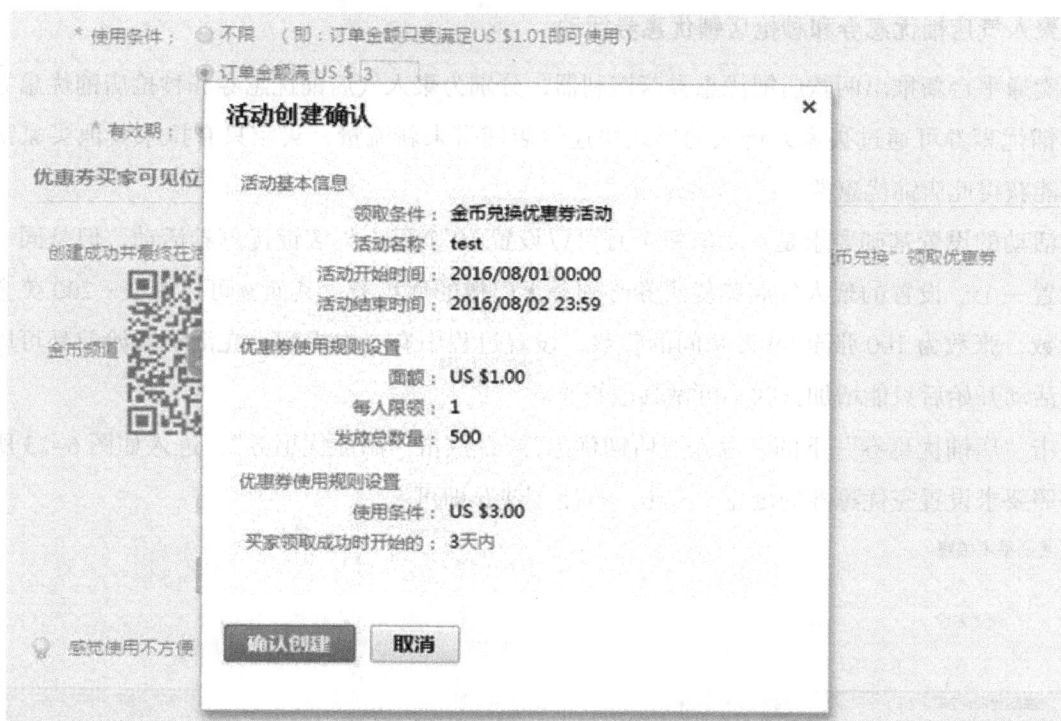

图 6-21　金币兑换优惠券"活动创建确认"页面截图

　　卖家在金币兑换优惠券活动点击"确定"后即完成设置，活动将处于"未开始"状态，此时可以进行修改活动时间、活动面额、发放数量等操作或者关闭活动；展示中的活动目前仅可以对"数据状况或者活动设置"进行查看但不支持修改活动或关闭活动操作。

　　在活动开始后金币兑换优惠券会在手机金币频道中的兑换店铺 Coupon（优惠券）的这个页面展示，如图 6-22 所示。

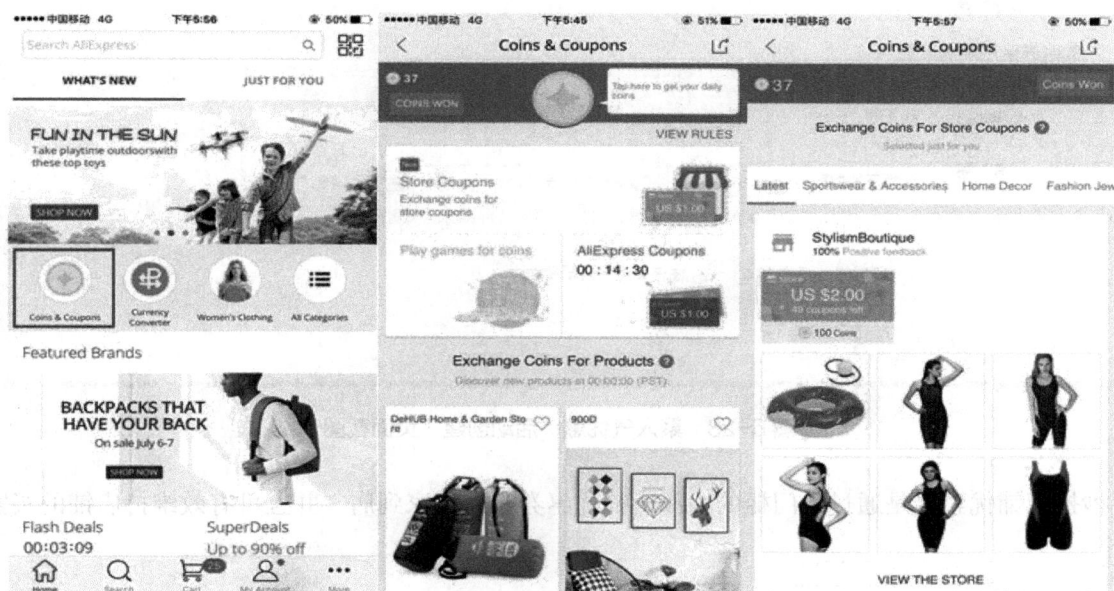

图 6-22　金币兑换优惠券买家页面截图

4. 聚人气店铺优惠券和秒抢店铺优惠券活动

速卖通平台新推出两款店铺优惠券营销利器，分别为聚人气店铺优惠券和秒抢店铺优惠券。聚人气店铺优惠券可通过买家人传人的形式快速给店铺带来新流量，买家只有拉来其他买家帮其领取，才能获得此店铺优惠券。

此活动的设置基础要求是：卖家每个月可以设置 10 个聚人气店铺优惠券活动，但是同一时间只能设置一个。设置的聚人气店铺优惠券必须是无门槛的优惠券，其面额可以为 2—200 美金中的任意整数，张数为 100 张至 99 万张间的整数，设置过程中有二次提醒，在活动开始前都可以进行修改，活动开始后只能增加张数不可做其他修改。

点击"店铺优惠券"下的"聚人气店铺优惠券"，点击"添加优惠券"，进入如图 6-23 所示页面，按照要求设置完优惠券的信息，点击"确定创建"即可。

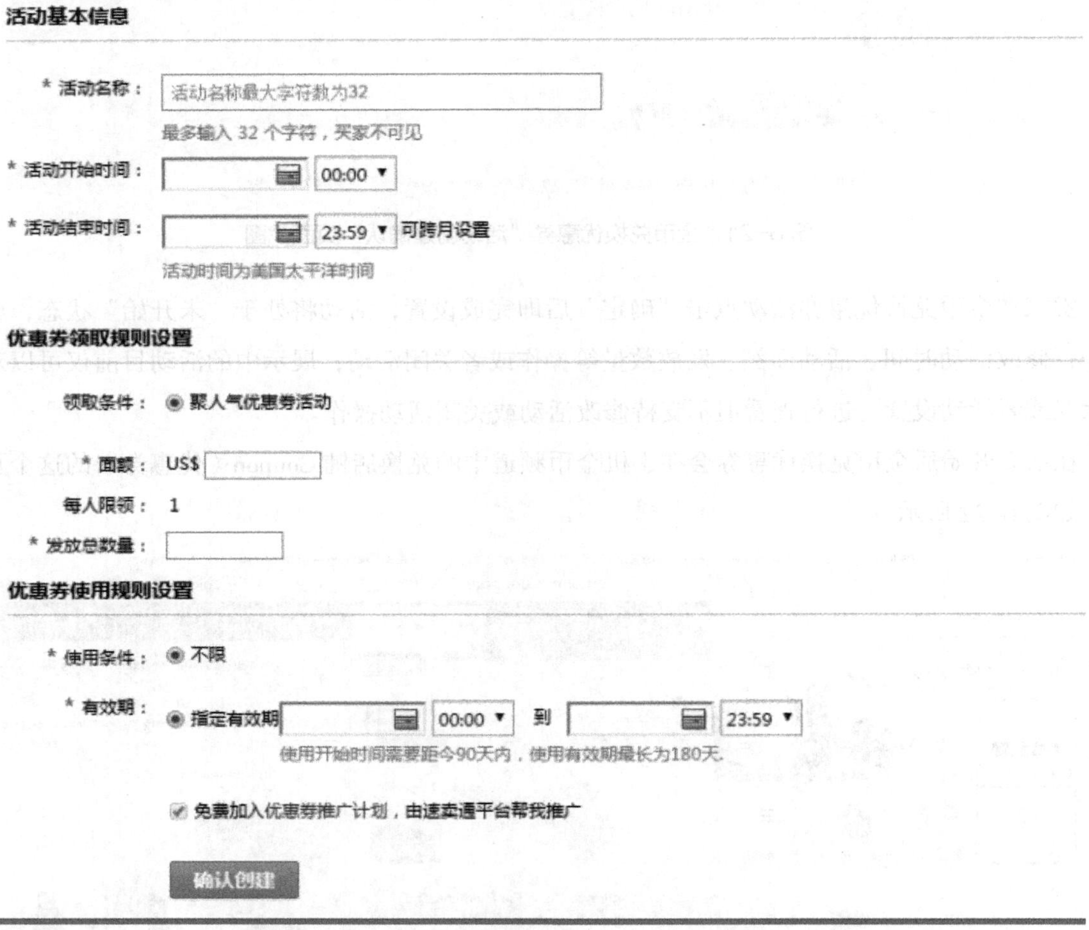

活动基本信息

* 活动名称：　[活动名称最大字数为32]
　　　　　　　最多输入 32 个字符，买家不可见

* 活动开始时间：　[　　　📅]　[00:00 ▼]

* 活动结束时间：　[　　　📅]　[23:59 ▼]　可跨月设置
　　　　　　　活动时间为美国太平洋时间

优惠券领取规则设置

　　领取条件：　◉ 聚人气优惠券活动

　* 面额：US$ [　　　]

　每人限领：　1

* 发放总数量：　[　　　]

优惠券使用规则设置

* 使用条件：　◉ 不限

* 有效期：　◉ 指定有效[　　📅][00:00 ▼] 到 [　　📅][23:59 ▼]
　　　　　使用开始时间需要距今90天内，使用有效期最长为180天。

☑ 免费加入优惠券推广计划，由速卖通平台帮我推广

[确认创建]

图 6-23　聚人气优惠"活动创建"页面截图

秒抢店铺优惠券是通过无门槛的大额店铺优惠券吸引买家到店，并且可有效维持店铺的买家活跃度。

其设置基础要求是：卖家每个月可以设置 30 个秒抢店铺优惠券活动，但是同一时间最多只能设置三个活动。设置的秒抢店铺优惠券必须是大额无门槛的优惠券，其面额可以为 5—200 美金中

的任意整数，张数为 50—99 万张间的整数，活动的开始时间只可选择每天的美国时间 2 点、8 点、14 点和 20 点，结束时间为开始时间后 10 分钟。设置过程中有二次提醒，在活动开始前都可以进行修改，活动开始后只能增加张数不可做其他修改。如果报名的活动需要进行编辑修改，需要重新选择活动开始时间。

秒抢店铺优惠券和聚人气店铺优惠券的设置和创建相类似，在这里就不再详述了。

值得注意的是，不管是秒抢店铺优惠券还是聚人气店铺优惠券活动，设置后不会主动在店铺内呈现，只有报名相应的平台活动，才会出现在对应平台活动的场景内。所以单独设置聚人气店铺优惠券是没有曝光渠道，需要报名平台活动一起才有曝光场景。

该类活动和已有的领取型店铺优惠券和定向发放优惠券，买家可以同时领取多张，但是在一次下单时只能使用其中的一张。这就要求卖家必须要合理地计算店铺利润，才能获得好的流量和转化效果。

【即问即答】

店铺优惠券是速卖通营销活动中一种非常重要的营销方式，合理利用对于提升店铺业绩非常有帮助。店铺优惠券分为哪几种类型？

【技能提示】

店铺自主营销多种活动的设置

限时限量折扣、全店铺打折、店铺优惠券活动可以跨月创建，店铺满立减开始和结束日期必须在同一个月内。例如，限时限量折扣的开始时间若在 1 月 1 日，则结束时间在 2 月 28 日之前均有效，满立减店铺活动的开始时间若在 1 月 1 日，结束时间则需要在 1 月 31 日之前。

（五）购物券

购物券是一种新型的优惠形式，在买家端以券的形式显示，但实际代表的是一种买家在购物时直接抵减一定面额现金的消费权益，卖家并不能因此获得与买家所用购物券相等值的现金收入。购物券的活动规则是由平台发起，卖家会根据平台给出的基础规则设置相应的门槛和张数，买家在参与该活动的店铺下单时如果满足单店门槛且有张数剩余时即可使用下单。购物券是由平台发放给买家，卖家自己无法发放，面额为定值。购物券活动的基本作用如下：

1. 高曝光。参与设置购物券后，店铺的所有商品在买家购物链路均有标识，如图 6-24 所示，同时还有额外的搜索筛选和流量倾斜；店铺优惠券只能卖家发放，可接触的买家数量有限，但购物券是平台发放，可接触的是全网的买家，卖家一旦参与就有了全网买家的到店机会（搜索结果页面的打标只在大促的时候才会开放出来）。

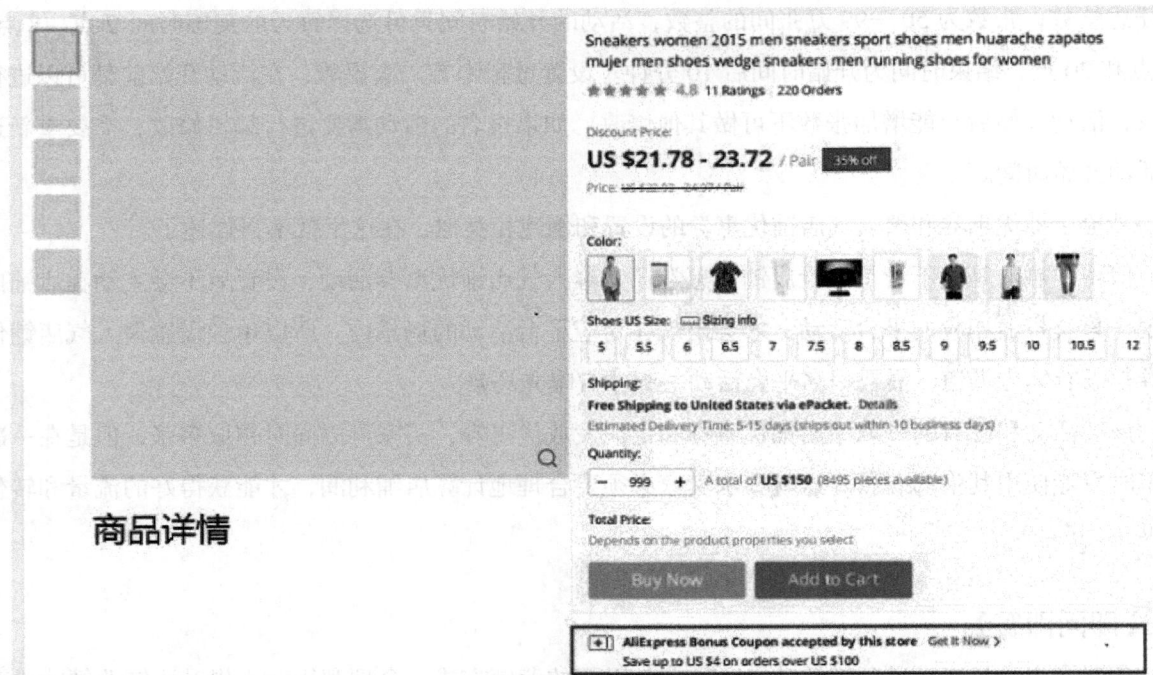

图 6-24　购物券活动买家显示页面截图

2. 低成本。有买家成功支付才需要出资，无任何资金的提前占用。

3. 高转化。购物券门槛卖家可以自己选择，根据自己的实际情况有效地提升客单价。

购物券使用规则是：

1. 在满足单店的门槛且该店铺设置的可用购物券还有剩余的情况下，买家可以享受购物券的优惠。

2. 一张购物券不能拆分到多个店铺使用。

3. 买家在单店下单时，最多可用的购物券张数根据卖家设置的张数而定，比如本次大促中单张购物券面额是 2 美金，卖家设置的购物券面额是 10 美金，门槛是 99 美金，，那么买家单次下单过程中最多使用 5 张购物券；比如卖家设置的购物券面额是 4 美金，门槛是 39 美金，那么买家单次下单过程中最多只能使用 2 张购物券。

4. 购物券可以和其他店铺级别以及平台级别的优惠叠加使用，优惠顺序为单品折扣—店铺满减—店铺优惠券—购物券—平台 Coupon—平台满减。

其扣减规则为：

1. 买家下单时，购物券部分的金额直接在订单金额中扣减，这部分的抵扣金额不会放款给卖家，也不会收取佣金。

2. 使用购物券的订单可以进行正常纠纷退款，但买家可提纠纷退款的金额仅为实际支付金额，不含购物券。

3. 只有当使用购物券的订单全额退款，且购物券仍在使用有效期内，整张购物券才会退还给买家，否则不进行退还。

购物券活动具体设置流程如下：点击"购物券"，选择相应的活动名称，如图 6-25 所示。购物券的活动规则是由平台发起，入口开放的时间以及参与的门槛规则参照不同的活动要求。

图 6-25 购物券活动报名页面截图

点击"报名活动"后，填写对应的张数和面额门槛信息，点击"确定"按钮即可，如图 6-26 所示。卖家如果确定参与购物券活动，即默认全店商品均参加活动。购物券活动一旦报名就不能退出。在活动招商结束前，只能修改支持张数和面额门槛，且支持张数必须大于最低要求张数。

图 6-26 购物券活动设置页面截图

　　购物券活动招商结束后，卖家只能增加张数（最多999999），其余均不可修改。如图6-27所示。

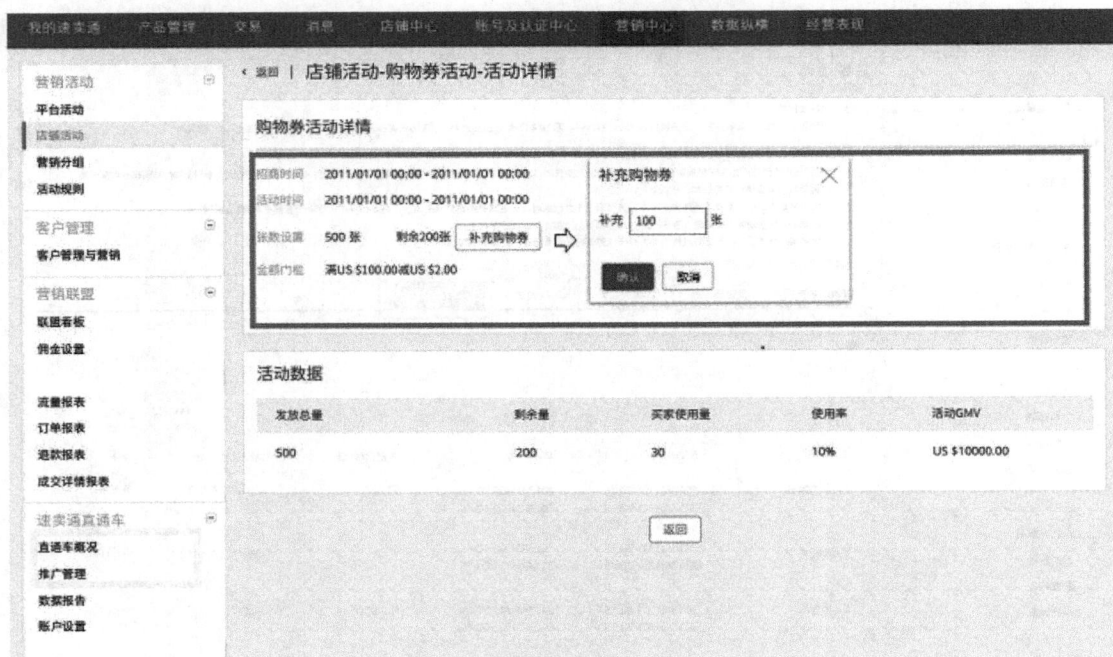

图6-27　购物券活动详情页面截图

二、平台活动

　　平台活动作为曝光商品，获得流量，提高转化率的主要渠道，参加好平台活动，也是提高销量的重要方法之一。速卖通平台活动是指在某个时段或特定节假日，整合相关资源，利用专门设立的特定频道，或者给予特殊的推广渠道资源，快速地为参加活动的卖家店铺带来大量的流量和曝光，而且订单的转化率较高，是速卖通卖家店铺的又一营销利器。平台的主要活动有Super Deal、Today' Deals全球场、印尼团购、俄罗斯团购和巴西团购等常规活动，也有行业主题活动，如童装、母婴产品等活动，还包括平台大促，每年在3月、8月、12月都会有大规模的平台大促。这些活动的名称和方式会随时变化，每期活动都有其不同的消费客户群及活动特色，所促销的产品和要求也不相同。

　　参加平台活动需要卖家报名参与才行，具体的平台活动流程如图6-28所示。

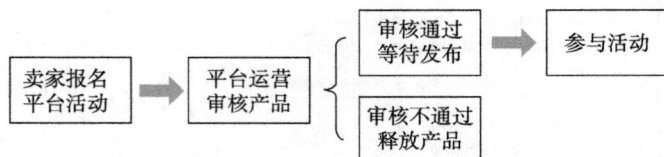

图6-28　平台报名活动流程图

　　平台活动从报名一直到参与活动其实是个很简单的过程，接下来具体介绍下和卖家有关的报名操作流程：

Step1：选择找到对应想要报名的平台活动。

可以通过筛选栏找到符合卖家要求的平台活动，目前的筛选支持 2 个维度的筛选功能：活动状态包括"所有活动""可参加的活动"和具体活动类型。

Step2：查看活动报名要求，找到符合要求的活动进行报名。

未达到的报名门槛可以通过不符合资质原因进行确认，也可以尽快进行相应的设置。值得注意的是，由于数据源的问题，针对店铺维度的数据，平台校验的卖家两天前的店铺维度的指标数据是否符合要求，而针对店铺满立减和店铺优惠券校验的是即时性的数据，即卖家设置了符合要求的立马就可以同步。

Step3：选择符合要求的产品，设置对应的活动折扣和库存要求。

目前根据 SKU 维度设置活动折扣和活动库存，设置完对应的信息即可报名活动。

报名平台活动后不能进行更改，所以卖家要谨慎报名设置对应的活动。

具体图示说明如下：单击速卖通后台"营销活动"下的"平台活动"页面，通过平台活动报名的筛选栏快速找到可以报名的符合卖家要求的平台活动，选择找到对应想要报名的平台活动。如图 6-29 所示。

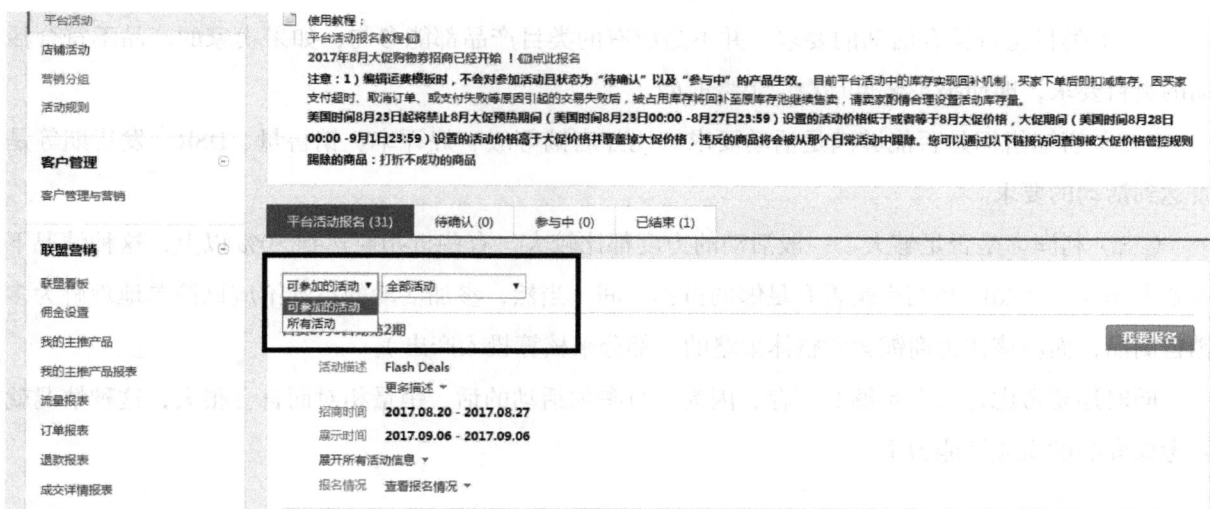

图 6-29　平台报名活动筛选页面截图

查看活动报名要求，找到符合要求的活动进行报名。符合要求时，"我要报名"的按钮显示即为可点，若不符合要求，"我要报名"不可点，且在下方会显示"不符合资质原因"，卖家可以根据实际情况进行调整。如图 6-30 所示。

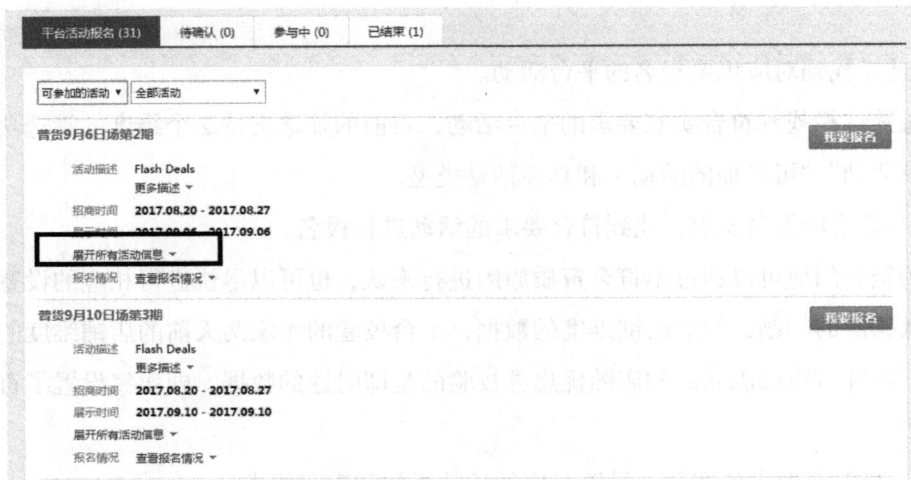

图6-30 平台活动报名页面截图

点击"展开所有活动信息"后就可以看到所有的活动要求，只有满足所有的活动要求后，才可以进行报名的操作，活动要求详情举例如图6-31所示。每个平台活动都有"活动的描述、招商时间、展示时间、活动要求、支付时限、类目要求、报名情况"的说明。卖家在参与活动时，要认真仔细地阅读这些说明，看看是否达到或是满足这些要求。一般情况下，要考虑以下三个方面：

（一）类目是否符合活动的要求。并不是所有的类目产品都能参与，如果卖家的产品不符合活动的类目要求，即使报了名也是白白浪费时间。

（二）店铺指标是否能够满足活动要求。比如店铺等级、好评率、销售量、DSR、发货期等是否达到活动的要求。

（三）利润率是否足够大。一般活动的力度都比较大，有些折扣要达到50%以上，这种情况下就要考虑卖家产品的利润率是否有足够的折扣空间（当然，参加活动的目的不应该简单地理解为多销售商品，而应该作为商铺运营整体策略的一部分来核算投入产出）。

同时还要考虑是否有足够的库存，因为一旦参加活动的话，销量相对而言会很大，这种情况就要考虑商品的供应链能力了。

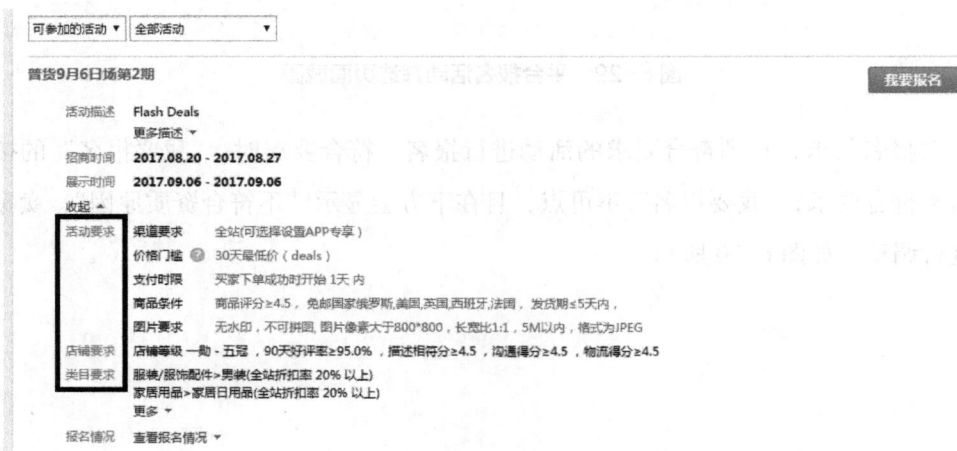

图6-31 活动信息页面截图

选定平台活动后，单击"我要报名"，即可进入报名，首先是要选择参加活动的产品，如图6-32 所示，由于平台活动的资源非常有限，所以给卖家的资源也很少，卖家应该选择具有竞争力的或者平台允许的产品参加活动。

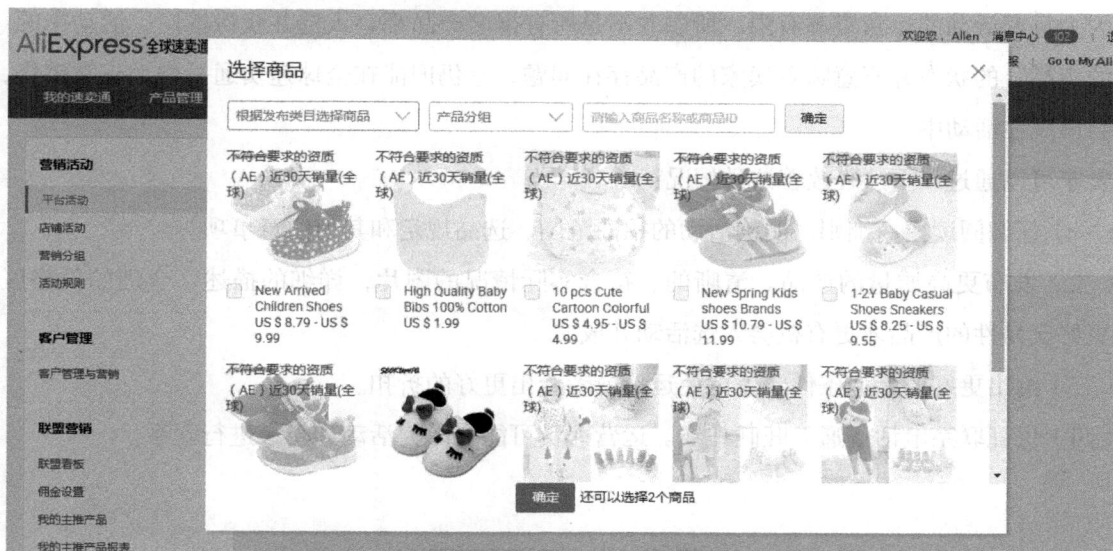

图 6-32　平台活动的"选择产品"页面截图

选择完合适的产品后，单击"确定"，可以对产品的促销信息进行设置，如图 6-33 所示，根据平台的提示，对产品的价格、活动库存以及限购数量进行设置。

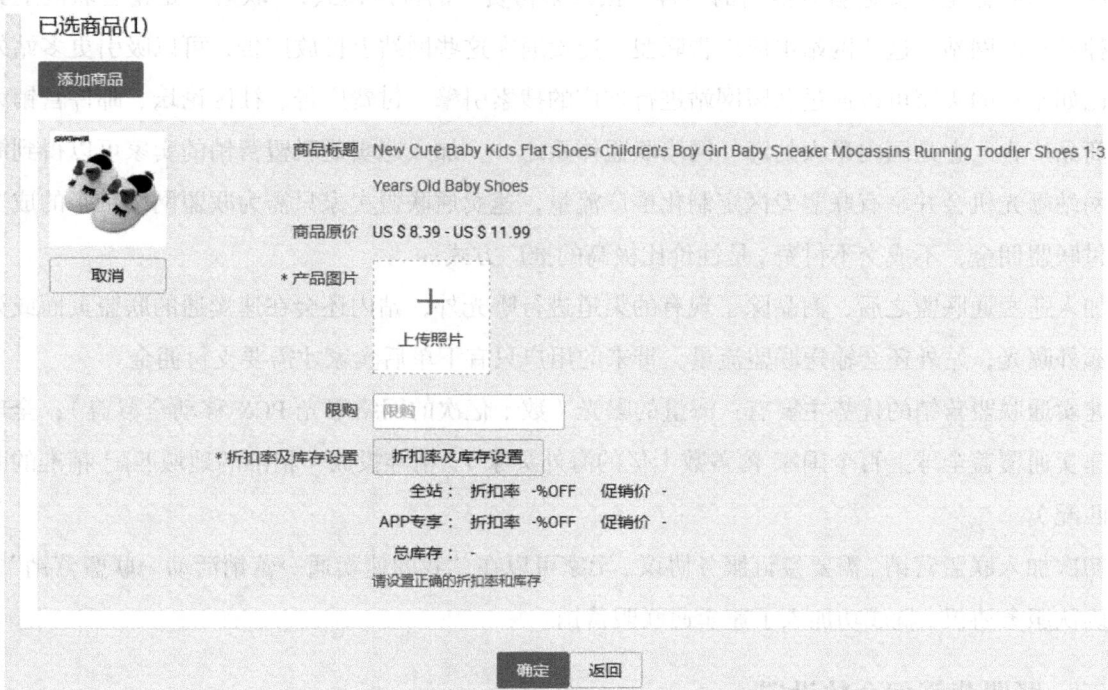

图 6-33　平台活动规则设置页面截图

点击"确定"按钮以后，报名即已成功，但是否能够参加活动，需要速卖通平台的审核。一旦平台审核通过后，当活动开始时，相关产品会自动参与展示。

速卖通平台活动是一档快速出单、快速提高产品曝光、快速增加店铺点击率的促销活动，至今平台活动的发展日益火爆，正因为这样，平台审核产品的维度越来越严格。

因为每期活动的运营资源有限，所以并不是所有报名产品都会入选并获得推广。活动中的"未入选的产品"的状态并不意味着卖家的产品存在问题，它仍旧能在全球速卖通平台上正常销售，只是不会出现在活动中。

卖家可以通过以下途径改善这种情况：

（一）仔细阅读招商细则。明确活动的招商范围、选品规定和其他注意事项。

（二）发布更高质量的产品。清晰的、符合实际情况的图片，详细的描述，合理的价格区间，具有更好交易性的产品才更有机会入选活动并成交。

（三）给出更好的参选条件。考虑免运费或者给出更好的折扣。

（四）保证联系电话畅通、旺旺在线。运营人员可能会因为活动和卖家进行联系。

第二节　联盟营销

一、联盟营销的概念

速卖通联盟是速卖通官方推出的一种"按效果付费"的推广模式，"联盟"是指互联网上其他的各种各样的网站，这些网站组成广告联盟，速卖通在这些网站上投放广告，可以吸引更多站外流量，比如站外的买家可以通过联盟网站进行推广的搜索引擎、付费广告、社区论坛、邮件营销渠道看到商品广告。它是国内最大的海外网络联盟体系之一。加入速卖通联盟营销的卖家可以得到海量海外网站曝光机会并享有联盟专区定制化推广流量，速卖通联盟卖家只需为联盟网站带来的成交订单支付联盟佣金，不成交不付费，是性价比极高的推广方式。

加入速卖通联盟之后，商品除了现有的渠道进行曝光外，站内还会在速卖通的联盟页面或渠道得到额外曝光，站外还会输送联盟流量，带来的用户只有下单后卖家才需要支付佣金。

速卖通联盟营销的优势主要有：海量的曝光（数十亿次的网络曝光 PC& 移动全覆盖）；全球覆盖（速卖通覆盖全球上百个国家 覆盖数十亿的海外买家）；精准投放（精准的地域匹配 精准的购物习惯匹配）。

初次加入联盟营销，需要签订服务协议，卖家可以在"我的速卖通→营销活动→联盟营销"中，单击确认服务协议，就成功加入了速卖通联盟营销。

二、联盟营销佣金的设置

需要注意的是，一旦加入联盟，那么整个店铺里所有商品都变成联盟商，同时，系统会自动根据卖家设置的默认联盟佣金比例为卖家所有的商品设置联盟佣金。一般而言，如果卖家未自己修改的话,速卖通系统默认的联盟佣金比例是 5.0%,而且速卖通又要收取成交价的 5.0% 的佣金,所以在这种情况下,通过联盟成交的订单,卖家在制定价格时一定要注意。

总体上来讲,佣金可以分为以下三种。

(一)所有加入联盟的商品佣金:卖家一旦加入联盟,那么整个店铺所有商品都变成联盟商品,都会有个默认佣金比例,即 5.0%。

(二)店铺下的"类目商品佣金":卖家可以对店铺下所有产品对应的"类目"设置类目佣金比例,即一类商品可以设置一个佣金比例。

(三)"主推商品佣金":可以对店铺里的部分商品设置为主推商品,在卖家能接受的范围内,主推商品的佣金比例一定不能太低。下面,我们就来看一下如何设置佣金。

点击"联盟营销"下的"佣金设置"按钮,如图 6-34 所示,默认的有一个"所有未设置的类目",这即是所有的线上批发产品将默认使用的佣金比例,默认值一般是 5%,卖家也可以单击"修改",自己设置在 3%~5%。

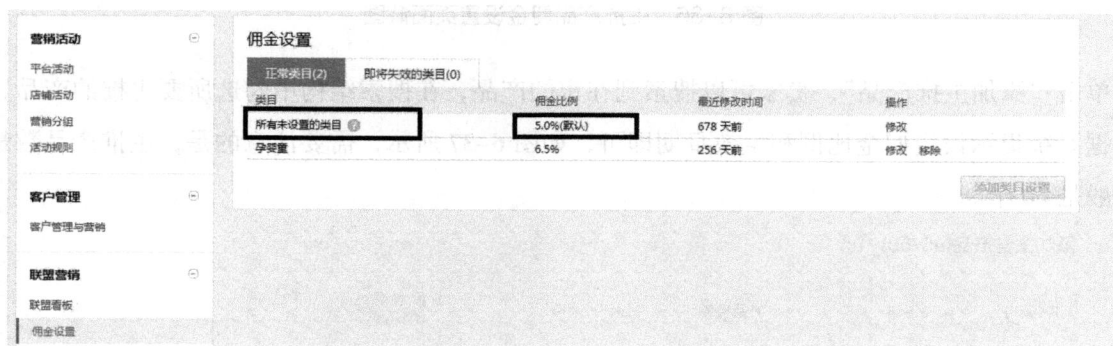

图 6-34 佣金设置页面截图

点击"添加类目设置",可以设置"类目商品佣金",如图 6-35 所示,选择卖家所需要的商品类目,并且设定佣金比例。注意,类目佣金比例一般不低于默认佣金比例,大部分情况下高于 5%,可以根据系统提示来进行设置。

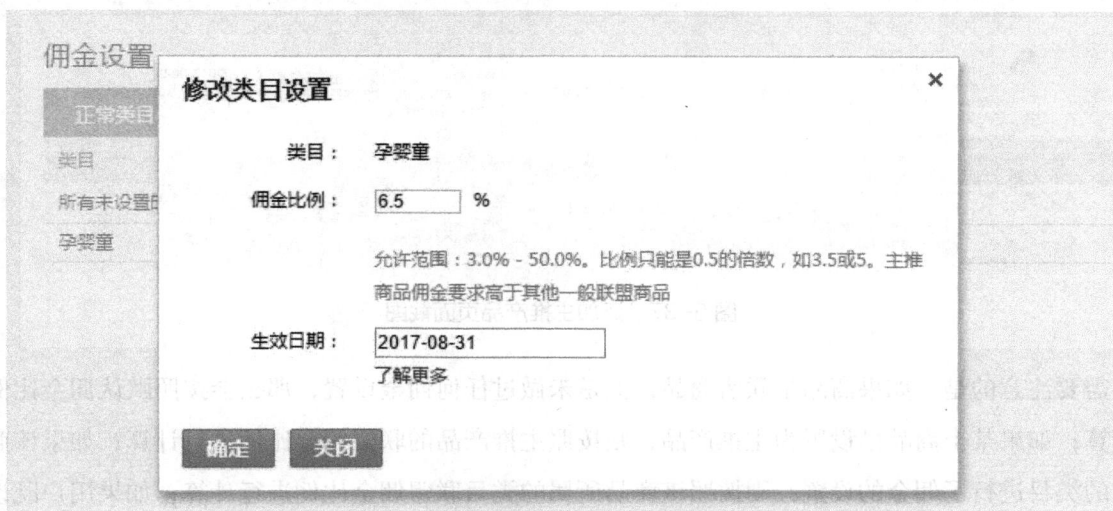

图 6-35 类目商品佣金设置页面截图

单击"我的主推产品"，如图 6-36 所示，可以设置并管理主推产品的佣金。卖家可以对已存在的主推产品进行修改、依次查看其推广报表。

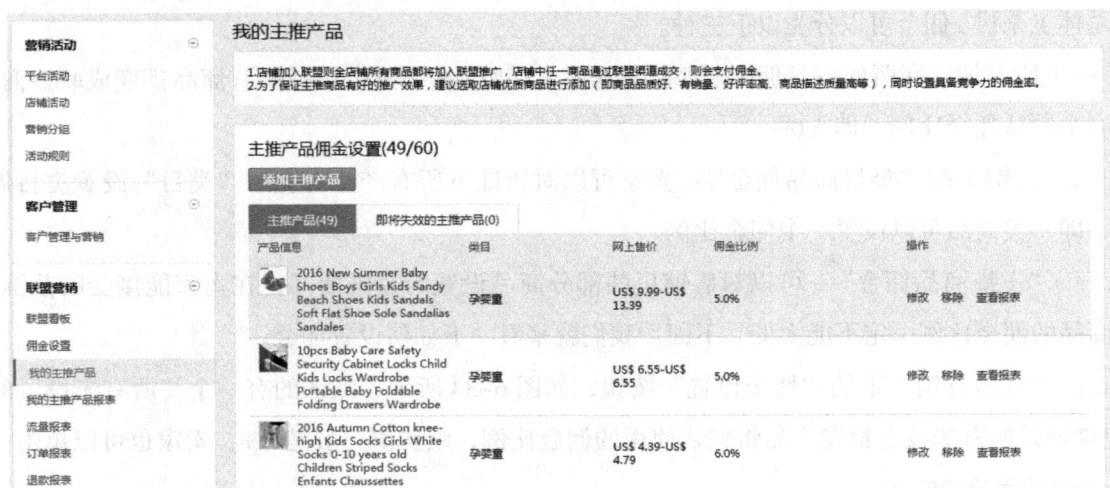

图 6-36　主推产品佣金设置页面截图

单击"添加主推产品"，卖家可以搜索到在售的产品，在搜索结构中勾选所要主推的产品，并且根据系统提示设定佣金比例和生效日期即可，如图 6-37 所示，需要注意的是，主推产品数量上限一般是 60 个。

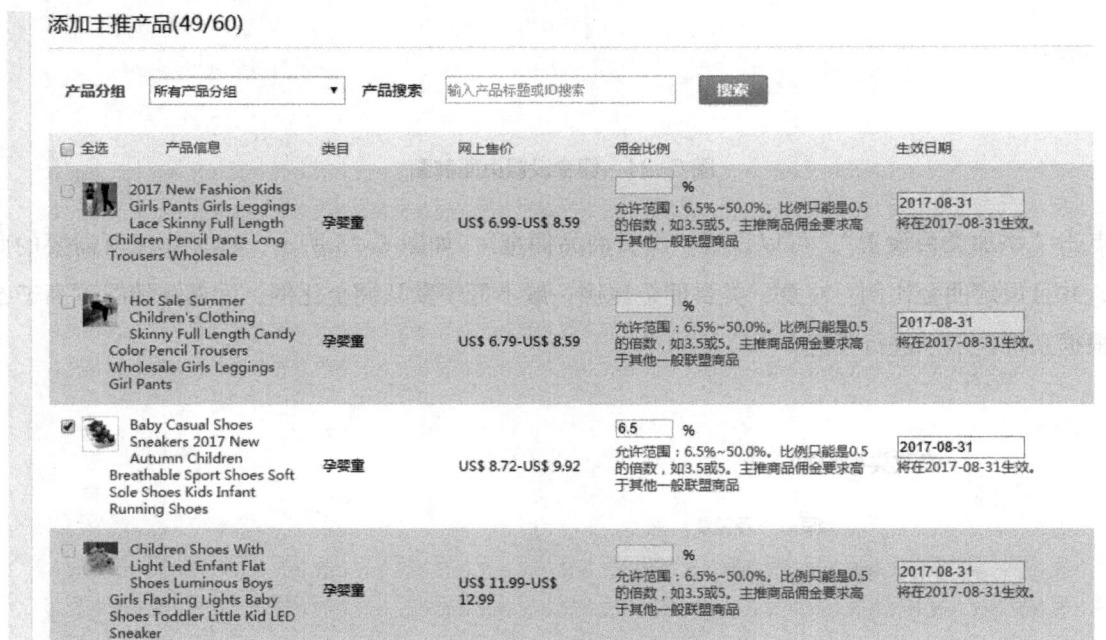

图 6-37　添加主推产品页面截图

需要注意的是：如果商品是联盟商品，但是未做过任何佣金设置，那么会按照默认佣金比例进行计算；如果某个商品已设置为主推产品，则按照主推产品的联盟佣金比例进行计算；如果该商品对应的类目进行了佣金的设置，则按照该商品所属的类目联盟佣金比例进行计算；如果用户既设置了默认佣金，还设置了类目佣金和主推产品佣金，那么优先生效主推产品佣金。

促销产品佣金是按照折扣后价格计算。一个订单中的多个商品，将单独计算联盟佣金。订单中的运费不算在联盟佣金之内。联盟佣金的扣除在联盟订单交易完成时进行结算。

对于退款的订单，如果是交易期内，买家进行退款的联盟订单就会退回联盟佣金，如果交易结束后，买家正常退货，由于联盟网站已经起到了导购的作用，那么联盟佣金是不退的。

【即问即答】

联盟营销和直通车的点击收费不一样，联盟营销是成交收费、不成交不收费的一种营销方式。联盟佣金由卖家决定，每个顶级类目都有平台限额，从 3% 到 50%。若有退款和订单折扣则按比例削减佣金。请问在订单价格中的运费部分需不需要付佣金？

三、联盟营销的效果查看

速卖通联盟营销实际效果查看，我们一般通过"联盟看板、流量报表、订单报表、退款报表和成交详情报表"等查看。联盟看板如图 6-38 所示，卖家可以很直观地看到联盟营销的实际效果，该图可以根据店铺浏览量、店铺访客数、支付金额、预计佣金和退款佣金不同的维度进行展示。

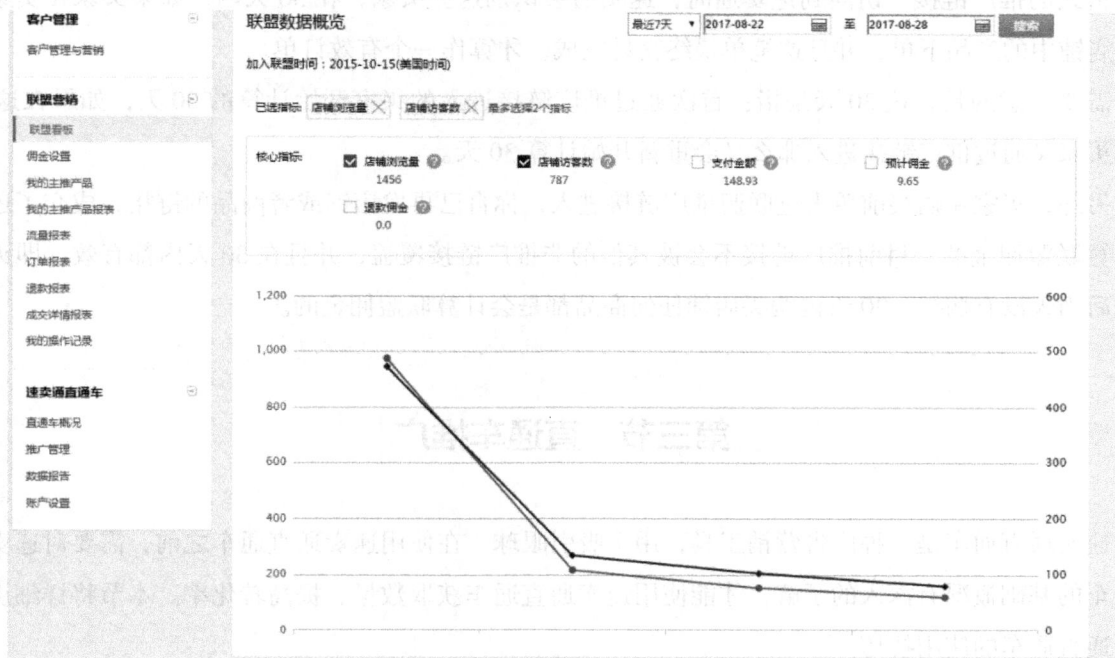

图 6-38　联盟看板页面截图

"成交详细报表"如图 6-39 所示，选择某一时段后，可以查看订单的具体成交时间、成交金额、子订单（即一个订单中包含多于一个产品）信息、佣金比例以及据此算出的实际联盟佣金和佣金总和，这样可以一目了然地知道佣金支出的详细细节。

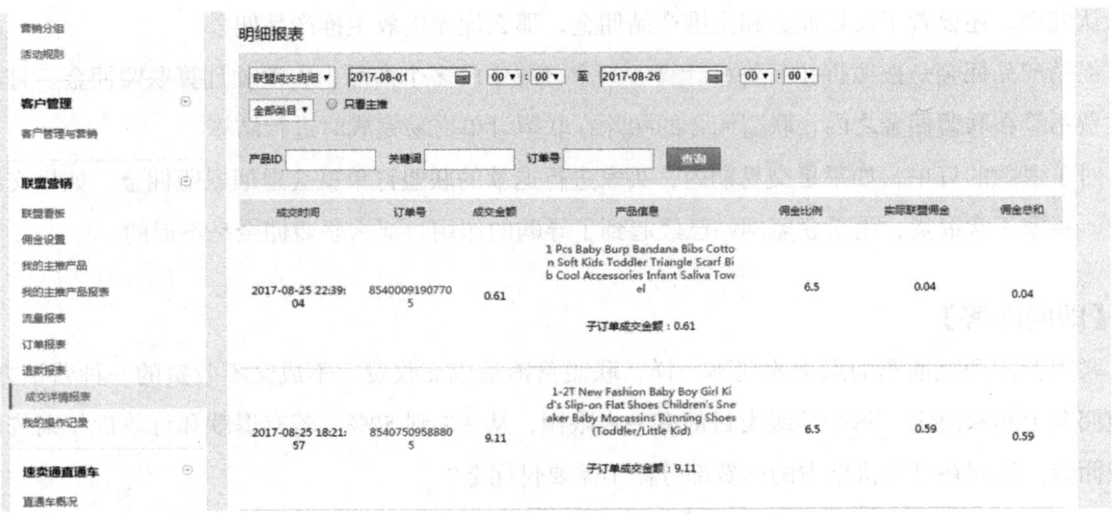

图 6-39　成交详细报表页面截图

四、联盟营销订单判定规则

如何判断一个订单是否是通过联盟来的呢？速卖通有自己的判定规则：买家从联盟网站，通过特定格式的推广链接，访问到速卖通时，速卖通会识别这些买家，在 30 天内，如果买家在卖家所在的店铺中的产品下单，并且这笔单最终交易完成，才算作一个有效订单。

需要注意的是，这 30 天是指：首次通过推广链接进入的买家开始计算的 30 天，如果在这 30 天内买家又通过推广链接进入那么又会重新开始计算 30 天。

另外，买家在购买前单击过联盟推广链接进入，你自己再发店铺或者商品的链接，成交了还是会计算联盟佣金的。目前推广链接不会被其他的非推广链接覆盖，并且在 30 天内都有效，即买家单击后当天没有购买，30 天内购买店铺任何商品都是会计算联盟佣金的。

第三节　直通车推广

速卖通直通车是一种广告营销工具，用于吸引眼球。在使用速卖通直通车之前，需要对速卖通直通车的基础概况有深入的了解，才能使用速卖通直通车获取数量、提高转化率。本节将详细讲解速卖通直通车的使用技巧。

一、直通车的概念

速卖通直通车是为全球速卖通卖家量身定制的，能够实现快速提升店铺流量，按点击率付费的效果营销工具。简单来说，就是卖家通过直通车后台自主设置相关的关联词，并出价竞争展示位置，当买家搜索时，即可曝光产品，吸引潜在买家入店，而直通车会在买家单击所展示的推广商品时，对卖家收取一定的推广费用。如图 6-40 所示为直通车的推广位展示位置。

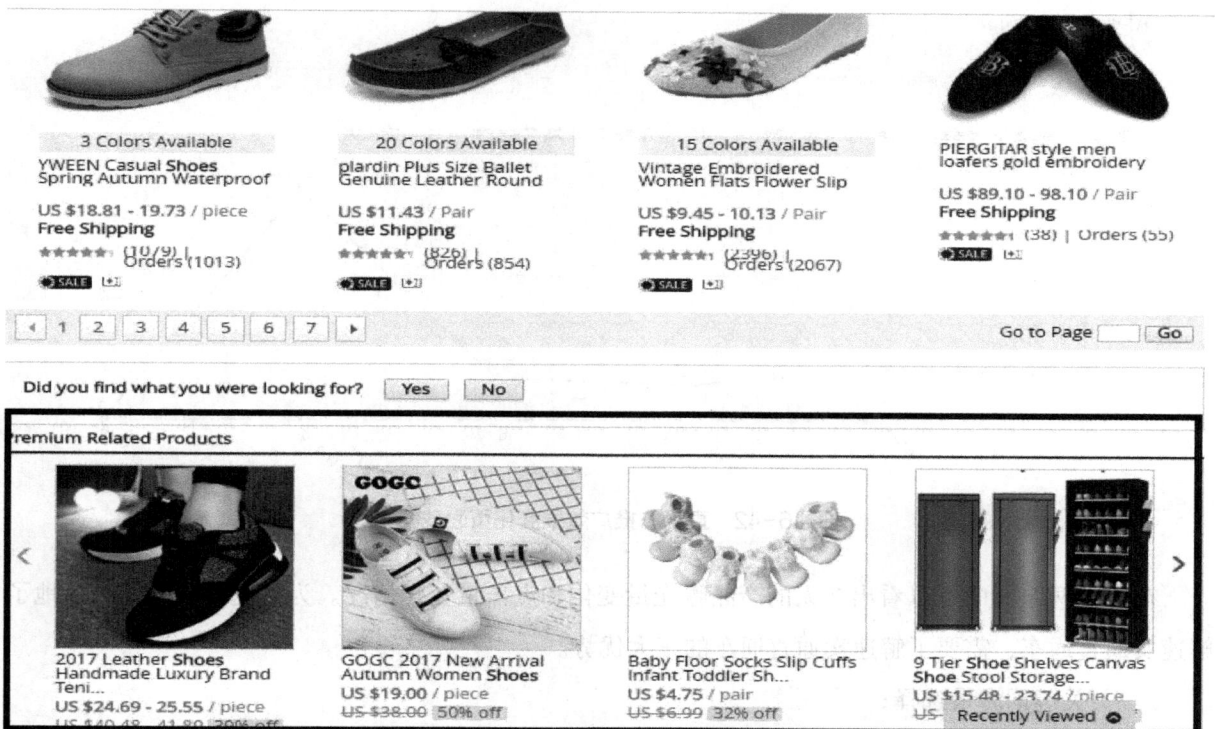

图6-40 直通车推广展示位置页面截图

直通车的推广位展示位置一般在搜索结果页面的右侧和底部，这两个位置作为推广区，比较醒目，也容易吸引买家的注意。其中，右侧推广区在买家进行搜索或类目浏览时，每一页的结果列表的右侧区域可供同时展示5个直通车商品；底部推广区在买家进行搜索或类目浏览时，每一页的结果列表的下方区域可供同时展示最多4个直通车商品。

当卖家使用了直通车后，则流量和推广效果都会得到提升，如图6-41和图6-42所示。

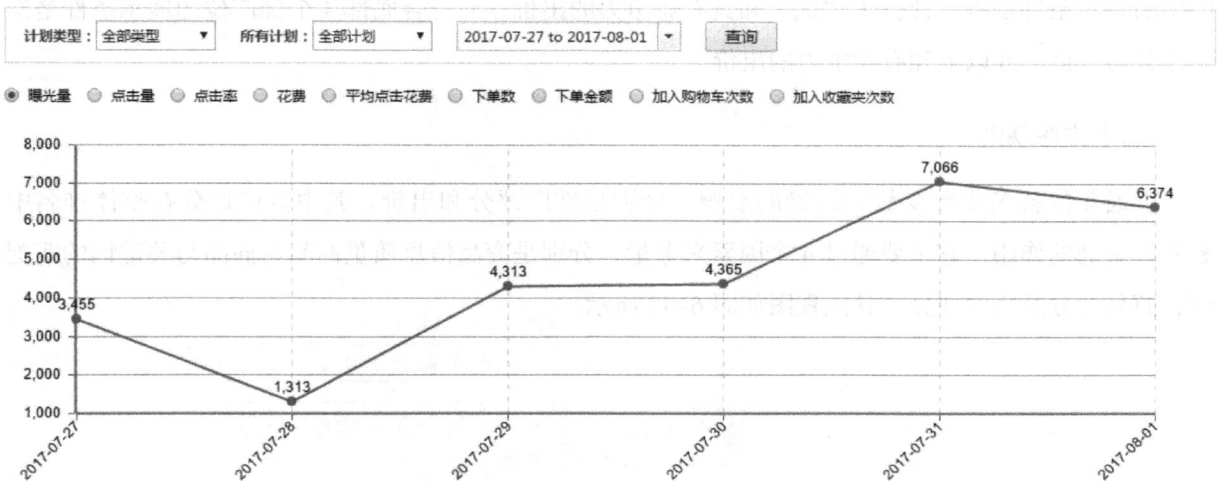

图6-41 直通车的流量变化页面截图

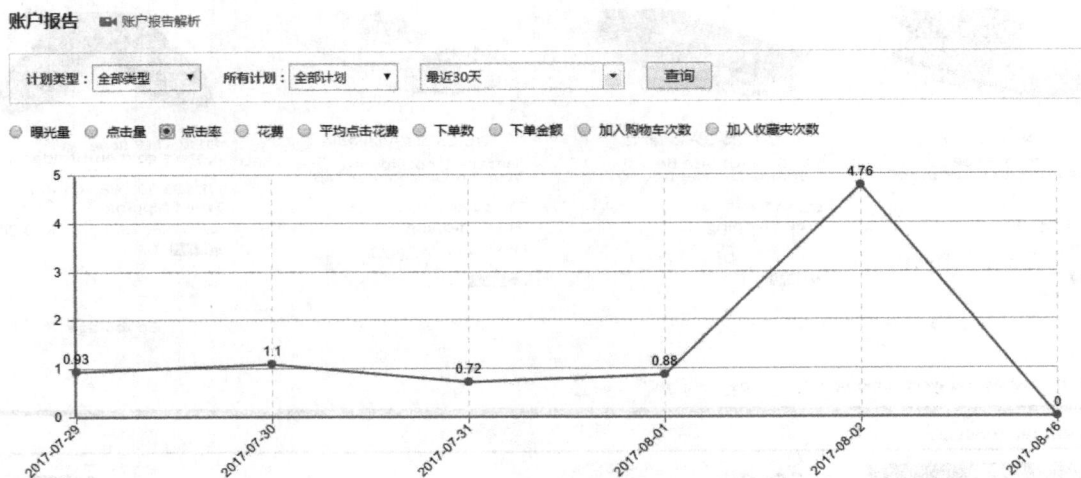

图6-42　直通车推广效果变化页面截图

在上面两张图中可以看出7天的产品曝光量变化和点击量变化情况。为了更为全面和深入地了解速卖通直通车，需要了解速卖通直通车的三大优势。

（一）关键词海量选择；

（二）多维度曝光商品；

（三）全面覆盖潜在买家。

二、直通车的规则

速卖通直通车包含三个规则：前台展示规则、排序规则及扣费规则，下面将分别进行介绍。

（一）前台展示规则

直通车的前台展示区主要是两大块：右侧5个推广位和底部4个推广位。其中符合右侧5个推广位的展示条件是推广评分为"优"和具有竞争力的出价。而符合底部4个推广位的展示条件是推广评分为"良"或以上和有竞争力的出价。

（二）排序规则

直通车的排名主要受量大因素的影响，分别是推广评分和出价。其中推广评分在整体排名中起着很关键的作用，它主要通过4个因素来考量，分别是商品信息质量商品与商品与关键词的匹配性、商品评分及店铺评分。其流程图如图6-43所示。

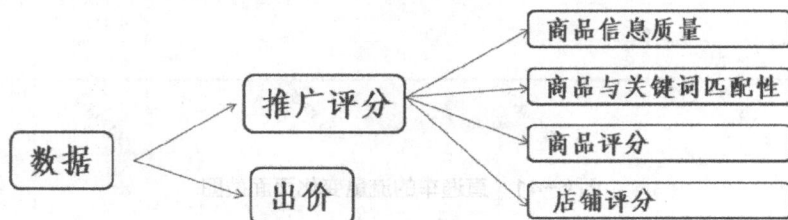

图6-43　直通车推广评分流程页面截图

在进行排名时，排名位置是实时都有可能变化的，因为系统会根据推广评分和出价进行调整，如图 6-44 所示为预估排名图。

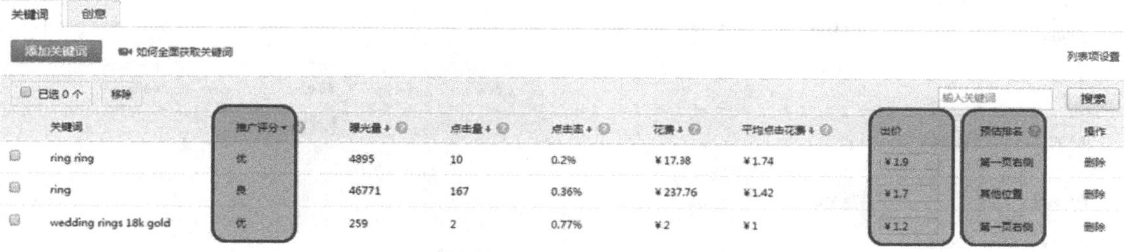

图 6-44 直通车预估排名页面截图

从图中可以看出，这里展示的推广评分一共分为两种情况：优和良。如果要排在首页的右侧，那么推广评分必须为优。如果推广评分为良，不管出价多高，也没有办法排在首页的右侧。

（三）扣费规则

直通车的扣费规则有以下 4 点：

1. 直通车是根据点击量扣费的，只展现是不会产生扣费的。

2. 只针对国外的有效点击量扣费，中国大陆地区及尼日利亚等地区的点击量不收费，无效重复点击量不收费。

3. 具体扣费额度与卖家的推广品分和出价相关。

4. 扣费小于等于出价。

【技能提示】

速卖通直通车出价技巧：尽量避开强大的竞争对手

关键词的位置不是一味地抢高位，在商品销量和评价跟同行产品对比都没有明显优势的情况下，建议位置一定要避开竞争对手。比如竞争对手已经有几千的销量，而你自身才几百，那一定不要在挨着他的位置。如果在同页，竞争对手在左侧直通车位置，此时卖家应该选择把位置调整在下方，不要以卵击石，做正面竞争会死得很惨，白白给竞争对手增加了成交的机会。

所以在自身优势不明显的时候，卡位一定要注意前后位置同行产品的情况，热词一定不要跟他们正面竞争。如果是比较精准的长尾词可以尝试卡位比较靠前的位置。

三、直通车的后台认识

在"我的速卖通"后台中，单击"营销活动"选项卡，进入"营销活动"选项卡，在左侧的"速卖通直通车"列表框中，选择"直通车概况"选项，即可进入"速卖通直通车"后台，如图 6-45 所示。在该后台页面中共包含四大板块内容，下面将分别进行介绍。

图 6-45　直通车后台页面截图

（一）账户概览

在"账户概览"选项组中，包含可用余额、预计可消费天数、今日已扣费及每日消耗上限信息。下面将分别进行介绍。

1. 可用余额：指卖家现金账户与红包账户的可用余额。如遇账户余额不足，利用点击量推广服务的使用将自动终止。右侧有个"充值"按钮，账户余额不多时可单击此按钮充值。

2. 预计可消费天数：余额除以最近一周的日均花费，会随着花费每天变化。

3. 今日已扣费：实时显示卖家的账户今日已经产生的现金红包扣费金额，系统会按照卖家红包和现金账户的余额等比例扣除，例如：卖家的现金账户有 8000 元，红包账户有 2000 元，每消耗 100 元系统会从现金账户扣除 80 元，红包账户扣除 20 元。

4. 每日消耗上限：显示卖家账户当前设定的日最高推广消费上限额。右侧有个"修改"按钮，当今日已扣费超过每日消耗上限时，如想继续推广可修改预算。

（二）推广信息概况

在"推广信息概况"选项组中，包含推广计划、推广商品和出价关键词数等信息，如图 6-46 所示。下面将分别进行介绍。

推广计划：总数显示当前包括已激活和已暂停两种状态的推广计划数。下方会显示当前已暂停状态的推广计划个数。

推广商品：显示当前包括已激活和已暂停两种状态的推广商品数据。下方会显示当前状态为已暂停的商品个数。

出价关键词数：显示当前所有不重复出价关键词数。

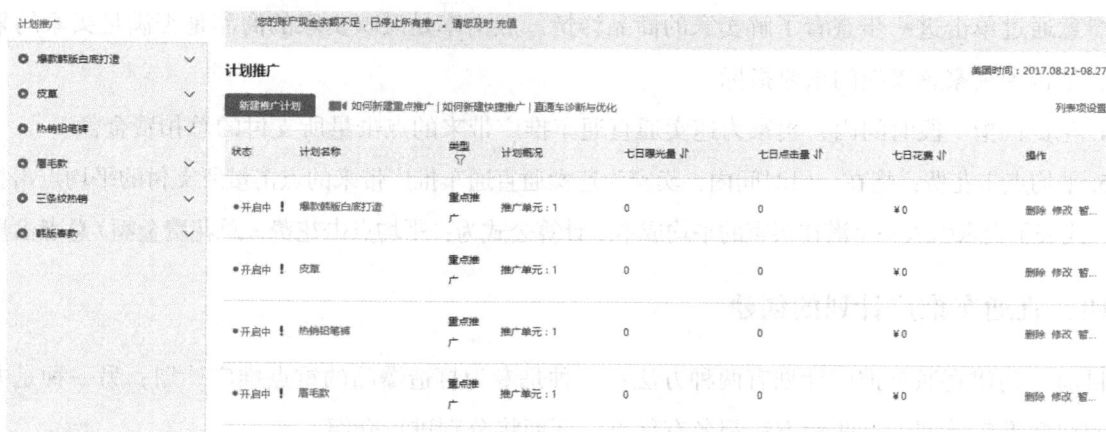

图 6-46　直通车推广信息概况页面截图

（三）推广效果

在"数据报告"选项组中，可以查看曝光量、点击量、点击率、花费及平均点击花费数据，这些数据，都是默认为最近 7 天的数据。如果卖家想查看更多的数据报告，则可以单击"导出数据"超链接，如图 6-47 所示，即可进入数据报告页面查看。

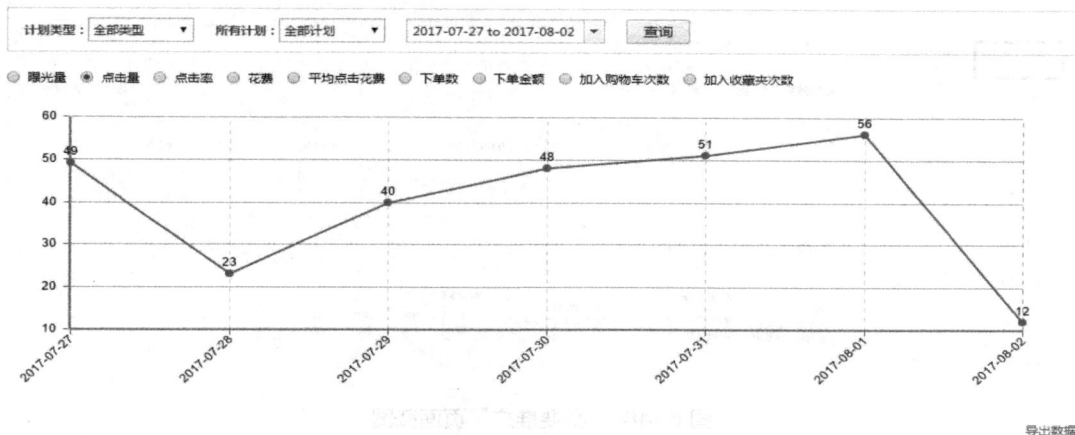

图 6-47　直通车推广信息概况页面截图

（四）消息中心

在该选项组中，可以向卖家推送及时的产品升级公告、最新的直通车活动资讯、全面的培训课程信息及专业的方案诊断建议。

在"推广效果"下拉列表框中，各常用数据指标的含义如下：

1. 曝光量：指在卖家所选择的时间区间段（如最近 7 天），通过速卖通直通车的推广，卖家的商品在被海外买家（不包括中国买家）搜索的时候，获得的展现次数。

2. 点击量：指在卖家所选择的时间区间段（如最近 7 天），通过速卖通直通车的推广，卖家的商品在被海外买家（不包括中国买家）搜索的时候，获得的买家进一步单击查看的次数。

3. 点击率：点击率＝点击量／曝光量。如果点击率较高，就说明买家对卖家的推广商品更感兴趣，愿意通过单击进一步查看了解卖家的商品详情。点击率是反映卖家的商品是否满足买家的采购需求、是否令买家感兴趣的重要指标。

4. 花费：指一段时间内，卖家为速卖通直通车推广带来的点击量所支付的总扣费金额。

5. 平均点击花费：指在一段时间内，卖家为速卖通直通车推广带来的点击量所支付的平均点击扣费金额，代表了卖家引入一个潜在买家的平均成本。计算公式为：平均点击花费 = 总花费金额 / 总点击量。

四、直通车推广计划的创建

目前，创建直通车推广计划有两种方法：一种是专为打造爆品的重点推广计划；另一种是方便测品的快捷推广计划，这两种方法都各有优点，下面将分别进行介绍。

（一）重点推广计划

重点推广计划具有独特的创意推广，可以更好地协助卖家打造爆款。重点推广计划最多允许创建 10 个，每个计划建议推广同类目的商品以便于后期管理，并且选择想要重点推广的商品，集中精力做推广。下面将介绍创建重点推广计划的具体步骤。

在"速卖通直通车"后台中，单击首页左侧的"我要推广"按钮，如图 6-48 所示。

图 6-48 "我要推广"页面截图

打开"我要推广"对话框，选择"重点推广计划"选项，在"请填写推广计划的名称"文本框中输入名称，单击"开始新建"按钮，如图 6-49 所示。

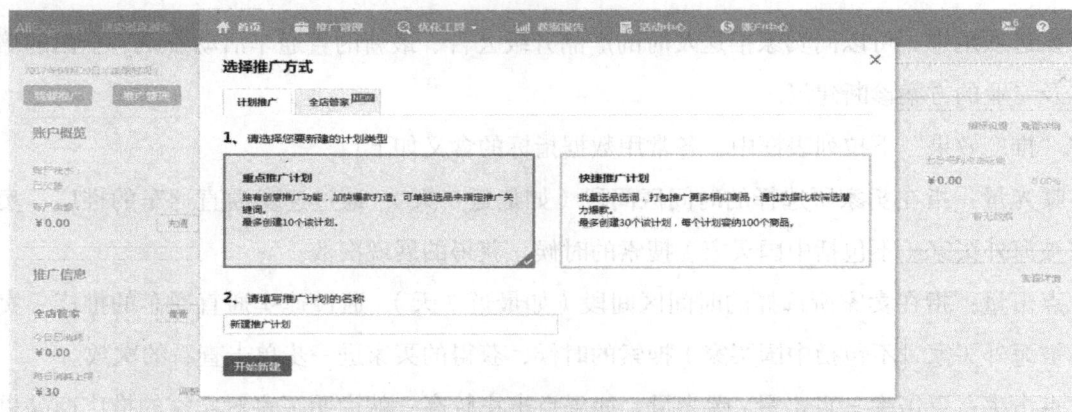

图 6-49 重点推广方式页面截图

打开"新建推广单元——选择商品"对话框，在"商品分组"下拉列表框中选择"所有产品组"选项，如图 6-50 所示，选择合适的产品对象。

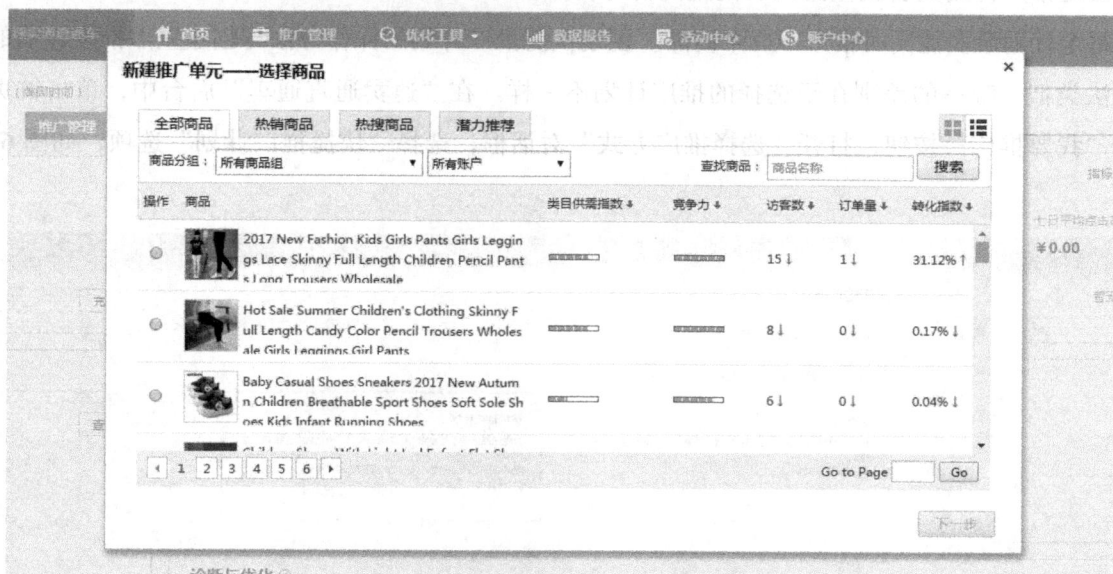

图 6-50　商品选择页面截图

单击"下一步"按钮，打开"新建推广计划——选择关键词"对话框，选择合适的关键词，并单击其右侧的"添加"超链接，添加关键词，并修改关键词的价格，如图 6-51 所示。

图 6-51　选择关键词页面截图

完成关键词的选择添加操作后，将打开"推广单元新建完成"对话框，显示推广计划已新建完成信息，单击"关闭"按钮即可。

（二）快捷推广计划

快捷推广计划具备批量选词、批量出价等特点，每个账户最多能够同时创建 30 个快捷推广计划，每个计划最多能同时推广 100 个商品。创建快捷推广计划的操作方法与创建重点推广计划的操作方法类似，唯一的差别在于选择的推广计划不一样。在"速卖通直通车"后台中，单击首页左侧的"我要推广"按钮，打开"选择推广方式"对话框，选择"快捷推广计划"选项，如图 6-52 所示。

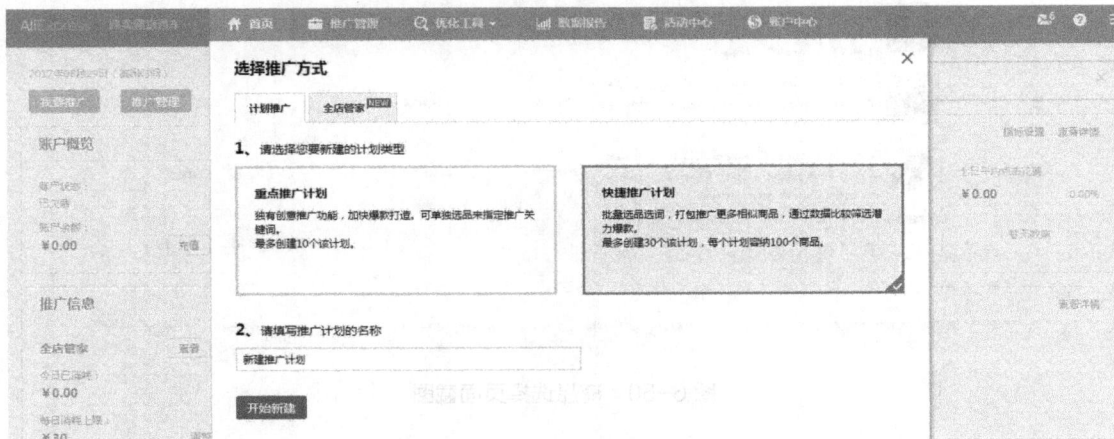

图 6-52　快捷推广计划页面截图

【即问即答】

速卖通直通车目前有两种投放方式：关键词投放和商品推荐投放。关键词投放会将卖家的产品带到搜索结果页面的右侧，以及搜索结果页面下方的位置；同时，商品推荐投放功能，也会将卖家的商品带到任意商品详情页面下方的推荐位置。这些位置都是平台上最能吸引买家眼球的位置。这体现了速卖通直通车推广的哪一点优势？

五、直通车各种报告的查看

直通车的数据报告包含账户报告、商品报告及关键词报告，下面将分别进行介绍。

（一）账户报告

账户报告是针对速卖通直通车账户的整体营销状况提供的效果统计分析报告。账户报告中包含曝光量、点击量、点击率、花费和平均点击花费 5 个数据指标，可以查看最近 7 天、30 天和自定义时间段的数据报告，如图 6-53 所示。

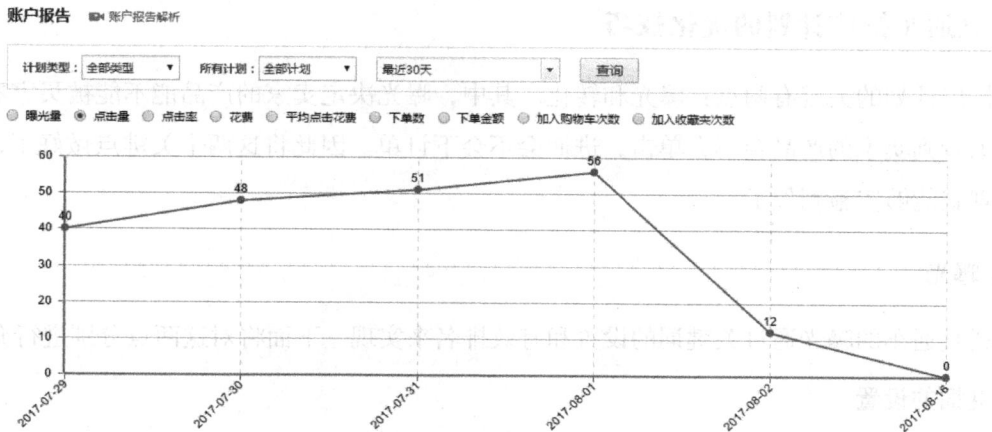

图 6-53 账户报告页面截图

（二）商品报告

商品报告用于展示商品的数据结果，包括曝光量、点击量和花费等核心指标用于确认下一步的优化方向，如图 6-54 所示。

图 6-54 商品报告页面截图

（三）关键词报告

在推广商品时，得到充足的曝光量的基础取决于关键词，所以卖家要了解关键词的数据效果，包括关键词的数量、曝光量、点击量、花费等核心指标，来确认下一步的优化方向，如图 6-55 所示。

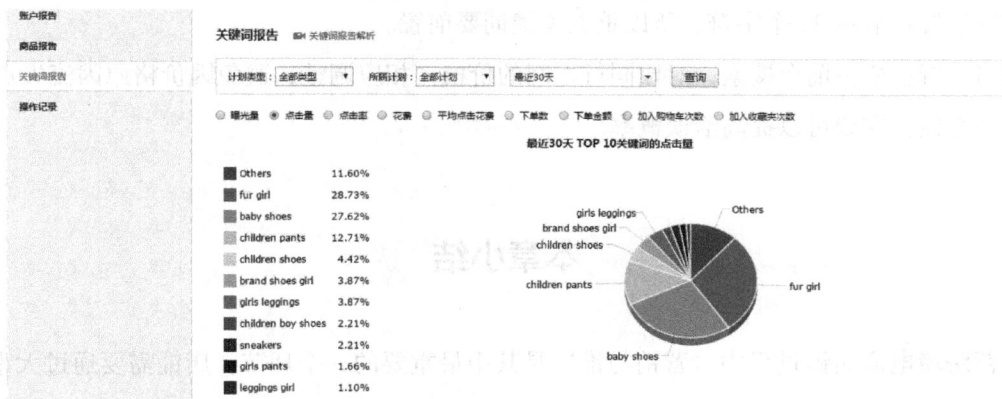

图 6-55 关键词报告页面截图

六、直通车推广计划的优化技巧

优化推广计划的关键有两点：曝光和转化。其中，曝光决定卖家的产品能不能被买家看到；转化决定买家看到卖家的产品会不会单击，进而会不会下订单。因此将这两个关键点做好了，直通车的推广计划就能够实施到位了。

（一）曝光

速卖通直通车的曝光通过关键词的设置和有效排名来实现。下面将对这两点分别进行介绍。

1. 关键词的设置

买家通过买家首页的搜索框，用关键词来寻找到卖家的产品，所以关键词越多，买家找到卖家产品的入口就越多，因此卖家在设置关键词时，一定要多设置关键词，从而达到高曝光率。

有些卖家在设置关键词时，关键词量也不少，但是因为这些词都不是买家搜索的关键词，只是型号词，所以导致即使数量达到了，也还没有曝光。因此，卖家在设置关键词时，一定要设置买家搜索的关键词。

2. 有效排名

因为排名关系到费用问题，所以大家也会比较谨慎。举例说明，同样一个关键词，bag 是一个相对高价的关键词，很多卖家肯定不舍得出那么高的价格排到第一页右侧。但是即使在其他位置，通过一定的出价，还是可以获得非常好的曝光的。因此，对于核心关键词要进行适量出价，以拿到更好的曝光。

（二）转化

影响曝光转化成点击量的，以及点击量转化成曝光的，有以下因素：主图大小、背景颜色、标题设置、价格设置和旺旺在线等。

这些转化因素的含义如下：

1. 主图大小：主图的大小占图片的 80% 左右。
2. 背景颜色：从点击量数据分析，白色背景的产品点击率更高。
3. 标题设置：显示 32 个字符，所以重点关键词要前置。
4. 价格设置：要去前台搜索，对比同行之间的价格，相应调整，避免因价格原因流失点击量。
5. 旺旺在线：在线可以提高洽谈概率。

本章小结

在运营跨境电商店铺过程中，营销与推广是其中最重要的一个环节，店铺需要通过大量曝光产品来喜迎潜在买家，引流增加浏览量，提升转化，同时使用多种营销方法引流，快速积累销量。这就需要了解和掌握店铺自主营销方式和操作流程，联盟营销及直通车推广的操作方法，进而提升产品的转化率，提高销售量。

自我测试

单项选择

1. 某速卖通店铺的某件女装上架价格为 25.99 美金，店铺做限时限量折扣的营销活动，折扣率为 30%OFF，则该女装最终展示给客户的销售价格为（　　　）

A. $18.19　　　　　　　　　　　B. $37.13

C. $25.23　　　　　　　　　　　D. $7.79

2. 在速卖通平台上，在设置店铺满立减促销的满减金额时需要参考哪些因素（　　　）

A. 总结主要客户国家消费水平

B. 参考数据纵横客单价

C. 考虑买家所购买产品的货值及运费

D. 随便定义，这个不会有什么影响

3.（　　　）指的是卖家自主选择活动商品和活动时间，可以对某一产品在某一时段进行折扣活动，方便灵活，是常用的速卖通店铺营销活动。

A. 限时限量折扣　　　　　　　　B. 全店铺满立减

C. 店铺优惠券　　　　　　　　　D. 全店铺打折

4. 速卖通直通车的收费方式是（　　　）

A. 按实际点击收费　　　　　　　B. 按展示位置收费

C. 按展示时间收费　　　　　　　D. 按实际浏览量收费

5. 以下关于速卖通店铺的自主营销活动的特性，说法不正确的选项是（　　　）

A. 便捷性，按照店铺情况随时随地的设置

B. 针对性，迎合店铺与产品的优缺点

C. 有效性，符合店铺自身的发展与目标

D. 付费性，这些活动的实施都需要付费

简答

1. 速卖通店铺自主营销有哪几种活动形式？分别是什么？请做简要回答。

2. 简述速卖通直通车重点推广与快捷推广，二者区别是什么？

【实训参考方案】

跨境电商的营销与推广

· 实训目标

了解速卖通平台店铺自主营销的工具，掌握各种营销工具的操作技能；熟悉平台活动报名的操作流程。掌握联盟营销的基本技巧；掌握直通车推广的要领和技能。

· 实训方式

学习者通过已注册的速卖通账号，完成一次店铺自主营销活动，包括限时限量折扣、店铺优惠券等免费营销推广活动。进行一次平台报名活动（账号达到一定等级的学习者）。完成一次联盟佣金的设置。进行一次直通车的付费推广，熟悉直通车的各种规则。使得学习者较为全面地认识和体验速卖通平台的各项营销推广方法。

· 实训步骤

1. 完成在本章节中所涉及的各种营销推广任务，熟悉操作流程；

2. 查看营销推广后店铺的曝光量、访客数、购买率和订单转化率等指标的变化；

3. 检验营销活动开展的实时效果，对照检查自身是否已具备了平台营销推广的基本知识和能力以及缺少的方面；

4. 将上述成果撰写成一份实训报告；

5. 制作 PPT 与同学们分享和讨论。

· 实训评价

主要从以下两个方面评价学习者的实训成果：

1. 学习者对平台营销推广活动基本规则的了解程度，对操作流程和技能掌握的熟练程度；

2. 营销推广活动后店铺的实时营销概况、店铺各项指标的变化。

第七章

订单处理与交易评价管理

【学习目标】

　　了解跨境电商中订单处理的重要性，掌握订单处理和发货的基本流程；了解各种不同类型的纠纷，能够把握避免纠纷的方法，学会纠纷处理的基本流程和技巧；熟悉后台的交易评价管理，掌握交易评价管理的具体操作方法。

【知识要点】

1. 订单处理和发货的基本流程；
2. 纠纷的类型和避免纠纷的方法，纠纷处理的基本流程和技巧；
3. 交易评价管理的具体操作方法。

【核心概念】

1. 订单管理
2. 纠纷的处理
3. 交易评价管理

【情境导入】

速卖通的新卖家，一般都有这样惨痛的经历。买家下了订单，卖家却不知道怎么处理订单，如何备货发货，怎么处理纠纷，如何管理交易评价，怎么在网上查询产品的物流信息。从而导致订单不翼而飞，还被买家投诉，产生一个接一个的纠纷、差评。这时候卖家心里肯定想着这是什么情况，我货都发走了，也没有做错什么，怎么就差评、纠纷、被投诉了呢。新手卖家会遇到这样那样的问题，对订单管理、纠纷处理和交易评价管理等都会心存很多疑惑，为避免与客户发生直接的纠纷，作为新手卖家的小皮觉得提前学习好常规的订单处理知识很有必要。

【引导案例】

作为当今金砖国家之一的巴西联邦共和国是拉丁美洲最大的国家，人口居世界第五位，面积也居世界第五位。从 2011 年开始，巴西人均 GDO 超过 1 万美元，人均收入还将继续增长 35%。巴西经济实力居拉美首位，或已超英国成为全球第六大经济体，其经济增长的动力主要来自国内需求。目前，巴西是中国在拉美最大的贸易合作伙伴，中国是巴西的第二大进口来源国和第二大出口市场。同样地，巴西的购买力在速卖通平台上表现得非常强劲。如 2014 年的情人节根据速卖通搜索数据显示巴西人被认为是最浪漫的，搜索热词包括香水、化妆品、束胸、衣服、婚纱、鞋子等时尚用品。

但同时巴西海关也是出了名的严格，清关率低。所以这严重挫伤了中国外贸出口商对巴西出口产品的积极性。eBay 放弃了巴西市场，速卖通接手后，巴西客户纷涌而至。这原本是值得高兴的，然而卖家的麻烦随之而来，无休止的纠纷，货款两失，纠纷率的逐步增长，让卖家开始身心疲惫。速卖通平台上，卖家 95% 以上的纠纷都来自巴西。在速卖通卖家论坛上，输入"巴西"，可以搜索到很多与巴西有关的帖子，其中绝大多数都是抱怨与巴西客户的纠纷的，列举一些典型标题如下：

"巴西大骗子。同一个产品陆续地拍了 9 个现在给了 2 个差评，并要挟退钱。"

"惊现巴西职业差评师！""8 月初和 8 月下旬发的 8 个巴西小包都被退回来了"

"去巴西的件寄 EMS 的已经快 2 个月了客人还没收到"

"巴西佬，明明查询网站可以查到上网信息还说运单号无效，无故引起纠纷"

……

请思考：

1. 你是否了解巴西海关的规定和清关问题？

2. 买家提出纠纷，在速卖通上对卖家会产生怎样的影响呢？

3. 速卖通买家纠纷主要可分为哪些类型？

第一节　订单处理

订单是每个跨境电商卖家都非常关注的部分，卖家店铺的转化率如何，营销推广是否到位，客户是否信任，实际上可以直接反映在订单的数量上。但是如果跨境电商的订单管理工作没有处理好，很有可能直接影响到店铺整体的好评率，影响到店铺的等级，甚至会影响到店铺的可持续发展。

一、订单处理概况

跨境电商的营销推广是为了潜在的客户能够充分体会到卖家产品的存在，使客户能够下单购买产品，但真正影响店铺信誉和服务等级的是好评率，而正确的管理和处理订单是获得客户好评的重要因素。

当卖家上传商品达到一定数量后，随着营销手段的实施和推广，店铺的流量就会不断地增加，订单就会越来越多，因此，处理订单成为跨境电商卖家需要关注的重中之重的环节。

在阿里巴巴速卖通平台，订单的处理和管理主要在"交易"选项卡下的"管理订单"中完成。点击"交易"选项卡，进入"我的订单"页面，如图 7-1 所示。

图 7-1 "我的订单"页面截图

在"我的订单"页面中包含当前订单的基本情况，主要分为三个部分：特别关注、等待您操作的订单和等待买家操作的订单，其具体含义如下：

特别关注

今日新订单——单击后将出现今日新生成订单，包括"已经付款订单"和"未付款订单"。

等待您操作的订单

等待您发货——已经通过风险审核并且资金已经到账的订单，需要你发货后"填写发货通知"或者"线上发货"的订单。如图 7-2 所示。

产品与负责人	单价	数量	买家	订单状态	操作
订单号：85950792925643 下单时间：2017-08-16 17:28			A2 Marjan Huysdens 0 未读留言 | ✉ Contact		金额：$ 5.78 (EUR € 5,01)
Summer Girls Safety Shorts Pants Underwear Leggings Girls Boxer Briefs Short Beach Pants For Children 3-13 Years Old 产品属性：black + 8T 商品编码：CP04 (Allen Cai)	$ 2.89	1		**等待您发货** 订单详情 手机订单	发货 剩余：[6 天 23 小时 11 分钟] 举报该恶意买家
Summer Girls Safety Shorts Pants Underwear Leggings Girls Boxer Briefs Short Beach Pants For Children 3-13 Years Old 产品属性：white + 8T 商品编码：CP04 (Allen Cai)	$ 2.89	1			

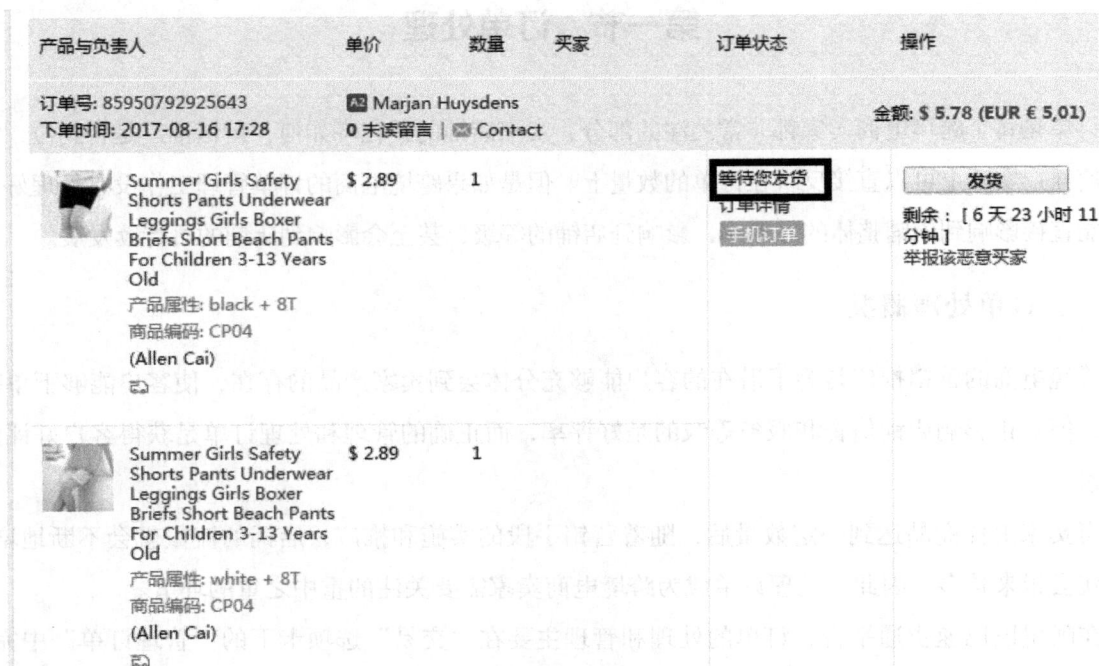

图 7-2 "等待发货"信息页面截图

买家申请取消的订单——买家付款后由于各种原因取消的订单。

有纠纷的订单——由于某种原因，买家提起异议或是向速卖通提起仲裁的订单。

未读留言——买家下订单后和卖家进行沟通的信息，比如催促发货、询问物流信息或者其他发货要求等。

等待卖家验款——买家下订单后，将货款支付到速卖通平台，等待速卖通平台通过风险审核的订单。

等待您留评——买家确认收货，交易结束后，买卖双方可以互相留评，等待卖家留置评价的订单。

等待放款的订单——买家未在规定时间内确认是否收到货物。速卖通平台会对你提供的货运信息进行核实，并根据核实结果进行放款操作。还有一种情况就是等待银行清算处理。

等待买家操作的订单

等待买家付款——买家虽然下了订单，但是还未将款项打入速卖通平台。如图 7-3 所示。

	单价	数量	买家	订单状态	操作
订单号：85946870823058 下单时间：2017-08-16 12:54			A2 Izabela Bartoszak 0 未读留言 | ✉ Contact		金额：$ 3.29
(6pieces/lot=3 pair) 100% Cotton Baby Socks Set Spring/Autumn New Cartoon Infant Toddler Floor Sock for 0-24M Baby Girls/Boys 产品属性：three color + 3M 商品编码：CT27 (Allen Cai)	$ 3.29	1		**等待买家付款** 订单详情	调整价格 举报该恶意买家

图 7-3 "等待买家付款"页面截图

等待确认收货订单——卖家填写发货通知后，买家确认收到货之前的订单。

二、订单的分析与确认

在买家下单后，卖家需要对买家的订单信息进行分析与确认。每一个订单都有订单号，如85950792925643，如图7-4所示。

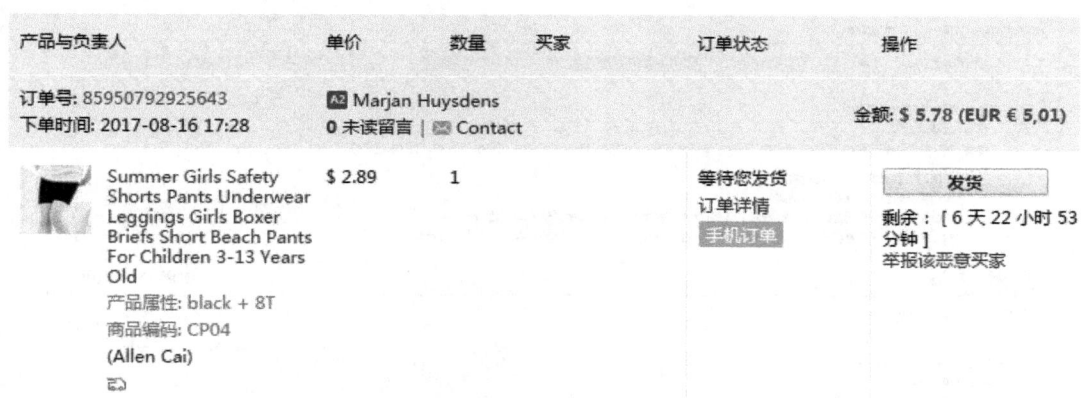

产品与负责人	单价	数量	买家	订单状态	操作
订单号：85950792925643 下单时间：2017-08-16 17:28			A2 Marjan Huysdens 0 未读留言 | ✉ Contact		金额：$ 5.78 (EUR € 5,01)
Summer Girls Safety Shorts Pants Underwear Leggings Girls Boxer Briefs Short Beach Pants For Children 3-13 Years Old 产品属性：black + 8T 商品编码：CP04 (Allen Cai)	$ 2.89	1		等待您发货 订单详情 手机订单	发货 剩余：[6 天 22 小时 53 分钟] 举报该恶意买家

图7-4　新订单页面示例截图

从图7-4中可以看到在订单号的下边是买家下单时间。其右边是买家姓名，单击后可以看到买家的一些交易情况，包括其购买的商品信息以及评价信息等。需要注意的是，平台上有些恶意买家，卖家可以借助信息进行整别，如图7-5所示。

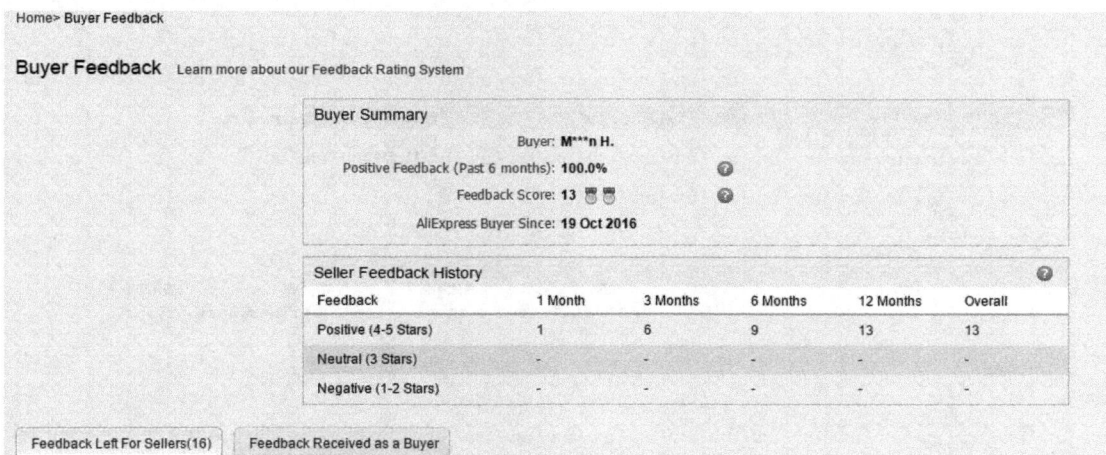

图7-5　买家相关信息截图

在买家姓名的下边为"未读留言"，单击后也可以进入"订单详情"页面，同样，带邮件图标的 Contact 也链接到"订单详情"页面。订单的金额以美元来表示，如果是以其他货币支付的，则在美元金额后同时显示其原始支付货币符号及金额。如图7-4所示。买家支付的是 EUR €5.01，即欧元支付。

再往下依次为产品的主图、标题、单价、订购数量、订单状态（等待您发货、等待买家付款、已完成已关团等）、"填写发货通知"和"线上发货"接钮，以及剩余发货时间。新手要注意的是，一定要在剩余时间内发货，否则会被速卖通平台判断为成交不卖，不但货款会被退回，而且会受到一定的处罚，影响店铺的正常经营。

单击订单号可以进入"订单详情"页面，如图7-6所示。该页面包含以下信息：订单状态、发货时间提醒、买家 ID 地址信息和资金详情等内容。

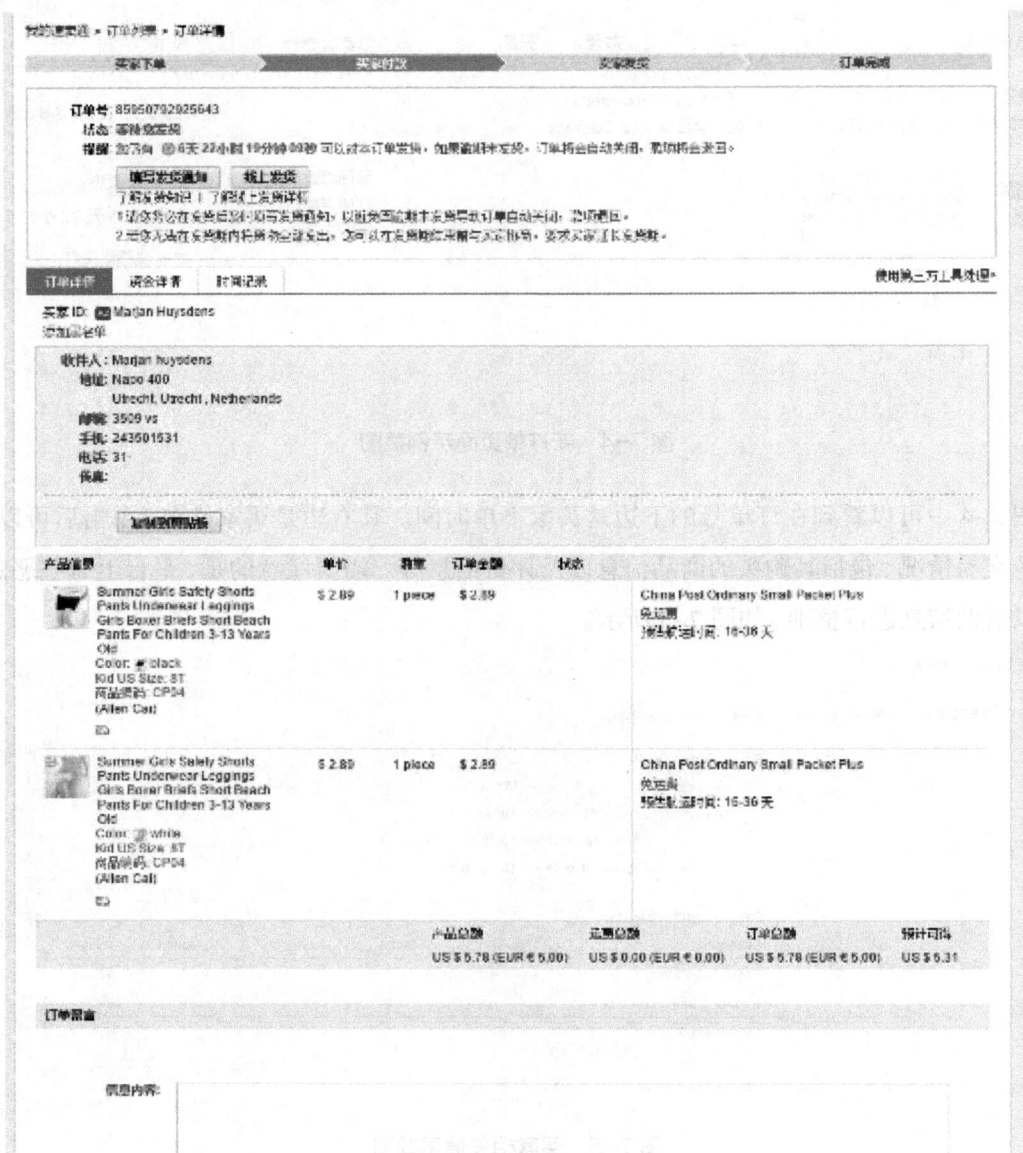

图 7-6 "订单详情"界面截图

卖家一般可以根据这些信息确认客户购买的产品及数量，确认客户的联系方式（包括确定客户是来自哪个国家、收件地址信息是否有异议等。对于俄罗斯的订单尤其要注意，如果客户的信息里面名字不是全名的话，即使包裹到达对方邮局，对方也是没有办法收件的），客户选择的物流方式是否为最优的方式等，进而初步核算相应的运费、交易手续费和利润，并规划下一步的发货环节。

三、订单的其他处理方式

跨境电商的卖家在销售产品的过程中，难免会遇到客户退单和订单纠错等情况，其实所有的跨境电商平台都是一样的，下面让我们一起来看看速卖通平台常见的订单遇到的其他问题和处理方法。

（一）取消订单

很多买家可能因为下单失误或者地址信息错误付了款需要取消订单。也可能会因为重复下单、下错订单或订单改价等原因需要取消订单的，取消订单是需要买家来完成的。买家可以进入买家首页，可以进行如图 7-7 所示的操作来取消订单。

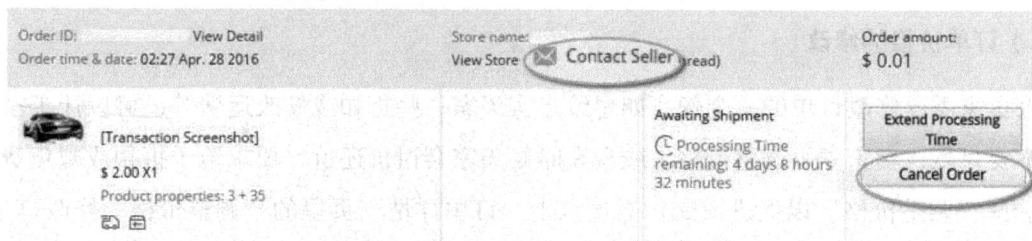

图 7-7　买家取消订单页面截图

订单已付款成功，等待卖家发货的状态，需要买家点击"cancel order"，并且选择取消订单的原因，卖家同意取消后系统会关闭订单，将款项退回给买家。

买家在拍下后取消订单时如果选择卖家原因，卖家同意后会造成成交不卖，ODR 指标升高，将会影响卖家服务等级。所以在买家取消订单时，一定要跟买家进行友好沟通和协商，尽量让买家选择自身原因取消订单。

当买家取消订单时选择"其他原因"时，作为卖家最好询问下具体原因，以免遭到平台处罚。如图 7-8 所示。

图 7-8　买家申请取消订单页面截图

【技能提示】

取消订单的操作小技巧

　　有很多新手买家可能因为下单失误或者地址信息错误付了款需要取消订单。比如付了款想取消但不懂操作，向卖家咨询该如何取消。此时作为卖家会非常为难，如果发货，可能会引起纠纷，而如果不发货，则会造成发货时间过长，造成最后成交不卖，后果更严重。因此，卖家可以选择以下操作方法：1. 把 help center 链接发给买家；2. 直接把操作方法和步骤复制粘贴给买家，显示出卖家的贴心服务；3. 把问题发给小何（即速卖通后台人工客服），然后把小何给出的答案粘贴发送给客户，让他们按照步骤来操作。

（二）订单价格的修改

　　如果卖家需要修改订单的总金额，如想给忠实买家一些折扣或修改运费等，可以让买家拍下订单时先不要付款，卖家先去调整价格。或者有时候买家会讨价还价，要求给予折扣或减免费用。卖家可以选择"调整价格"以促进成交，通过点击"订单详情"页里的"调整价格"修改订单金额。如图 7-9 所示。

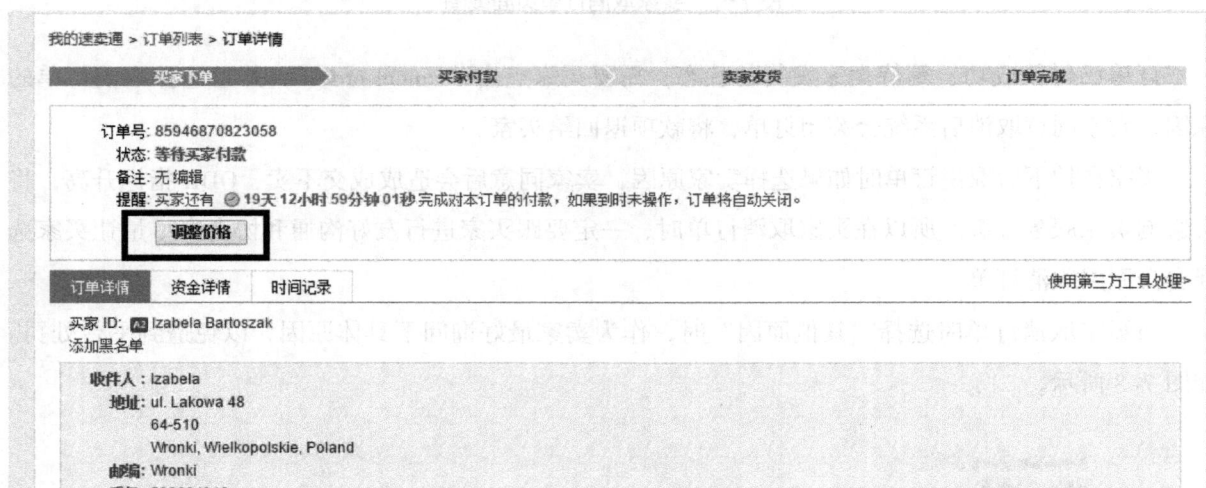

图 7-9　未付款订单详情页面截图

　　点击"调整价格"按钮，卖家可以根据折扣修改订单的金额，完成订单价格的修改。如图 7-10 所示。

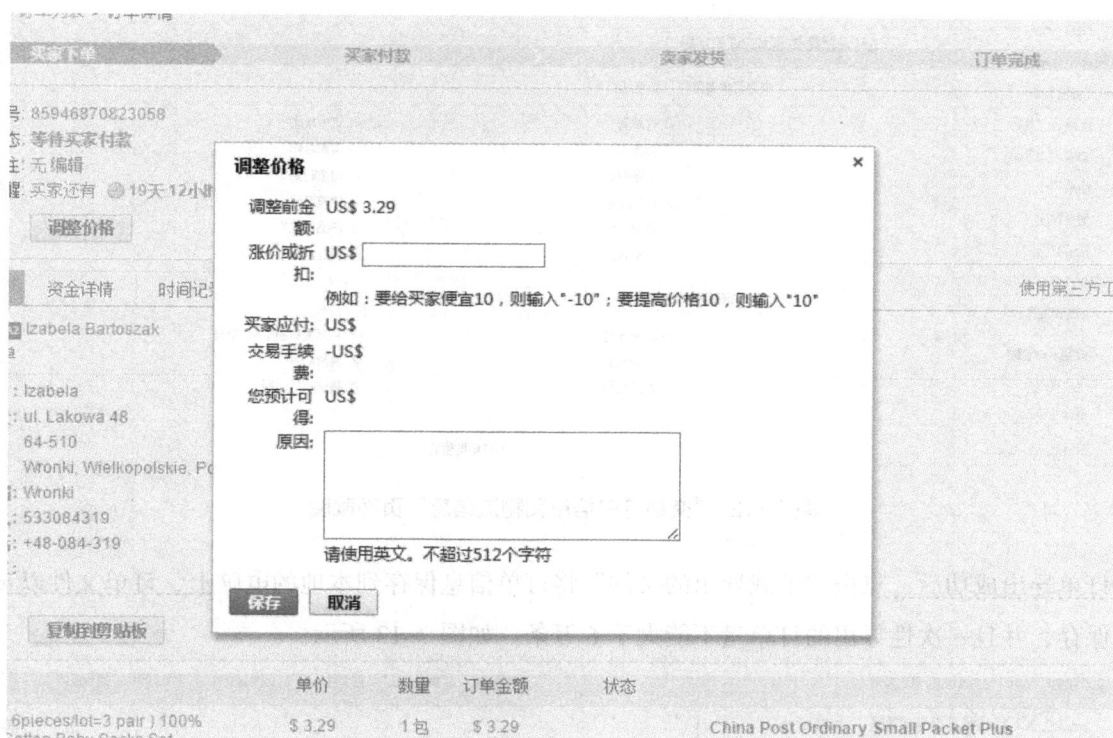

图 7-10　"调整价格"页面截图

（三）订单的批量导出

速卖通卖家可以借助"订单批量导出"功能来提升卖家订单管理的效率，这样既有利于对订单进行有效管理，也能更方便地将物流相关信息提交给货代公司。

首先卖家要设置需要导出的订单条件，包括订单状态和下单时间。订单状态分为全部订单、等待卖家发货、等待买家确认收货、等待买家确认金额、等待买家付款、纠纷中的订单、已结束订单、冻结中的订单和资金未到账。卖家可以根据实际需要选择导出的订单状态。关于下单时间的选择，目前速卖通仅支持最多跨度三个月的订单被导出。如图 7-11 所示。

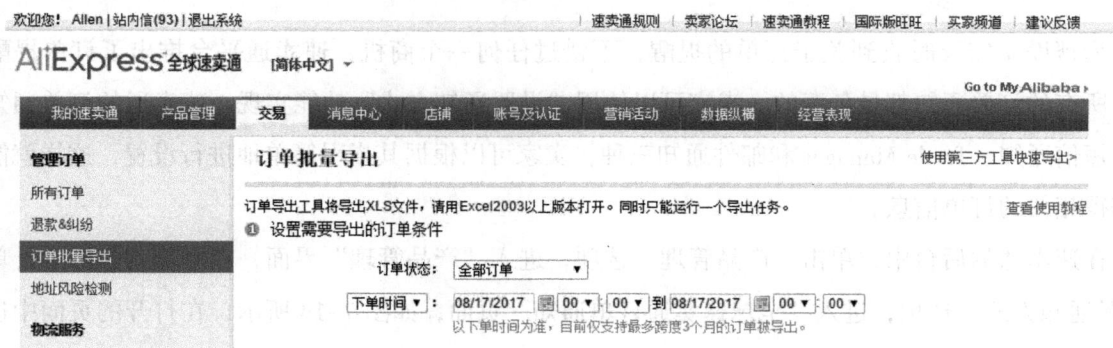

图 7-11　"订单批量导出"页面截图

接下来设置需要导出的订单——交易订单信息和物流信息。可以根据实际需要，"全选"或者勾选想要导出的订单字段，点击"订单批量导出"按钮开始导出订单信息。如图 7-12 所示。

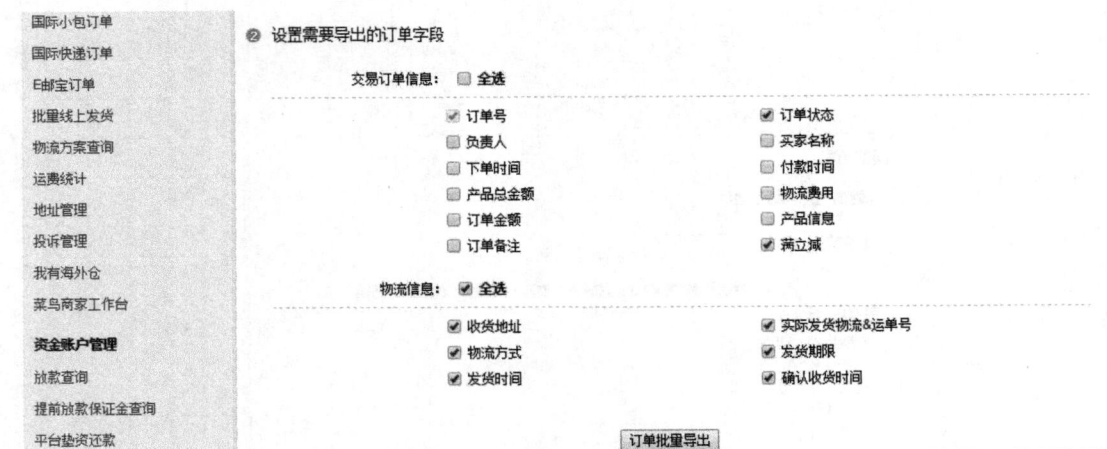

图 7-12 "交易订单信息和物流信息"页面截图

订单导出成功后，点击"下载导出的文件"将订单信息保存到本地的电脑上，订单文件以 excel 形式保存，并且一次性导出的订单量不能大于 6 万条。如图 7-13 所示。

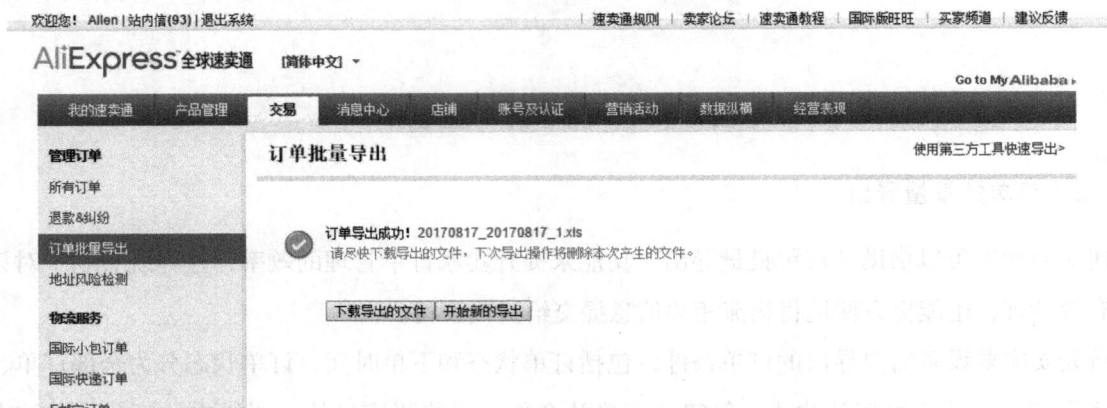

图 7-13 "下载导出的文件"页面截图

（四）管理订单通知设置

为帮助卖家及时收到关于订单的提醒，不错过任何一个商机，速卖通平台推出了订单提醒功能，所有的订单通知都是免费的。卖家可以使用"设置通知方式"功能实现。速卖通的订单通知方式有短信通知、Trade Manager 和邮件通知三种，卖家可以根据其指引简单地进行设置，这样就能及时获得相关的订单信息。

在速卖通的后台中，单击"产品管理"选项，进入"产品管理"界面，在左侧列表框中，单击"设置通知方式"选项，进入"全球速卖通订单通知"页面，如图 7-14 所示，在打开的页面中进行相应设置即可。

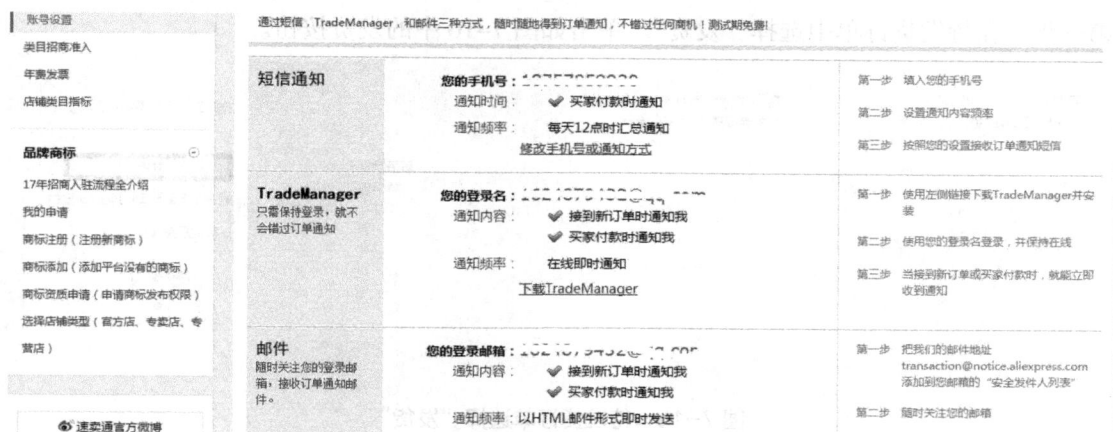

图 7-14　"全球速卖通订单通知"页面截图

四、订单发货处理

速卖通平台的订单发货处理一般分为两种：线上发货和线下发货。两者的发货方式各有利弊，买家可以根据自己的订单量和选择的货代情况选择。

（一）线上发货

"线上发货"是由阿里巴巴全球速卖通、菜鸟网络联合多家优质第三方物流商打造的物流服务体系。卖家使用"线上发货"可直接在速卖通后台在线选择物流方案，物流商上门揽收或者卖家自寄至物流商仓库，然后发货至国外的一种发货方式。卖家可在线支付运费并在线发起物流维权，阿里巴巴作为第三方将全程监督物流商服务质量，保障卖家权益。

线上发货相对于线下发货具有以下几点优势：

1. 规避物流低分，提高账号表现

每个月进行卖家服务等级评定时，使用线上发货的订单，因物流原因导致的低分可抹除（物流问题导致的 DSR 物流服务 1 分、仲裁提起、卖家责任裁决率都不计入考评）。

2. 物流问题赔偿保障

阿里巴巴作为第三方将全程监督物流商服务质量，保障卖家权益。卖家可针对丢包、货物破损、运费争议等物流问题在线发起投诉，获得赔偿（仅国际小包物流方案支持）。

3. 线上发货运费低于市场价、支付更方便

享受速卖通专属合约运费，低于市场价，只发一件也可享受折扣。

4. 线上发货渠道稳定，时效快

直接和中国邮政等物流商对接，安全可靠。线上发货上网时效快，妥投时效高于线下。

线上发货的流程如图 7-15 所示，下面简单介绍各步骤的操作流程。

图 7-15　线上发货流程图

第一步，在待发货订单中选择"发货"。单击如图 7-16 中的发货按钮。

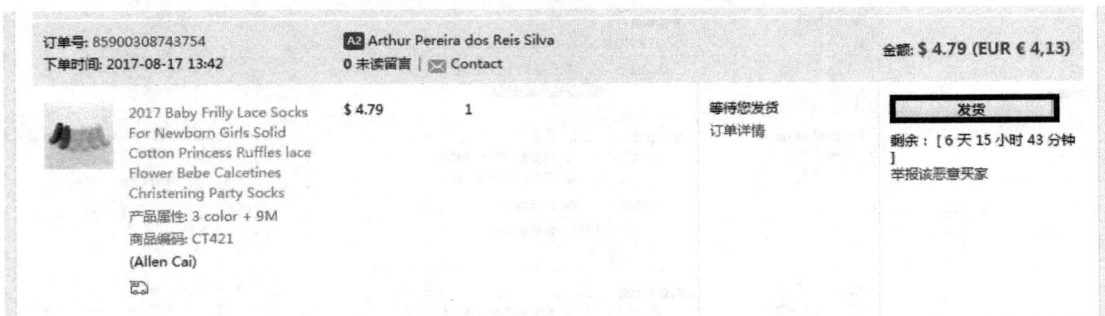

图 7-16　待发货订单选择"发货"

进入订单详情页后，可以看到订单的详细情况，买家已经付款结束，并且资金已经通过风控审核，需要卖家进入卖家发货环节。单击"发货"按钮后，出现如图 7-17 页面。

图 7-17　订单详情页面截图

第二步，单击如图 7-17 中的"线上发货"按钮，进入如图 7-18 所示界面。系统会自动列出物流服务的名称、参考运输时效、交货地点和试算的运费。需要注意的是，这些参数和数据均是基于卖家发布产品时提供的相关数据和订单有关信息自动给出的，如果基础数据有误或者不准确，试算运费将不能算出真实的运费。卖家也可以单击"包裹重量"右边的"修改"按钮，对发货地址、包裹重量、尺寸等信息进行修改，并重新试算运费。

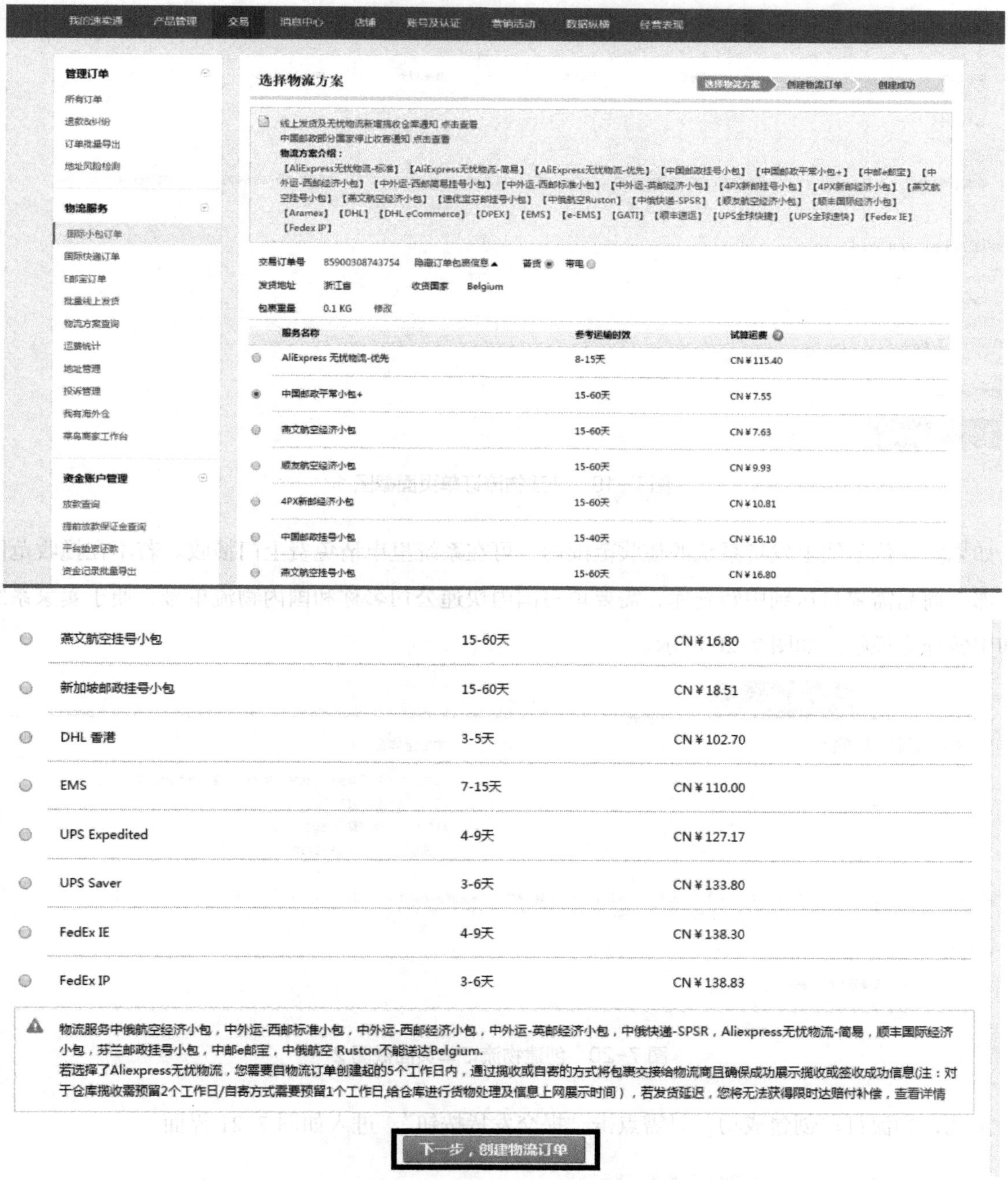

图 7-18　物流方案选择页面截图

　　卖家应综合考虑自己销售产品的成本、设置的承诺运输时间、交货情况、买家国家海关的因素和运费情况，进而选择最优的物流方案。值得注意的是，在物流选择方案中，卖家选择使用的物流服务和买家下单时的选择要一致。如果不一致，可能导致买家拒收或者提起纠纷。如因特殊原因或不可抗力因素，那么必须提前跟买家进行沟通，在征得买家同意后再更改物流方案。

　　第三步，物流方案选择完毕后，单击如图 7-18 中的"下一步，创建物流订单"，如图 7-19 所示。

确认商品信息 编辑

商品名称	申报重量	产品体积	海关代码	申报金额(USD)	发货件数
✓ 短珠 Socks	0.100kg	15 * 2 * 21 cm		US $4.79	− 1 +

含电池: ❼ 是 ○ 否 ○   含非液体化妆品: ❼ 是 ○ 否 ○   预计包裹体积: 15 * 2 * 21cm   申报金额合计: US $4.79   申报重量合计: 0.100kg

确认发件信息（海关申报使用） 编辑

发件姓名:
联系电话:
联系地址:
邮政编码: 322000

包裹揽收方案

免费上门揽货   自送至中转仓库

图 7-19　创建物流订单页面截图 1

如果卖家位于线上发货系统的揽收范围内，可在系统里申请免费上门揽收。若不在揽收范围之内，那么商品需要自送到中转仓库，需要填写国内快递公司名称和国内物流单号，便于卖家系统查询和中转仓库揽收。如图 7-20 所示。

免费上门揽货   **自送至中转仓库**

请选择 自送或快递公司

送货方式: 选择快递公司 ∨
请选择

快递单号: 输入快递单号

中邮金华仓 修改

仓库地址: 浙江省金华市金东区孝顺镇 金港大道西2011号
工作时间: 9:00-17:00
联系方式: 羊胜蕾 丁志诚
客服电话: 0579-82971718

请您及时安排发货。若您的物流订单在创建后的7个工作日内无仓库揽收或签收成功信息，将因发货超时自动关闭。

客服信息

客服工作时间: 周一至周五 9:00-18:00
在线咨询:

图 7-20　创建物流订单页面截图 2

至此，物流订单创建成功，只需点击"提交发货按钮"，进入如图 7-21 界面。

第一步：成功创建物流订单:3718625819

请尽快完成剩余发货，否则交易订单将自动关闭并退款！
请您及时安排发货。若您的物流订单在创建后的7个工作日内无仓库揽收或签收成功信息，将因发货超时自动关闭。

本次物流方案：中国邮政平常小包+·上门揽货服务；
您还可以回到交易订单管理继续发货流程；

第二步：粘贴发货标签，等待揽货

上门揽收仓库将会在48小时内安排上门揽收
请至物流订单详情等待国际物流单号生成，并打印发货标签粘贴于包裹外包装

中邮义乌仓

仓库地址: 浙江省金华市义乌市城西街道 四海大道与香溪路交叉口万邮路，中国邮政跨境电子商务义乌基地
工作时间: 9:00-24:00
联系方式: 朱超群

图 7-21　物流订单创建成功页面截图

第四步，货物打包，粘贴发货标签，等待揽货。在"交易"选项卡下选择"物流服务"中找到相应的物流方式，并进入查找到相应的订单号，就可以看到物流订单的状态。如图 7-22 所示。

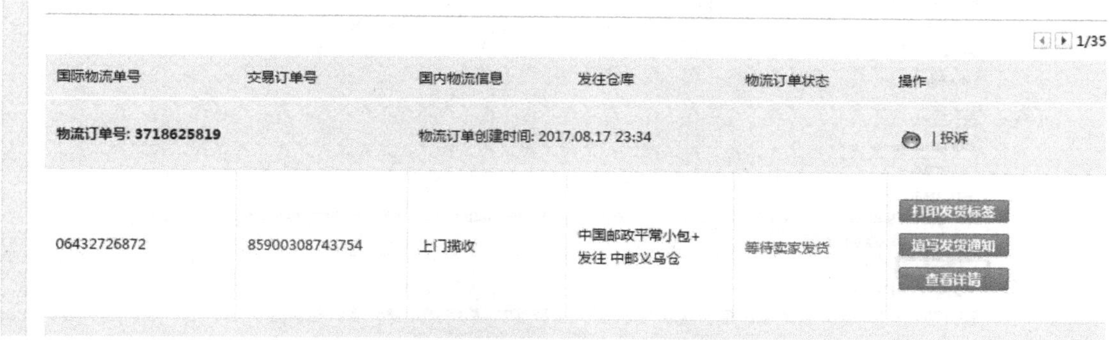

图 7-22　物流订单状态页面截图

接下来，单击如图 7-22 中的"打印发货标签"按钮，弹出打印窗口，内容为 PDF 格式的物流发货标签，如图 7-23 所示，然后选择打印机打印即可。

图 7-23 物流发货标签图

第五步，将打印好的物流标签粘贴在产品的外包装上，做好防水措施，之后等待物流公司上门揽收即可。

第六步，再次回到如图 7-22 中，点击"填写发货通知"，进入填写发货通知页面，在"发货状态"中，勾选"全部发货"，单击"提交"按钮，如图 7-24 所示。

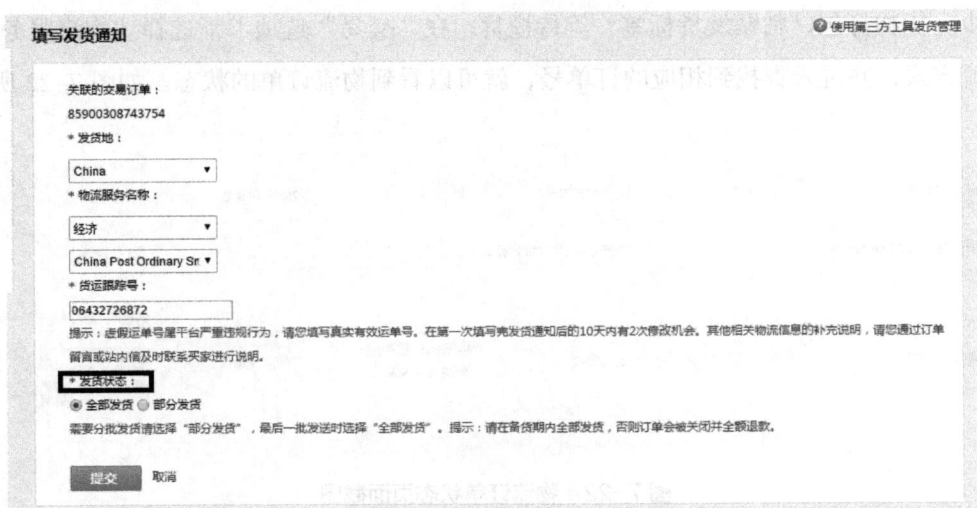

图 7-24 "填写发货通知"页面截图

第七步，支付运费。速卖通卖家一般开通支付宝（国内）账户自动支付运费功能，自动支付运费，无须进行其他操作。

【即问即答】

为确保卖家可以放心地在速卖通平台上经营，帮助卖家降低物流不可控因素的影响，菜鸟网络与速卖通联合推出的官方物流，提供揽收、配送、物流追踪、物流纠纷处理、赔付一站式物流解决方案。提供线上发货服务，使卖家物流有保障。那么线上发货的优势主要有哪几个方面？

（二）线下发货

所谓"线下发货"，是指卖家确定订单后，在线下（即不通过速卖通平台）寻找物流商，然后将货物交给物流货代公司，并取得运单号等信息，同时运费也是不通过速卖通平台的方式另行交给物流商。

选择"线下发货"，物流商应将运单号分配提供给卖家，然后卖家在速卖通平台上"填写发货通知"。首先找到待发货订单，如图 7-25 所示，然后点击"发货"，进入如图 7-26 所示的订单详情页面，点击"填写发货通知"按钮，进入如图 7-27 所示页面，从下拉菜单中选择"物流服务名称"，填写物流商提供的"货运跟踪号"，选择"发货状态"是"全部发货"还是"部分发货"，最后单击提交即可。

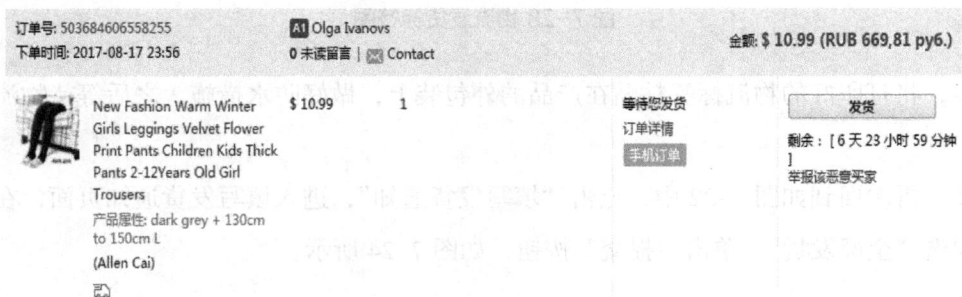

图 7-25 待发货订单页面截图

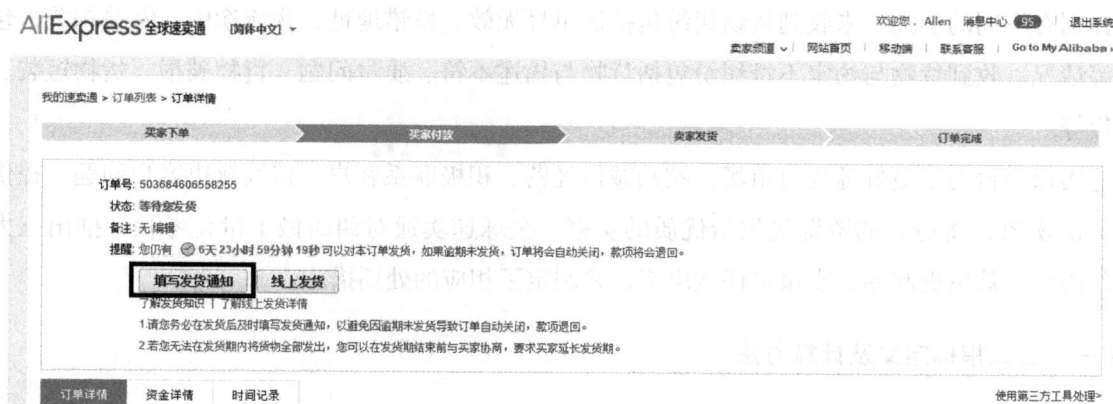

图 7-26　待发货订单详情页面截图

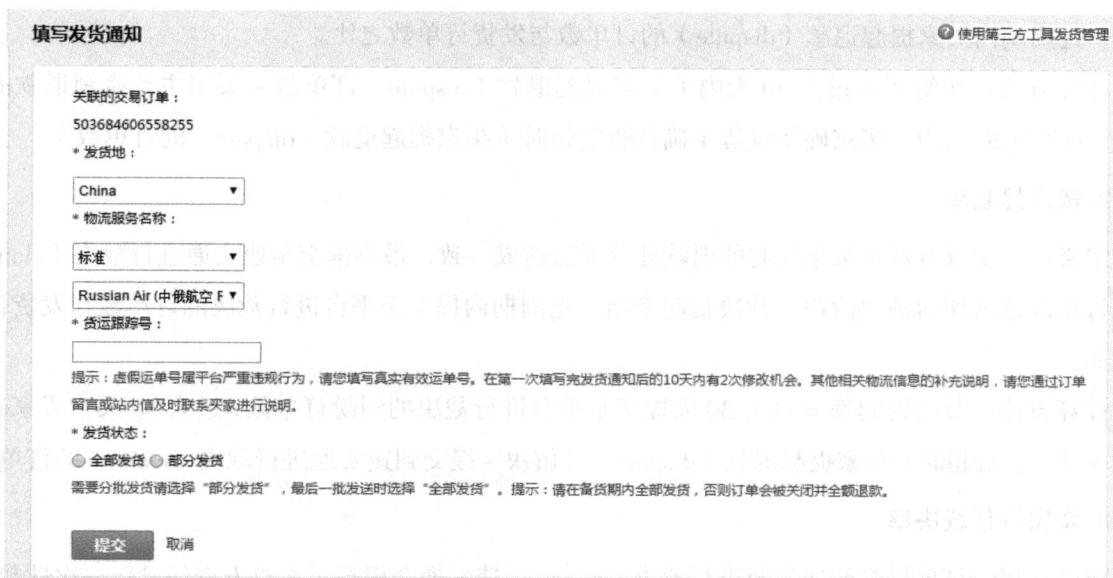

图 7-27　"填写发货通知"页面截图

第二节　纠纷的预防与处理

在跨境电商行业中会遇到各式各样的问题，其中最让人头疼的就是纠纷问题。一旦纠纷过多，就会影响产品的曝光，使客源流失，影响正常经营，卖家的利益也将受到影响。

一、纠纷的类型及影响

速卖通的纠纷指的是全球速卖通平台交易过程中所产生的纠纷，属于交易纠纷，即在交易过程中产生了误会或者一方刻意隐瞒，从而无法使交易圆满完成。

买家在交易中提起的纠纷一般有两大类，分别是未收到货物和收到货物与约定不符，这两大类又分别有不同的小类。未收到货物纠纷包括运单号无效、发错地址、物流途中、海关扣关、包裹退回等情况。收到货物与约定不符纠纷包括货物与描述不符、质量问题、货物破损、货物短装、销售假货等。

速卖通平台为了更好地规范市场，鼓励诚信经营、积极联系客户、持续解决客户问题、提供优质服务的卖家，将更多的资源提供给优质的卖家。全球速卖通对纠纷做了量化考核，推出三大指标：纠纷率、裁决提起率、卖家责任裁决率，并制定了相应的处罚措施。

（一）三大指标定义及计算方法

1. 纠纷率

定义：卖家填写发货单号后，买家提交退款申请（dispute），则该订单即进入纠纷阶段。纠纷率指一定周期内买家提起退款（dispute）的订单数与发货订单数之比。

计算方法：纠纷率 = 过去 30 天内［买家提起退款（dispute）订单数 – 买家主动撤销退款的订单数］/ 过去 30 天内［买家确认收货 + 确认收货超时 + 买家提起退款（dispute）的订单数］

2. 裁决提起率

定义：买卖双方对于买家提起的退款处理无法达成一致，最终提交至速卖通进行裁决（claim），则该订单即进入纠纷裁决阶段。裁决提起率指一定周期内提交至平台进行裁决的订单数与发货订单数之比。

计算方法：裁决提起率 = 过去 30 天提交至平台进行裁决的纠纷订单数 / 过去 30 天［买家确认收货 + 确认收货超时 + 买家提起退款（dispute）并解决 + 提交到速卖通进行裁决（claim）的订单数］

3. 卖家责任裁决率

定义：纠纷订单提交至速卖通进行裁决（claim），速卖通会根据买卖双方责任进行一次性裁决。卖家责任裁决率指一定周期内提交至平台进行裁决且最终被判为卖家责任的订单数与发货订单数之比。

计算方法：卖家责任裁决率 = 过去 30 天提交至平台进行裁决且最终被裁定为卖家责任的纠纷订单数 / 过去 30 天［买家确认收货 + 确认收货超时 + 买家提起退款（dispute）并解决 + 提交到速卖通进行裁决（claim）并裁决结束的订单数］

速卖通平台衡量纠纷考核主要看这三大指标，且卖家责任考核率已经纳入分级考核指标，是影响店铺表现的关键指标，是值得重视的项目。速卖通系统会每天计算卖家店铺的三大指标的数值，根据数值及时对卖家的店铺进行处罚更新。

（二）纠纷的影响

纠纷的影响主要体现在以下三个方面。

1. 影响买家的购物体验，主要体现在收到货物后，与描述不符；质量有问题；运单号查不到物流信息；长时间没有货物的跟踪信息。

2. 买家对卖家产生了怀疑。买家质疑卖家的商品从而质疑速卖通平台。

3. 卖家交易受到影响。主要体现在客源的流失以及回款周期延长。

同时买家因为各种原因提起退款申请产生了纠纷，在交易过程中对平台的产品、卖家以及对平台本身都会产生质疑，最终会使得卖家的客源流失。

速卖通平台通过对纠纷三大指标的考核，对产生纠纷较多的卖家采取处罚措施，最终导致卖家的交易回款周期延长、产生纠纷的订单暂时冻结、曝光受损和产品的排序下降。

【即问即答】

截至统计日，某卖家一共发货 100 笔订单，其中 40 笔在 30 天前已经交易结束，10 笔在统计之日仍处于"等待买家确认收货"状态，余下的订单是需要进行统计的，在过去的 30 天中这些订单分别经历了以下状态：30 笔买家确认收货，11 笔确认收货超时，9 笔买家要求退款。买家提起的 9 笔退款订单中，1 笔买家取消了退款申请并确认收货，5 笔与买家协商解决了，3 笔提交至速卖通进行裁决，最后有 2 笔裁定是卖家责任，另外有 1 笔还未裁决，则该卖家的纠纷率、裁决提起率和卖家责任裁决率分别为多少？

二、纠纷的预防和解决

（一）纠纷的预防

在跨境电商平台，不管是大卖家还是新手卖家，纠纷问题都是大家的心痛之处。其实在跨境电商的操作和运营过程中，很多不必要的纠纷是可以预防的，甚至是完全可以避免的，只是很少有卖家严格按照预防机制去做。对大多数卖家尤其是新手卖家来说，纠纷产生之前的一些预防机制完全可以减少纠纷的发生，降低店铺的纠纷率。与其更好地处理纠纷，不妨有效地避免纠纷。下面将介绍如何避免纠纷的方法。

首先，在纠纷产生之前要严控产品的质量。

1. 选品很重要。严格把控质量问题，这对打造爆款、利润款是很重要的。

2. 产品标题和属性的设置要相符，标题和详情页描述一定要与产品实物一致。

3. 属性栏要认真填写。很多新手卖家总是随意填写属性，这就很容易引起纠纷。

4. 图片处理避免误导买家。很多卖家喜欢在自己的产品图片上添加一些折扣的图标或者是促销的特殊符号，这种折扣活动的标示，平台会自动生成，除了自己品牌的 logo 之外，建议大家在图片上不要添加任何产品信息之外的东西，避免误导买家。很多卖家处理图片时，进行过度处理，以至于客户收到产品后与图片相去甚远，例如颜色，这样就很容易引起纠纷。

5. 对产品进行详细的描述，尺寸的描述要准确。如果卖家卖的是服装类，虽然有尺寸模板，但是建议大家在详细描述下面把产品的误差，测量的方法以及图片显示器差异等问题在产品详情页里描述清楚。

其次，预防纠纷的服务模板要建好。

1. 发货期，卖家可以根据自己的货代来设置，特别是一些特殊的国家，可以把发货时间相对延长。

2. 物流和关税的问题。

物流模板必须要设置好。至于关税的问题，卖家要根据买家所在国家的实际情况和买家客户沟通。因为有些国家的关税是要买家自己出的，这些问题卖家要及时沟通。

最后，订单的处理问题。

1. 及时处理买家的订单留言以及信息地址的核对。

2. 发货环节，除处理及时发货之外，要确保货物的包装，这里提醒大家的是卖家最好自己保留发货的保留单。可以采用拍照或是拍视频的方式留底。

3. 随时跟踪物流，跟客户沟通，告知买家产品的物流信息。这样做的目的是如果某个地区出现罢工或者极端天气等现象，及时沟通可以避免不必要的纠纷。对于客户及时沟通的问题，因为存在时间差，很多卖家不知道如何解决，经常第二天才能去处理买家的订单留言以及纠纷问题，这样就导致了时间延误，也大大提高了纠纷率。很多大卖家直接在手机上使用 517 代理，就算晚上在家里也可以随时处理自己的订单，这对新手卖家来说，是个很好的办法。

（二）纠纷的解决

跨境电商在店铺管理过程中，虽然卖家把预防纠纷贯穿于发货、物流和售后等整个运营管理环节，但有些时候还是无法做到完全避免纠纷，还是经常会遇到怕什么来什么的情况，卖家越想躲着纠纷，纠纷越找上你。那么如果真的产生纠纷了，就要以积极的心态想办法解决纠纷，减少损失。可以参考以下几种常遇纠纷的解决方法。

1. 端正心态，保持解决纠纷的平常心。既然纠纷不可避免，卖家就要端正态度，以平和的心态去看待和面对纠纷，不要因害怕纠纷而选择逃避。

2. 将心比心。卖家要站在买家的角度考虑，出现问题想办法一起解决，而不只是考虑自己的利益。"己所不欲，勿施于人"，谁都不愿意无故承受损失，作为卖家，要考虑在一定的承受范围内能够尽量让买家减少损失，也为自己赢得更多的机会。

3. 有效沟通，及时回应。买家有不满意时，马上做出回应，与买家进行友好协商。若是迟迟未收到货物，在承受范围内可以给买家重新发送货物或选择其他替代方案；若是买家对货物质量或其他不满，则与买家进行友好协商，提前考虑好解决方案。

和买家沟通时一定要注意沟通技巧，注意买家心理的变化，当出现买家不满意时，尽量引导买家朝着能保留订单的方向走，同时也满足买家一些其他的需求。当出现退款时，尽量引导买家达成部分退款，避免全额退款退货。努力做到"尽管货物不能让买家满意，态度也要让买家无可挑剔"。

4. 保留证据。对于交易过程中的有效信息都能够保留下来，如果出现了纠纷，就能够作为证据来帮助解决问题；交易过程中能够及时充分地举证，将相关信息提供给买家进行协商，或者提供给速卖通帮助裁决。

所以说纠纷并不可怕，只要卖家做好充分的准备，一切以买家满意为目标，一定会妥善解决买家的纠纷问题。

【技能提示】

不合理索赔纠纷的沟通方法

也许卖家在经营过程中会遇到这样的情况：有些买家情绪化、极端化，态度强硬，毫不妥协，可能理由不充分也要全额索赔，沟通过程中卖家可能还会受到言语攻击，甚至最后还可能得到差评。提出不合理要求的客户最后往往会带来 ODR（电子商务在线非诉讼纠纷）升高，对于这样要求不合理索赔的买家，能怎么做呢？对这样的客户切忌在言语中与其对战，要知道自己做的是服务，寻求的是公正解决问题的办法，在有证据的情况下，平台纠纷判决也将是利于卖家的。因此首先要尽量在站内信沟通，留存对方对话的证据；其次要尽量澄清和解释；最后，要提供解决方案，安抚客户情绪。妥善沟通，与买家交流的过程中要选择适合的语言，找寻卖家与买家的情感共鸣，走感性路线，提供给买家明确的解决方案，包括赔付款条件等。

三、纠纷的提交和解决流程

在交易过程中，由于各种原因，有些纠纷是不可避免的。单击"退款＆纠纷"，如图 7-28 所示，可以查看到所有相关的订单列表，卖家可以根据纠纷状态来选择订单。卖家提起退款纠纷申请后，需要卖家的确认，卖家可以选择同意纠纷内容进入纠纷解决阶段，或者拒绝纠纷内容与买家进一步协商。

图 7-28　"退款＆纠纷"页面截图

速卖通解决纠纷的方案是先让买卖双方协商解决，若无法达成一致，则可以提交至平台进行裁决，其流程如图 7-29 所示。

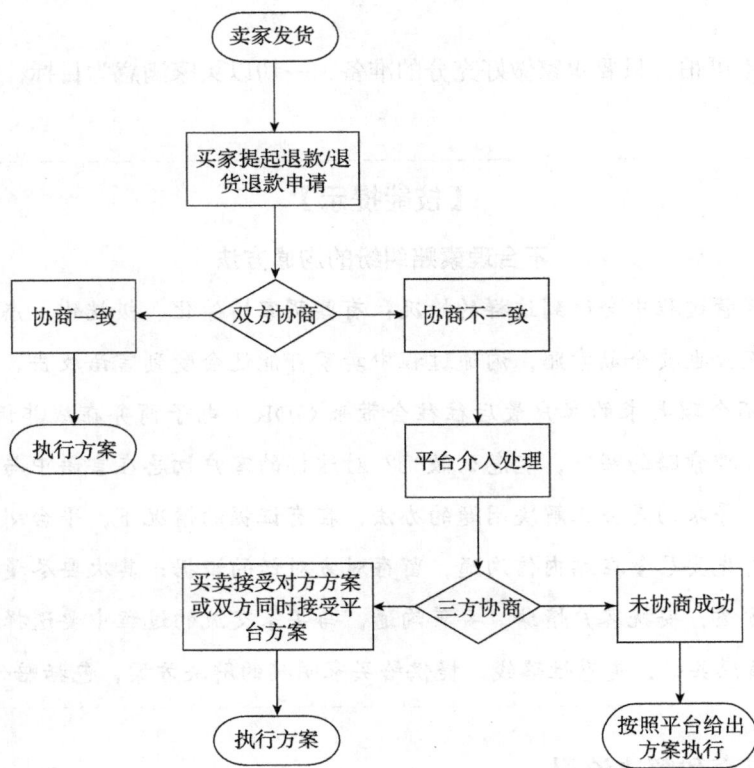

图 7-29 纠纷解决流程图

（一）买家提起退款申请

买家因未收到货或者收到的货物与约定不符提交退款申请，纠纷就产生了。买家一般可以在卖家填写发货追踪号以后，根据不同的物流方式买家可以在不同的期限内提起退款申请。如商业快递（UPS/DHL/FEDEX/TNT）一般是第 6 天至第 23 天；EMS/ 顺丰是在第 6 天至第 27 天；航空包裹发货是在第 6 天至第 39 天。

买家在订单的详情页中，可以看到按键"Open Dispute"，点击该按钮就可以提交退款申请，当买家提交退款申请时纠纷即产生。提交后，买卖双方可以就退款申请进行协商解决，协商阶段平台不介入处理。

（二）买卖双方交易协商

买家提起退货 / 退款申请后，需要卖家对买家的纠纷做出回应，卖家可以在纠纷列表页面中看到所有的纠纷订单。快速筛选区域展示关键纠纷状态："纠纷处理中""买家已提交纠纷，等待您确认""等待您确认收货"。对于卖家未响应过的纠纷，点击如图 7-28 中的"同意 / 拒绝"按钮进入纠纷详情页面，卖家可以看到买家提起纠纷的时间、原因、证据以及买家提供的协商方案等信息。当买家提起纠纷后，请卖家在买家提起纠纷的 5 天内接受或拒绝买家提出的纠纷，若逾期未响应，系统会自动根据买家提出的退款金额执行。建议卖家在协商阶段积极与买家沟通，页面如图 7-30 所示。

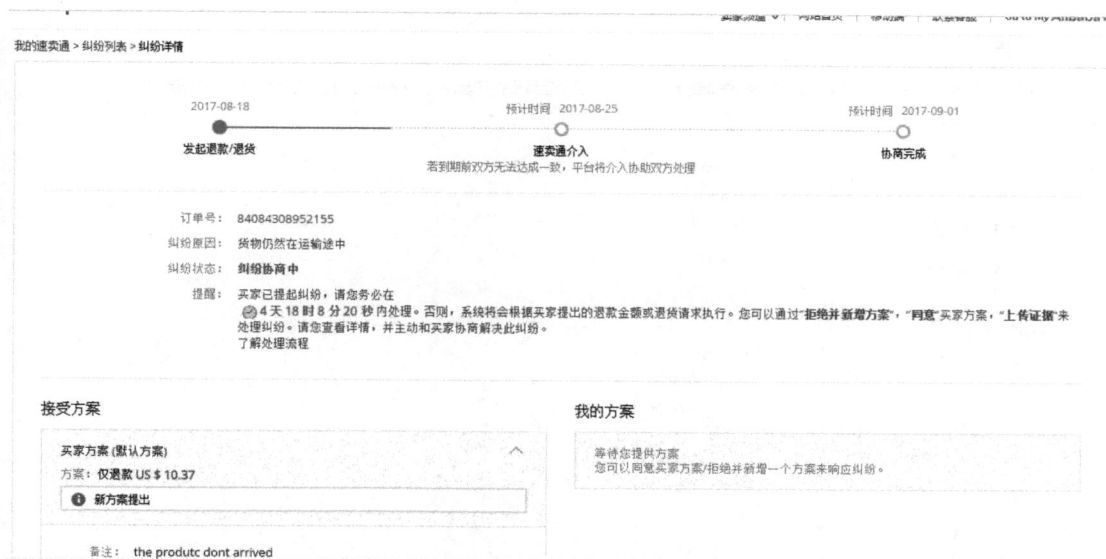

图 7-30　纠纷详情页面截图

1. 卖家同意协商方案

买家提起的退款申请有以下两种类型：

（1）仅退款：卖家接受时会提示卖家确认退款方案，若同意退款申请，点击"同意"，则退款协议达成，款项会按照双方达成一致的方案执行。如图 7-31 所示。

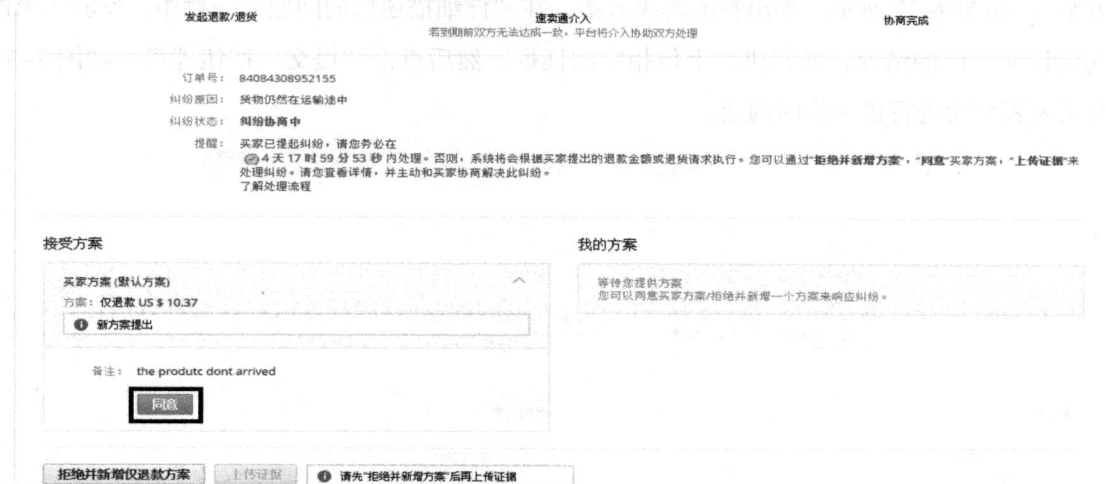

图 7-31　接受买家纠纷方案截图

（2）退货退款：若卖家接受，则需要卖家确认收货地址，默认卖家注册时候填写的地址（地址需要全部以英文来填写），若地址不正确，则点击"修改收货地址"。如图 7-32 所示。

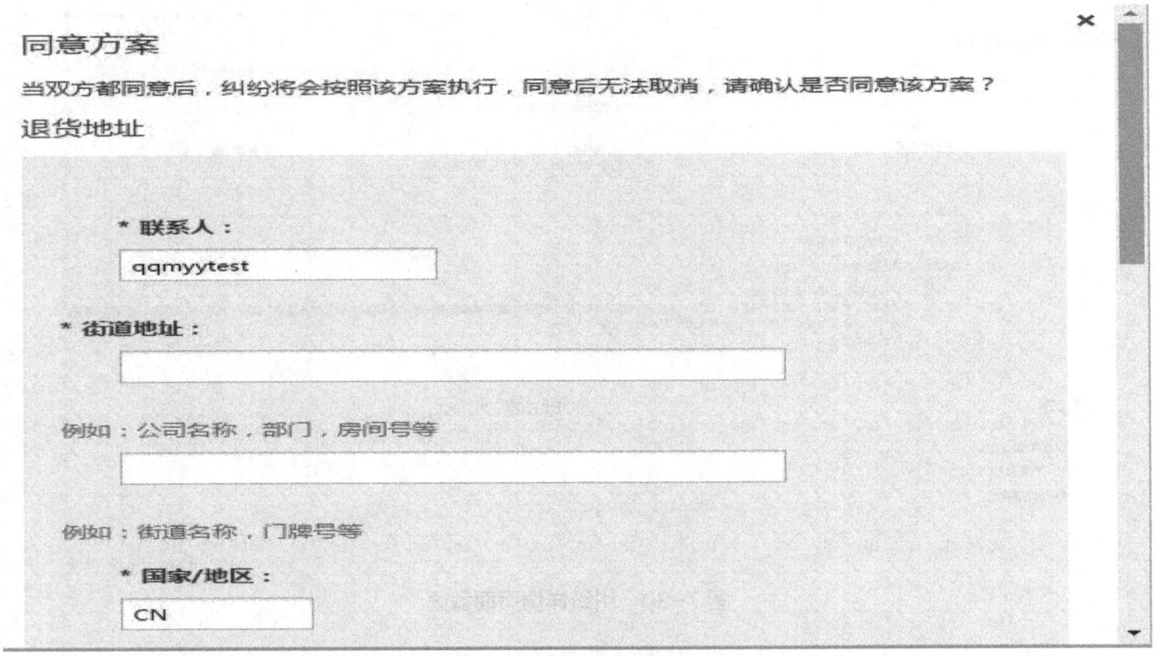

图 7-32　退款退货纠纷方案截图

2. 卖家拒绝并新增方案

如果卖家不同意买家的方案，可以拒绝并新增一个方案来响应纠纷。卖家点击"拒绝并新增仅退款方案"，如图 7-33 所示。提出新的解决方案，在"详细描述您的问题"一栏中，反驳买家的说法，同时说明自己的情况，并提供、上传相应的证据，然后点击"提交"按钮即可，如图 7-34 所示。与买家就纠纷进行进一步的沟通。

图 7-33　拒绝买家页面截图

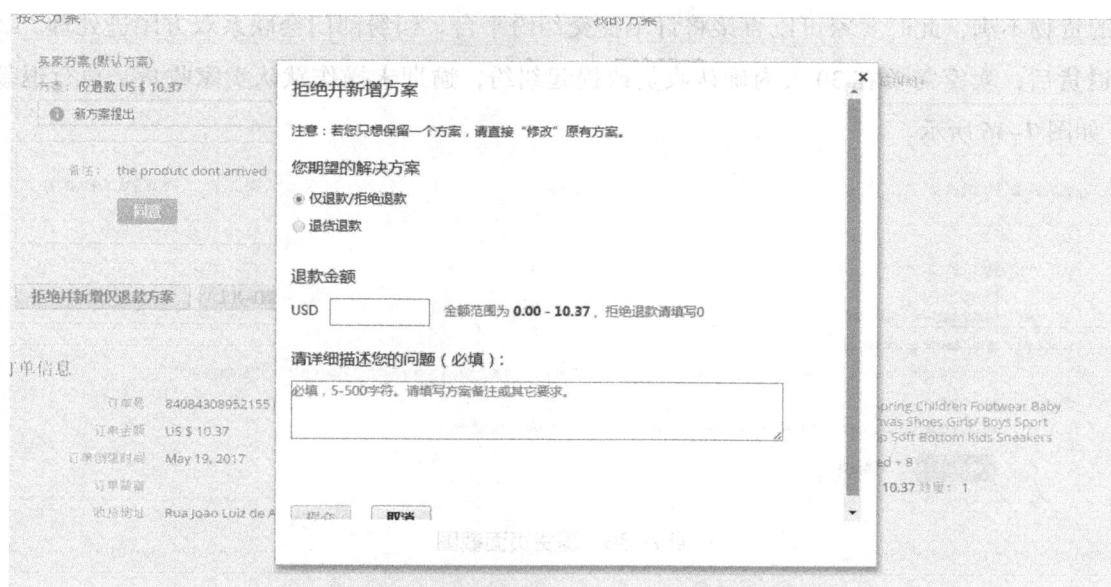

图 7-34 "拒绝并新增方案"页面截图

（三）平台介入协商

买家提交纠纷后，平台会在 7 天内（包含第 7 天）介入处理。平台会参看案件情况以及双方协商阶段提供的证明给出方案。买卖双方在纠纷详情页面可以看到买家、卖家、平台三方的方案。纠纷处理过程中，纠纷原因、方案、举证均可随时独立修改（在案件结束之前，买卖双方如果对自己之前提供的方案、证据等不满意，可以随时进行修改）。买卖双方如果接受对方或者平台给出的方案，可以点击接受此方案，此时双方对同一个方案达成一致，纠纷完成。纠纷完成赔付状态中，买卖双方不能够再协商。

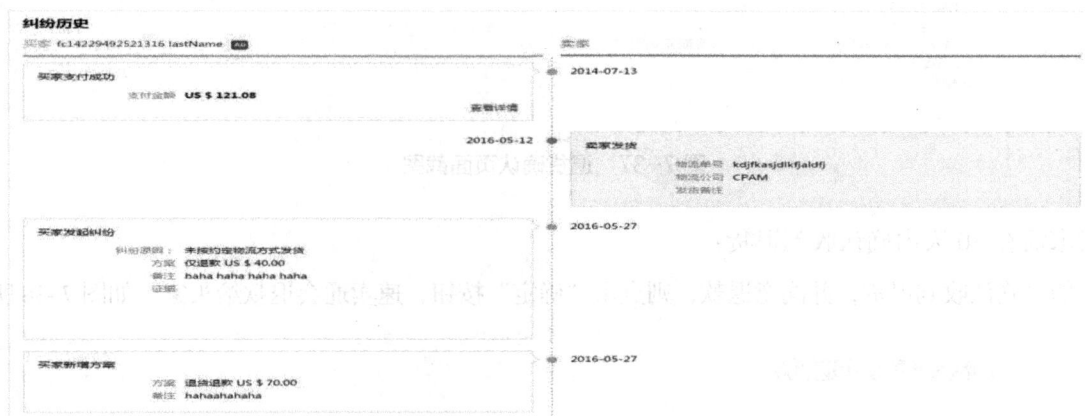

图 7-35 纠纷历史页面截图

（四）退货流程

当卖家和买家达成退款又退货的协议之后，买家必须要在 10 天内将货物发出（否则款项会打给卖家）。买家退货并填写退货运单号后，卖家有 30 天的确认收货时间，如果卖家未收到货物或对收到的货物不满，此时卖家可以直接将订单提交纠纷平台。纠纷部门会联系双方跟进处理。（注：买家退货后，卖家需要在 30 天内确认收货或提起纠纷，逾期未操作默认卖家收货，执行退款操作。）如图 7-36 所示。

图 7-36　退货页面截图

如果买家已经退货，填写了退货单号，则需要等待卖家确认。如图 7-37 所示。

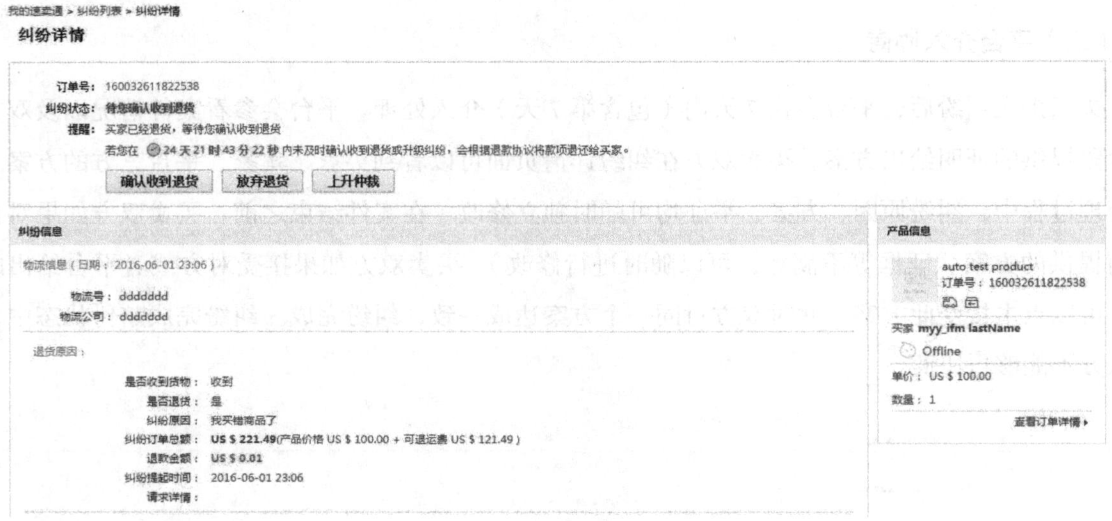

图 7-37　退货确认页面截图

卖家需在 30 天内确认收到退货：

1. 如果确认收到退货，并同意退款，则点击"确定"按钮，速卖通会退款给买家。如图 7-38 所示。

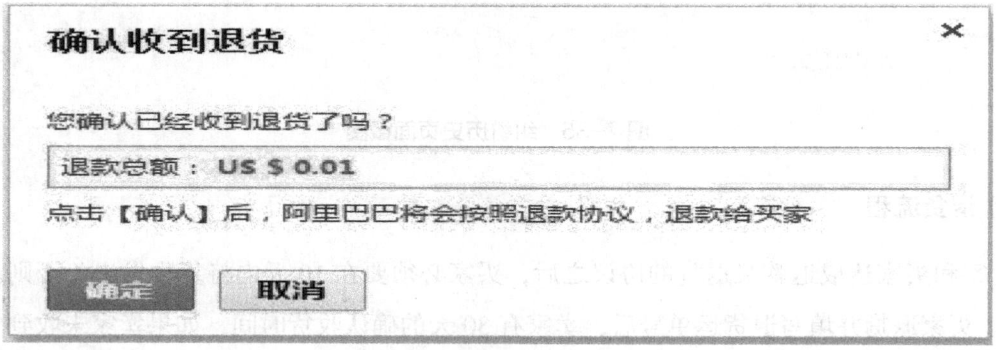

图 7-38　卖家确认收货页面截图

卖家确认收货，纠纷完成。

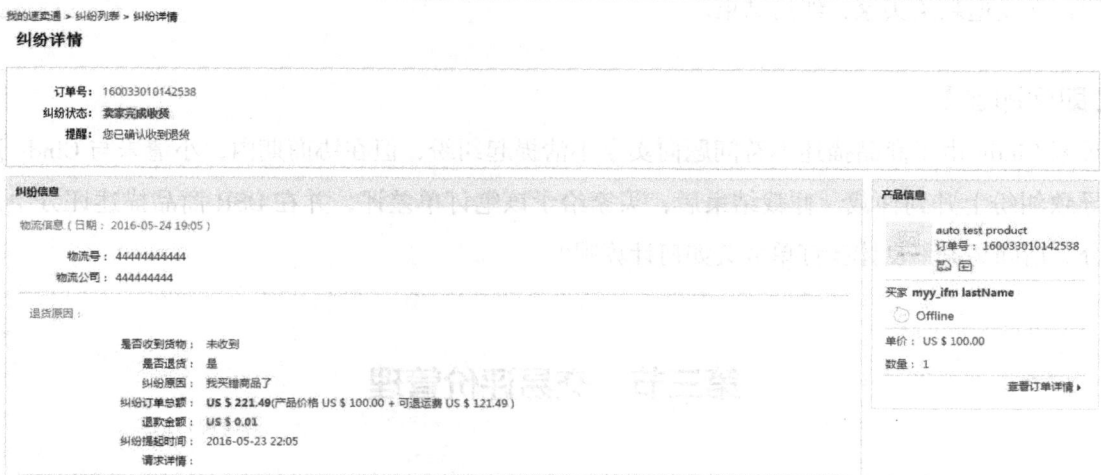

图 7-39　纠纷详情页面截图

2. 如果卖家在接近 30 天的时间内没有收到退货，或收到的退货有问题，卖家可以点击"升级纠纷"提交至平台进行纠纷裁决，如图 7-40 所示。平台会在 2 个工作日内介入处理，卖家可以在纠纷页面查看状态及进行响应。平台裁决期间，卖家也可以点击"撤销仲裁"撤销纠纷裁决，如图 7-41 所示。

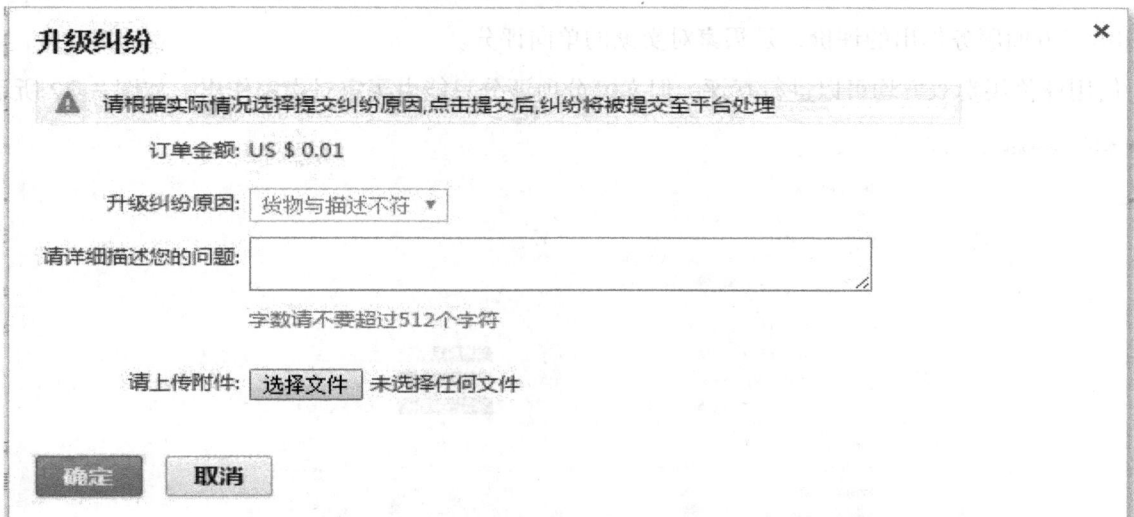

图 7-40　纠纷升级页面截图

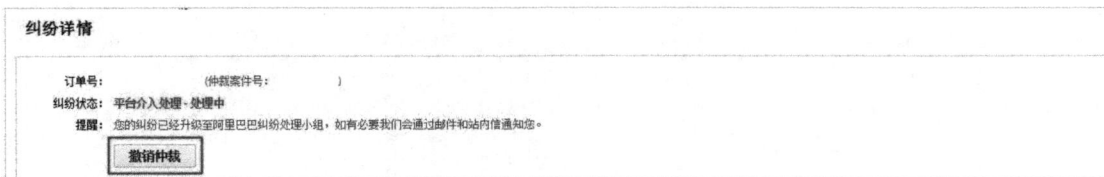

图 7-41　撤销仲裁页面截图

3. 如果 30 天内卖家未进行任何操作，即未确认收货，未提交纠纷裁决，系统会默认卖家已收到退货，自动退款给买家，纠纷结束。

【即问即答】

买家 Cindy 由于商品描述不符问题向卖家小清提起纠纷，但在协商期内，小清未与 Cindy 达成一致导致纠纷上升到仲裁，仲裁结束后，买家给予该笔订单差评，并在 DSR 商品描述评分中只打了 1 分。请问买家不良体验订单数会如何计算呢？

第三节　交易评价管理

一、交易评价的含义

全球速卖通平台的评价分为信用评价及卖家分项评分两大类。

信用评价，是指交易的买卖双方在订单交易结束后对对方信用状况的评价；信用评价包括五分制评分和评论两部分。

卖家分项评分，是指买家在订单交易结束后以匿名的方式对卖家在交易中提供的商品描述的准确性（Item as described）、沟通质量及回应速度（Communication）、物品运送时间合理性（Shipping speed）三方面服务作出的评价，是买家对卖家的单向评分。

信用评价买卖双方均可以进行互评，但卖家分项评分只能由买家对卖家作出。如图 7-42 所示。

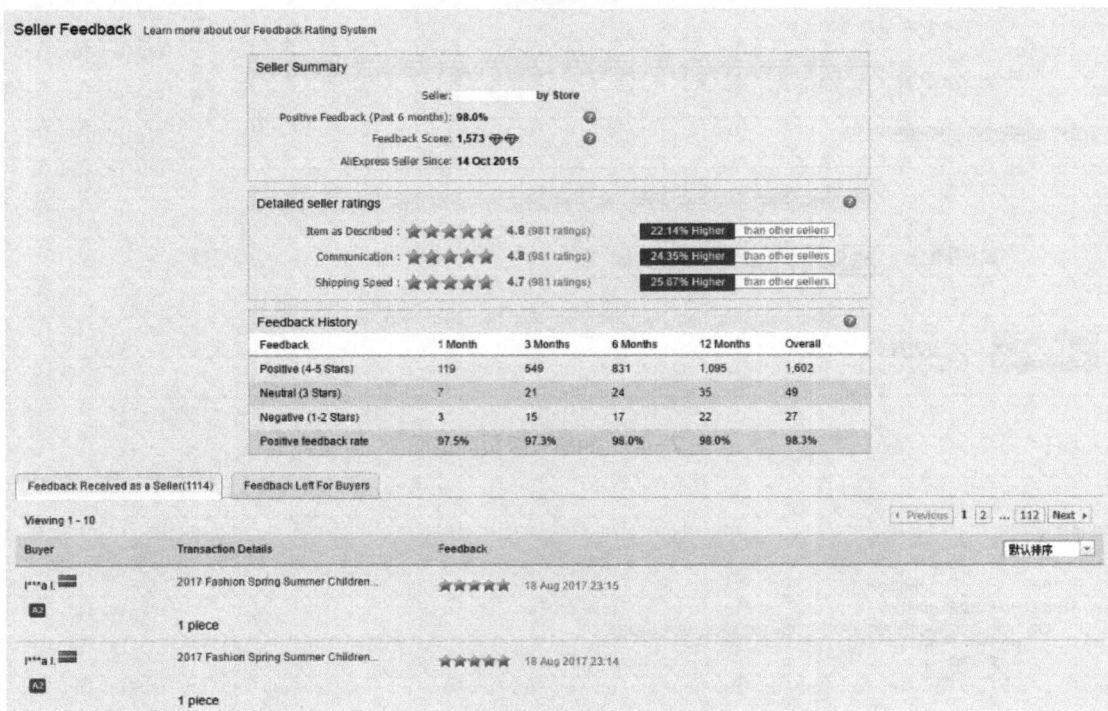

图 7-42　交易评价档案页面截图

从图 7-42 可以看出，卖家的评价情况可以通过评价档案来体现，包括近期评价摘要（会员公司名、近 6 个月好评率、近 6 个月评价数量、信用度和会员起始日期），评价历史（过去 1 个月、3 个月、6 个月、12 个月及历史累计的时间跨度内的好评率、中评率、差评率、评价数量和平均星级等指标）和评价记录（会员得到的所有评价记录、给出的所有评价记录以及在指定时间段内的指定评价记录）。

其中，评价星级（Star Rating）指的是会员在评价一笔交易时给出的五星制评分。评分的含义：5 星 = "太棒了"、4 星 = "挺好的"、3 星 = "普通"、2 星 = "不好"、1 星 = "太差了"，5 星、4 星定义为好评；3 星定义为中评；2 星、1 星定义为差评。

评价数量（Number of Ratings）指的是一段时间内会员收到的生效评价的个数。

好评率、中评率、差评率（Positive / Neutral / Negative）指的是在一段时间内会员收到的好评、中评、差评数量的百分比。

信用度（Feedback Score）是指历史以来会员所有评价得分的累计值。

平均星级（Average Rating）是一段时间内会员收到的评价星级的平均值。

各项指标的计算方法如下所示。

好评率 =6 个月内好评数量 /（6 个月内好评数量 +6 个月内差评数量）

差评率 =6 个月内差评数量 /（6 个月内好评数量 +6 个月内差评数量）

信用度：5 星或 4 星 = +1，3 星 = 0，2 星或 1 星 = −1。

平均星级 = 所有评价的星级总分 / 评价数量

卖家分项评分中各单项平均评分 = 买家对该分项评分总和 / 评价次数（四舍五入）。

二、交易评价规则

关于速卖通的交易评价管理，平台非常重视，并制定了相应规则。

（一）交易评价时间规则

所有卖家全部发货的订单，在交易结束 30 天内买卖双方均可评价。如果双方都未给出评价，则该订单不会有任何评价记录；如一方在评价期间内作出评价，另一方在评价期间内未评的，则系统不会给评价方默认评价（卖家分项评分也无默认评价）。

（二）交易评价的计分规则

商品 / 商家好评率（Positive Feedback Ratings）和商家信用积分（Feedback Score）的计算：

1. 相同买家在同一个自然旬（自然旬即为每月 1—10 号，11—20 号，21—31 号）内对同一个卖家只做出一个评价的，该买家订单的评价星级则为当笔评价的星级（自然旬统计的是美国时间）。

2. 相同买家在同一个自然旬内对同一个卖家做出多个评价，按照评价类型（好评、中评、差评）分别汇总计算，即好中差评数都只各计一次（包括 1 个订单里有多个产品的情况）。

3. 在卖家分项评分中，同一买家在一个自然旬内对同一卖家的商品描述的准确性、沟通质量及回应速度、物品运送时间合理性三项中某一项的多次评分只算一个，该买家在该自然旬对某一项的评分计算方法如下：平均评分 = 买家对该分项评分总和 / 评价次数（四舍五入）。

4. 以下三种情况不论买家留差评或好评，仅展示留评内容，都不计算好评率及评价积分：

（1）成交金额低于 5 美元的订单（成交金额明确为买家支付金额减去售中的退款金额，不包括售后退款情况）；

（2）买家提起未收到货纠纷，或纠纷中包含退货情况，且买家在纠纷上升到仲裁前未主动取消；

（3）运费补差价、赠品、定金、结账专用链、预售品等特殊商品（简称"黑五类"）的评价。

除以上情况之外的评价，都会正常计算商品 / 商家好评率和商家信用积分。不论订单金额，都统一为：好评 +1，中评 0，差评 –1。

5. 卖家所得到的信用评价积分决定了卖家店铺的信用等级标志，具体标志及对应的积分如图7-43 所示。交易评价等级标志与积分同时会在卖家的产品页和商铺中展示出来，给买家一个最直观的购物参考，如图 7-44 所示。

Level	Seller	Buyer	Score
L1.1.			3-9
L1.2.			10-29
L1.3.			30-99
L1.4.			100-199
L1.5.			200-499
L2.1.			500-999
L2.2.			1000-1999
L2.3.			2000-4999
L2.4.			5000-9999
L2.5.			10000-19999
L3.1.			20000-49999
L3.2.			50000-99999
L3.3.			100000-199999
L3.4.			200000-399999
L3.5.			400000 分以上

图 7-43　等级标志与积分页面截图

图 7-44 交易评价等级在商铺中的效果

（三）评价的公开和生效规则

支付成功的订单，买卖双方须在订单完成或关闭后 30 天内进行评价，不同情况生效时间规则如下：

1. 在订单完成后 45 天内，交易双方未完成互相评价时，评价不公开、不生效、不计分。

2. 在订单完成后 45 天内，如果双方完成互相评价，评价即时公开、生效、计分。

3. 在订单完成后 45 天时，如果 A 方对 B 方留下 4 星或 5 星的评价，而 B 方未对 A 方留下评价，则系统自动给 A 方留下一个 4 星的评价。

4. 在订单完成后 45 天时，如果 A 方对 B 方留下 1 星或 2 星或 3 星的评价，而 B 方未对 A 方留下评价，则系统不会给 A 方留下评价。

5. 在订单完成后 45 天时，双方均未评价，则双方均不收到评价。

（四）信用评价修改、删除规则

1. 对于信用评价，卖家对买家给予的中差评有异议的，可在评价生效后 30 日内联系买家，买家对其评价自行修改；买家可在评价生效后 30 日内对自己作出的该次评价进行修改，但修改仅限于中差评改为好评，修改次数仅限 1 次。

2. 对于信用评价，买家对卖家给予的中差评有异议的，可在评价生效后 30 日内联系卖家，卖家对其评价自行修改；卖家可在评价生效后 30 日内对自己作出的该次评价进行修改，但修改仅限于中差评改为好评，修改次数仅限 1 次。

3. 买卖双方也可以针对自己收到的差评进行回复解释。

4. 对于卖家分项评分，一旦买家提交，评分即时生效且不得修改。若买家信用评价被删除，则对应的卖家分项评分也随之被删除。但是如果买家没有收到货，而给卖家留下的差评，卖家发出的移除需求不能移除。因为在这类个案中，买家没有收到货，这给买家造成了事实的损害，给出差评，合情合理；卖家在交易过程中，有足够机会去跟进物流、与买家保持沟通、作出说明和安抚；

即便买家留下差评后，如果货品后来送到了，卖家也可以与买家沟通，请求买家修改差评。所以，买家没有收到货，给出差评完全合理；卖家本也有机会在事前事后进行沟通协调。本着鼓励买卖双方自行协商解决的原则，平台不支持移除评价的需求。

【即问即答】

速卖通是否有权删除评价内容中包括人身攻击或者其他不适当的言论的评价？

三、交易评价的管理

（一）评价买家和回复买家评价

当订单正常结束后，买卖双方可以对彼此进行评价。卖家可以在"交易"页面下的"所有订单"中找到"等待您留评"的订单，如图 7-45 所示。或者在"交易评价"中找到"管理交易评价"，进入待评价订单列表，如图 7-46 所示。

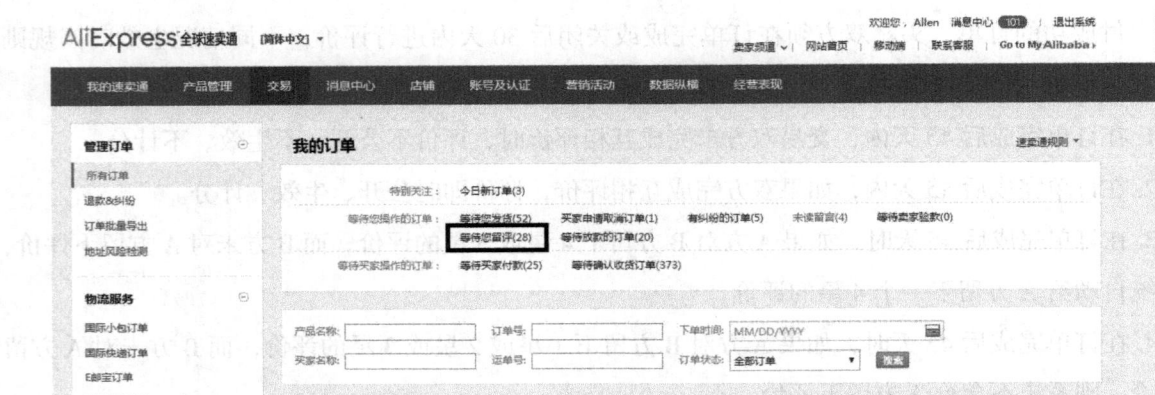

图 7-45 "等待您留评"页面截图

图 7-46 待评价订单列表截图

单击如图 7-46 中的"评价"按钮，进入如图 7-47 所示的评价页面，可以对买家进行评价，既可以选择星星打分，也可以进行留言评价，完成后单击"评价"即可。

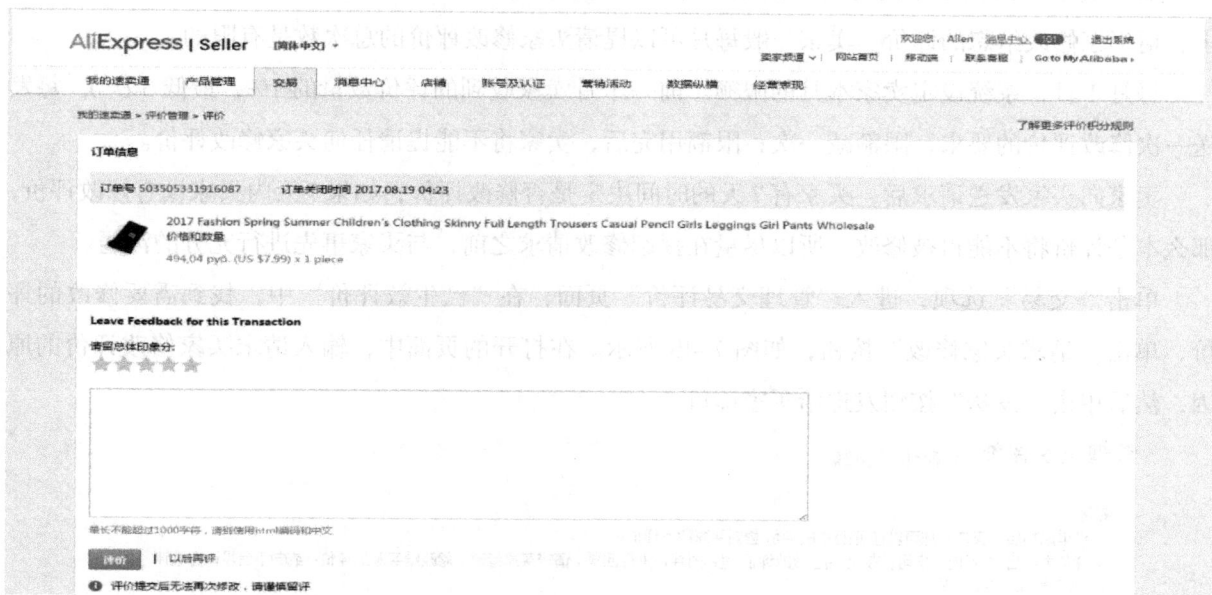

图 7-47 评价界面截图

在回复买家评价时，卖家也可以通过点击"交易管理评价"中的"生效的评价"，查看买家留下的交易评价，同时找到"回复评价"功能进行反馈操作，给买家留下评价和留言评论，如图 7-48 所示。如果收到好评，则可以感谢对方的支持和理解，并表示会继续努力做得更好，吸引其进一步购买。但是如果收到差评，则应该及时联系客户沟通，协商能否使买家修改其给予的差评。

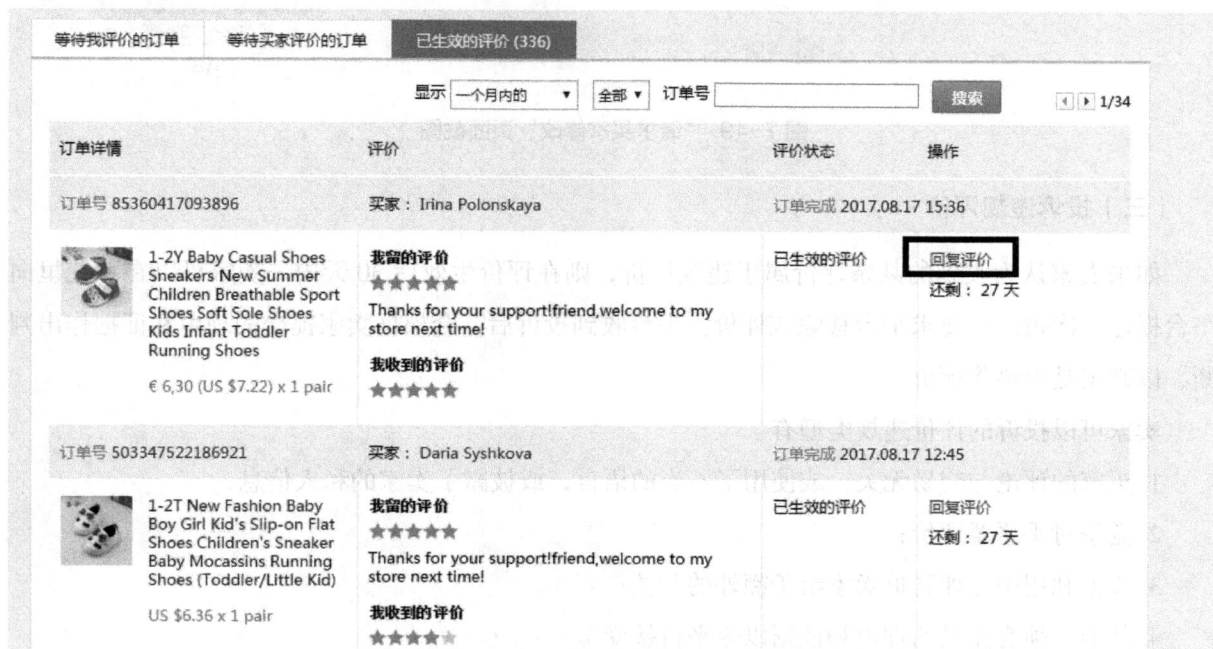

图 7-48 评价生效界面截图

（二）修改评价

如果卖家认为买家给的评价不公平，那么在评价生效后 1 个月内，卖家可以在系统中提起请求，请买家修改给您的评价。卖家一般每月可以提请买家修改评价的总次数是有限的。

每月 1 日，系统设定卖家本月的限额（前一个月卖家收到的评价数量的 1%，最低 3 次），每发送一次修改评价的要求，限额减一次；限额用完后，卖家将不能提请任何买家修改评价。

卖家向买家发送请求后，买家有 7 天的时间决定是否修改评价；如果 7 天内买家没有修改评价，那么本条评价将不能再被修改。所以尽量在提起修改请求之前，与买家事先进行充分的沟通。

单击"交易"选项，进入"管理交易评价"页面，在"已生效评价"中，找到需要修改的评价，单击"请求买家修改"按钮，如图 7-49 所示。在打开的页面中，输入请求买家修改评价的原因，然后单击"发送"按钮发送给买家即可。

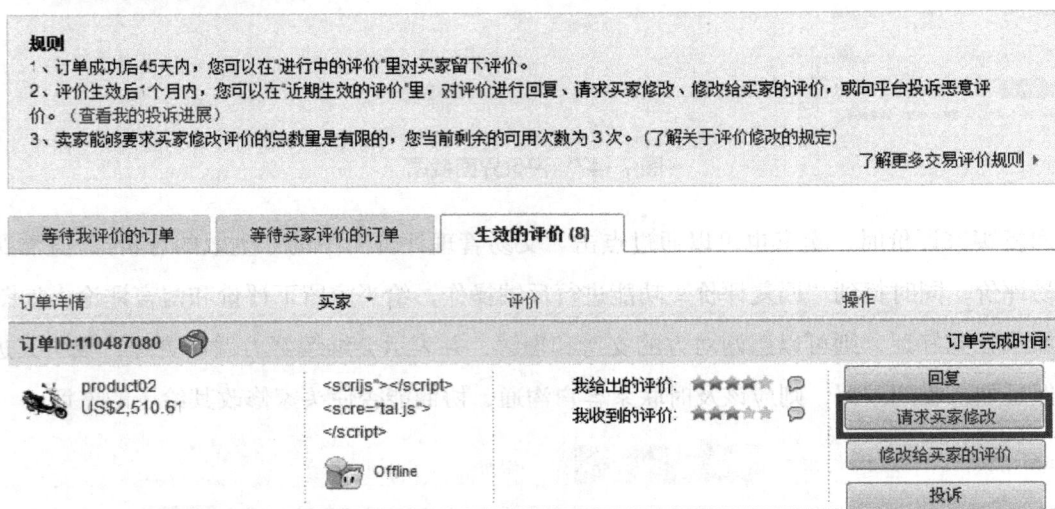

图 7-49 "请求买家修改"页面截图

（三）投诉违规评价

如果卖家认为收到的某条评价属于违规评价，则在评价生效后 30 天内，卖家可以在系统里向平台提起一次投诉，要求平台移除该评价。平台收到投诉后，会根据卖家提交的理由和证据作出判断，以判定是否移除评价。

卖家可以投诉的评价违规类型有：

1. 买家的评论与交易无关，或使用了不当的语言，或披露了卖家的私人信息；

2. 竞争对手恶意评价；

3. 买家利用中差评胁迫卖家给予额外的利益；

4. 其他（须有充足的理由和证据以令平台接受）。

单击"交易"选项，进入"管理交易评价"页面，在"已生效评价"中，找到需要投诉的评价，单击"投诉"按钮，如图 7-50 所示。

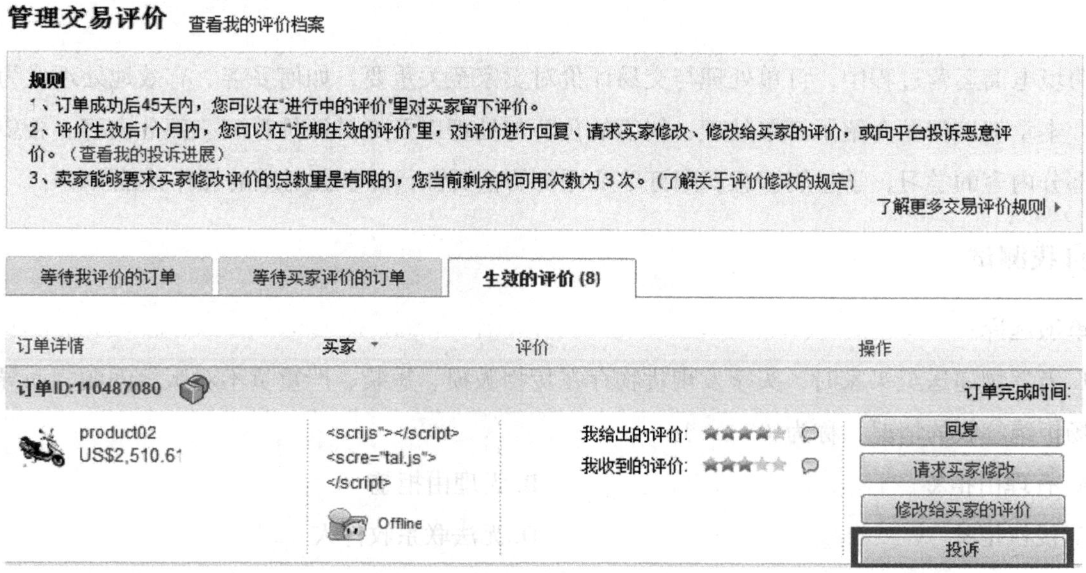

图 7-50 "投诉"页面截图

在打开的"投诉操作"页面中，卖家可以选择投诉的违规类型、补充详情（可选）、上传凭证图片，如图 7-51 所示，单击"提交"按钮即可。

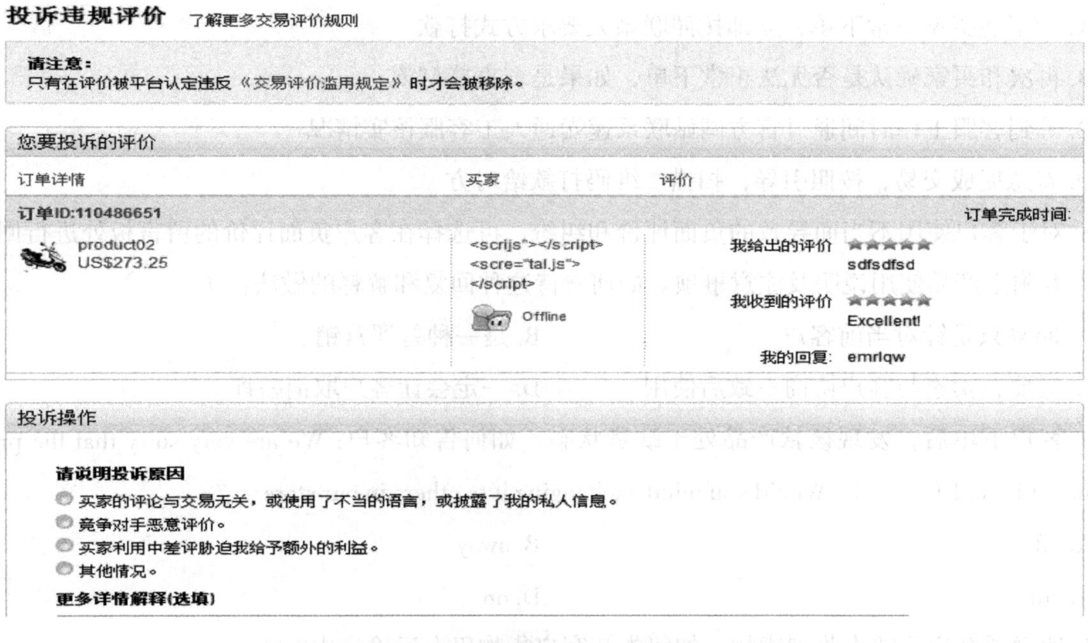

图 7-51 "投诉操作"页面截图

本章小结

跨境电商运营过程中，订单处理与交易评价对卖家至关重要，如何妥善、有效地处理成为一大难题。本章就该问题介绍了订单处理、纠纷的预防与处理以及交易评价管理三部分内容。希望通过这三部分内容的学习，学生能够意识到订单及评价的重要性，并掌握对应的操作技能。

自我测试

单项选择：

1. 当货物递送至买家时，买家发现货物存在货物破损、短装、严重货不对版等问题，而导致买家当场拒绝签收的情况，称为（　　　　）

A. 有理由拒签　　　　　　　　　　　B. 无理由拒签

C. 侵权拒签　　　　　　　　　　　　D. 无法联系收件人

2. A 卖家收到来自买家的邮件，告知无法正常下单，随后取得了 A 卖家的联系方式。之后有自称速卖通客服的人员通过旺旺、QQ 等方式联系卖家，告知卖家客户不能支付的原因是，卖家需要先缴纳 5000RMB 的保证金。A 卖家试图联系速卖通人工客服询问情况，可此时已不是速卖通客服人员工作时间。A 卖家应该怎么做？（　　　　）

A. 为了使买家正常下单，立即按照联系人要求方式打款

B. 再次和买家确认是否无法正常下单，如果是，直接打款

C. 等到客服工作时间通过官方网站联系速卖通人工客服核实情况

D. 着急促成交易，按照引导，扫描二维码打款给对方

3. 对于客户使用不当而导致的负面评价和纠纷，可选择在客户负面评价的留言板处进行回复和解释，并附上产品使用说明及注意事项。如何看待这种回复和解释的做法？（　　　　）

A. 回复只是针对当前客户　　　　　　B. 是一种差评营销

C. 需要在卖家与客户协商一致后使用　　D. 一定会让客户取消差评

4. 客户下单后，发现该款产品处于缺货状态，如何告知客户：We are very sorry that the product you bought is sold（　　　　）. Would you mind exchanging it to others in our store？

A. off　　　　　　　　　　　　　　B. away

C. out　　　　　　　　　　　　　　D. on

5. 速卖通客户反映未收到货物，如何告知客户货物仍在运输途中？（　　　　）

A. We have send out your products　　B. The order was send to you

C. The package has arrived at your end　D. Your parcel is on the way

简答题

1. 订单的处理方式有哪些？

2. 在订单发货处理中，线上发货和线下发货分别是如何操作的？并对两者进行比较。

3. 试举例说明纠纷的类型及对卖家的影响。

4. 速卖通平台是怎样对纠纷进行量化考核的?

5. 简述速卖通平台信用评价修改、删除原则。

【实训参考方案】

订单处理与交易评价管理

· 实训目标

了解跨境电商订单处理和发货的基本流程,并掌握其操作技能;理解避免纠纷的方法,掌握纠纷处理的基本流程和技巧;了解交易评价管理的规则,掌握交易评价管理的具体操作方法。

· 实训方式

学习者通过已注册的速卖通账号,完成一次订单处理、发货的全过程。针对出现的纠纷订单,尝试用纠纷处理的基本流程解决纠纷。给买家给予的评价进行回复。使得学习者较为全面地认识和体验速卖通平台的订单管理各项操作流程以及能力要求。

· 实训步骤

1. 用注册的速卖通账号(非教学账号)完成速卖通平台的订单管理、纠纷和交易管理的各项操作流程;

2. 体验完后对流程进行评价,并记录各项流程在操作实践中的一些技巧;

3. 总结实训中各项操作流程的注意问题和操作技巧;

4. 将上述成果撰写成一份实训报告并制作成 PPT 汇报。

· 实训评价

主要从以下几个方面评价学习者的实训成果:

1. 对平台订单管理等操作流程的体验是否完整;

2. 体验过程中是否进行了记录和功能特点、注意事项的描述;

3. 从实训成果和 PPT 汇报中对操作流程的技能总结和注意点的归纳情况,考查学习者对知识点和操作实务的了解程度。

综合测试

一、单项选择题

1. 跨境电商的英文名称是（   ）

A. cross-border trade

B. cross-border commerce

C. cross-border communication

D. cross-border electronic commerce

2. 国外电商打折力度最大的时间为（   ）。

A. 光棍节

B. 母亲节

C. 黑色星期五

D. 新年

3. 中国邮政小包非圆筒货物：长＋宽＋高不超过（   ），单边长度不超过（   ）。

A. 90cm 60cm

B. 100cm 50cm

C. 90cm 60cm

D. 100cm 50cm

4. 顾客迟迟没有收到快递，下面选项中表述的是由于商家原因造成的是（   ）。

A. 延迟发货

B. 天气恶劣

C. 包裹丢失

D. 偷梁换柱

5. 阿里巴巴速卖通网站地址是（   ）。

A. www.alibaba.com

B. www.aliexpress.com

C. www.1688.com

D. www.made-in-china.com

6. 跨境物流方式中，以下哪种物流方式的收费是最贵的？（   ）。

A. 中国邮政小包（挂号）

B. EMS

C. 新加坡专线

D. DHL

7. 速卖通平台的商品标题最多一般不能超过（   ）个字符。

A. 180

B. 80

C. 140

D. 200

8. 优秀的标志设计，除了应具备标志基本功能——（   ）外，还应具备艺术性和科学性。

A. 普识性

B. 介绍性

C. 识别性

D. 传播性

9. 企业对消费者的电子商务模式的英文缩写是（   ）。

A. B2B

B. B2C

C. C2C

D. O2O

10. 下面橱窗产品优势，错误的是（   ）

A. 享有搜索优先排名，在同等条件下，橱窗产品排在非橱窗产品前面

B. 拥有公司网站首页推广专区，提升主打产品推广力度

C. 自主更换橱窗展示产品，轻松掌握主打产品推广的主动权

D. 可以通过出价的方式展示到搜索结果第一页的前五名

二、多项选择题

1. 跨境平台上架产品时，完整的标题应该包括（   ）。

A. 核心词   B. 属性词

C. 流量词   D. 高频词

2. 以下属于属性词的有（   ）。

A. 100% cotton   B. new arrival

C. hot sale   D. sleeveless

3. 以下属于流量词的有（   ）。

A. for mother   B. from factory shop

C. free shipping   D. big size

4. 产品描述从不同角度，可以划分为（   ）。

A. 产品展示类   B. 实力展示类   C. 吸引购买类

D. 交易说明类   E. 促销说明类

5. 速卖通平台的自主营销活动有（   ）

A. 限时限量折扣   B. 满立减

C. 全店铺打折   D. 优惠券

6. 下列关于跨境电商的说法中正确的是（   ）

A. 有利于传统外贸企业转型升级   B. 缩短了对外贸易的中间环节

C. 为小微企业提供了新的机会   D. 促进产业结构升级

E. 有利于中国制造应对全球贸易新格局

7. 跨境电商参与主体有哪些（   ）

A. 通过第三方平台进行跨境电商经营的企业和个人

B. 跨境电子商务的第三方平台

C. 物流企业

D. 支付企业

8. 以下哪些是跨境电商人员需要具备的素质（   ）

A. 了解海外客户网络购物的消费理念和文化

B. 了解相关国家知识产权和法律知识

C. 熟悉各大跨境电商平台不同的运营规则

D. 具备"当地化／本地化"思维

9. 跨境电商呈现以下发展趋势（   ）

A. 产业生态更为完善，各环节协同发展

B. 产品品类和销售市场更加多元化

C. B2C 占比提升，B2B 和 B2C 协同发展

D. 移动端成为跨境电商发展的重要推动力

10. 和传统国际贸易相比，跨境电子商务呈现出传统国际贸易所不具备的以下特征（   ）

A. 多边化   B. 小批量   C. 高频度   D. 透明化   E. 数字化

三、判断题

1. Wish 是专注于移动端的跨境电商平台。   （   ）

2. 中国邮政小包和国际 e 邮宝的包裹重量一般不超过 2kg。   （   ）

3. 在对关键词进行理解时，可以说关键词是对产品名称的校正。   （   ）

4. 跨境电商缩短了对外贸易的中间环节，提升了进出口贸易的效率，为小微企业提供了新的机会。   （   ）

5. 目前跨境电商人才供应很充裕。   （   ）

6. 当前物流已经不是制约跨境电商发展的问题。   （   ）

7. 在美加航线运输货物时是可以不需要考虑限重的。   （   ）

8. 提升主打关键词的排名能够有效带动长尾关键词的排名。   （   ）

9. 一般我们说的跨境电商是指广义的跨境电商，不仅包含 B2B，还包括 B2C 部分，不仅包括跨境电商 B2B 中通过跨境交易平台实现线上成交的部分，还包括跨境电商 B2B 中通过互联网渠道线上进行交易撮合线下实现成交的部分。   （   ）

10. 跨境电商交易环节复杂（生产商—贸易商—进口商—批发商—零售商—消费者），涉及中间商众多。   （   ）

四、计算题。

已知如下资费表，请根据要求进行计算。

CPA 中国邮政国际小包资费表（不含挂号费）

区域	国家	资费标准
1	（亚洲）日本	62.00
2	（亚洲）新加坡、印度、韩国、泰国、马来西亚、印度尼西亚	71.50
3	（欧洲）奥地利、克罗地亚、保加利亚、斯洛伐克、匈牙利、瑞典、挪威、德国、荷兰、捷克、希腊、芬兰、比利时、爱尔兰、意大利、瑞士、波兰、葡萄牙、丹麦 （大洋洲）澳大利亚 （亚洲）以色列	81.00

续　表

区域	国家	资费标准
4	（大洋洲）新西兰（亚洲）土耳其	85.00
5	（美洲）美国、加拿大 （欧洲）英国、西班牙、法国、俄罗斯、乌克兰、卢森堡、爱沙尼亚、立陶宛、罗马尼亚、白俄罗斯、斯洛文尼亚、马耳他、拉脱维亚、波黑 （亚洲）越南、菲律宾、巴基斯坦、哈萨克斯坦、塞浦路斯、朝鲜、蒙古、塔吉克斯坦、土库曼斯坦、乌兹别克斯坦、吉尔吉斯斯坦、斯里兰卡、巴勒斯坦、叙利亚、阿塞拜疆、亚美尼亚、阿曼、沙特、卡塔尔	90.50
6	（非洲）南非	105.00
7	（美洲）阿根廷、巴西、墨西哥	110.00
8	（亚洲）老挝、孟加拉国、柬埔寨、缅甸、尼泊尔、文莱、不丹、马尔代夫、东帝汶、阿联酋、约旦、巴林、阿富汗、伊朗、科威特、也门、伊拉克、黎巴嫩（美洲）秘鲁、智利、马其顿、圣马力诺、梵蒂冈、摩尔多瓦、格鲁吉亚	120.00
9	（欧洲）塞尔维亚、阿尔巴尼亚、冰岛、安道尔、法罗群岛、直布罗陀、列支敦士登、摩纳哥、黑山	147.50
10	略	176.00

备注：限重：2kg　挂号费：8RMB

假设小兰从1688网站采购了一个双肩背包，采购价为150元，国内快递费为6元，带包装的重量为800g,预期利润为30%。（按1美元=6元人民币，前五区包邮，挂号）。

①请计算上架价格（美元）。

②如果预留折扣70%，上架价格又是多少（美元）。

一款带包装600g的吊坠项链，

①如果发往加拿大国际运费是多少？（美元）

②如果前五区包邮，发往巴西的运费折扣是多少？

③如果前五区包邮，发往九区国家的运费折扣是多少

五、简述题

假设你是电商专业的应届毕业生，你想选择一个跨境电商平台开立一个跨境电商店铺。

1. 请简要介绍一下你了解的跨境电商平台有哪些；

2. 你会选择哪个平台开立你的店铺，请简要说明理由；

3. 你会选择什么主营产品，请说明一下你是如何选定这个产品的或你为什么选这类或这个产品。

参考文献

[1] 肖旭. 跨境电商实务 [M]. 北京 : 中国人民大学出版社 ,2015.

[2] 阿里巴巴（中国）网络技术有限公司. 做跨境电商 就是这么简单 [M]. 北京 : 中国海关出版社，2015.

[3] 丁晖. 跨境电商多平台运营 [M]. 北京 : 电子工业出版社 ,2015.

[4] 冯晓宁，梁永创，齐建伟. 跨境电商 阿里巴巴速卖通实操全攻略 [M]. 北京 : 人民邮电出版社，2016.

[5] 严行方. 跨境电商业务一本通 [M]. 北京 : 人民邮电出版社，2016.

[6] 阿里巴巴（中国）网络技术有限公司. 从零开始跨境电商实训教程 [M]. 北京 : 电子工业出版社，2016.

[7] 王海松. 速卖通开店、推广、运营及管理指南 [M]. 北京 : 机械工业出版社 ,2016.

[8] 王健. 跨境电子商务基础 [M]. 北京 : 中国商务出版社 ,2016.

[9] 亿邦动力网 http://www.ebrun.com

[10] 雨果网 http://www.cifnews.com/

[11] 电子商务研究中心 http://www.100ec.cn/

参考文献

[1] 许昌斌. 市场营销策划 [M]. 北京: 中国人民大学出版社, 2015.

[2] 菲利普·科特勒 (美国) 著. 市场营销原理 [M]. 北京: 中国人民大学出版社, 2015.

[3] 王广. 移动电子商务基础 [M]. 北京: 电子工业出版社, 2015.

[4] 彭志忠. 营销策划 [M]. 北京: 中国人民大学出版社, 2016.

[5] 菲利普·科特勒. 营销管理 [M]. 北京: 人民邮电出版社, 2016.

[6] 鲁道夫 (中国) 何佳讯. 品牌管理 [M]. 北京: 北京大学出版社, 2016.

[7] 王晓伟. 市场营销 [M]. 广州: 广东高等教育出版社, 2016.

[8] 王莉. 消费心理学 [M]. 北京: 中国铁道出版社, 2016.

[9] 百度文库. http://www.baidu.com.

[10] 中国商网. www.zhongshang.com.

[11] 中国电子商务网. http://www.100ec.cn.